Reinhold Messner

P O L

Reinhold Messner

POL

Hjalmar Johansens
Hundejahre

Mit 111 Abbildungen

MALIK NATIONAL GEOGRAPHIC

Mehr über unsere Autoren und Bücher:
www.malik.de

Bibliografische Information der Deutschen Nationalbibliothek
Die Deutsche Nationalbibliothek verzeichnet diese Publikation in der
Deutschen Nationalbibliografie; detaillierte bibliografische Daten
sind im Internet über http://dnb.d-nb.de abrufbar.

MALIK NATIONAL GEOGRAPHIC

Erstmals im Taschenbuch
Oktober 2013
© Piper Verlag GmbH, München 2011
Umschlaggestaltung: Dorkenwald Grafik-Design, München
Abbildungen: Archiv Reinhold Messner, bis auf Seite 9: Imagno / Kontributor
Karte: Eckehard Radehose, Schliersee
Satz: Kösel, Krugzell
Papier: Schleipen FLY 06 extraweiß
Druck und Bindung: CPI – Clausen & Bosse, Leck
Printed in Germany   ISBN 978-3-492-40475-4

Das Papier wurde aus chlorfrei gebleichtem Zellstoff hergestellt.

Für alle, die wie Hjalmar Johansen
irgendwo zwischen Nord- und Südpol
– in wessen Schatten auch immer –
zu stehen gekommen sind.

Abenteuer, wie sie Homer, Melville, Verne oder London erfunden
haben – Nansen, Amundsen und Johansen haben sie erlebt.

Seite 2/3
Vor hundert Jahren war die Exposition nirgends auf der Erde größer als
mitten in der Arktis oder Antarktis.

Inhalt

Fridtjof Nansen – Forscher, Hundeführer, Politiker, Nobelpreisträger – bleibt der berühmteste Arktis-Fahrer.

Tod ohne Todfeind

1895: Hjalmar Johansen, der geniale
Hundeführer, in seiner Polartracht

»Manchmal aber fiel mir auf, wie Hjalmars Augen einen sonderbar
abwesenden Ausdruck annahmen. Einen suchenden. Auch konnte er
schwermütig und schweigsam, gleichsam lauschend, in einem schumm-
rigen Winkel sitzen. Wenn ihn dann jemand ansprach, zuckte er
zusammen, und seine Antwort zeigte, dass er weit weg gewesen war.«

Sven Elvestadt

»Johansens Utopie vom Unterwegssein war von bestechender Einfach-
heit: Das ›Richtige‹ kann nicht angeordnet, sondern muss Augenblick
für Augenblick erkannt und getan werden.«

Reinhold Messner

Hjalmar Johansen
im Zelt

Johansen bestand alle Abenteuer im Eis: Weder
Gletscherspalten noch Wasserrinnen konnten ihn
aufhalten. Das Leben in der Zivilisation aber –
zurück aus Arktis und Antarktis – bestand er nicht.

In geordneter Formation vorwärts zum Pol

»Es kommt nicht nur darauf an, im Wettlauf mit den Konkurrenten mitzuhalten, ohne sich auf selbstzerstörerische Projekte einzulassen, es geht auch um die Integration der Gesellschaft selbst.«

Herfried Münkler

»Amundsen und Nansen gebärdeten sich als Helden. Ihre Schuld aber am Scheitern Johansens hat mit dieser ihrer Art Überheblichkeit wenig zu tun: Alles besser darstellen zu können, als es in Wirklichkeit war, brach ihrem Gefährten zuletzt das Genick. Denn erst durch seine Fehlbarkeit wird der Mensch zum Menschen.«

Reinhold Messner

»Hjalmar Johansen … ein guter Kamerad.«

Fridtjof Nansen

»Suggen«, Johansens letzter Hund bei der
Nordpolexpedition, der erschossen werden
musste. Sein Herr erschoss sich selbst.

»Traurigkeit kommt über uns, wir haben unsere dunklen
Stunden. Hätten wir nicht die gewisse Hoffnung, in die Welt
zurückzukehren, wäre dieses Leben unerträglich.«

Hjalmar Johansen

Hjalmar Johansen wollte die Hand, die ein Passant ihm gereicht hat – ein Fremder, oder kannten sie sich? –, nicht mehr loslassen. Dieser Händedruck schien ihm die letzte Verbindung zwischen sich und der Welt zu sein. Schon seit Tagen konnte er nichts mehr riechen oder schmecken, auch kaum noch hören, und zu sehen gab es im Zwielicht des Abends im winterlichen Norwegen ohnehin nichts. Auch kein Bedürfnis nach Sonnenaufgang mehr, keine Erinnerung an irgendetwas, keinen Sinn. Sogar der Tod war ihm kein Todfeind mehr. Als wäre ihm nur sein Tastsinn geblieben, bemühte er sich, an diesem zufälligen Handschlag hängen zu bleiben, vielleicht nur, um ein paar Augenblicke länger am Leben bleiben zu können. Auch die beiden sein Leben bestimmenden Menschen – Nansen und Amundsen, der Freundfeind und der Todfeind – sind ihm gleichgültig geworden. Wer immer ihn nach ihnen fragte, bekam keine Antwort. Nicht weil Johansen sein Lallen peinlich gewesen wäre, nein, er konnte sich an die beiden nicht mehr erinnern, hatte sie vergessen und mit dem Hass seinen letzten Lebenssinn aufgegeben.

Wie sind doch die Geschichten der großen Abenteuer an Nord- und Südpol geschönt worden! Als wäre es dabei immer nur um das stolzgetriebene Bewusstsein gegangen, alles für die Wissenschaft oder das eigene Land gegeben zu haben. Viel mehr aber ist es dabei immer schon ums Habenwollen gegangen und um das mangelgetriebene

Begehren, Erster zu sein. Vor allem deshalb geriet so mancher Grenzgänger mit seinem polsüchtigen Expeditionsleiter in Konflikt. Wie Hjalmar Johansen zum Beispiel. Denn der Einsatz, der zu jener Zeit von einem Polfahrer gefordert wurde, war hoch. Man konnte damals ja nicht mit nichts berühmt werden. So wie heute. Nur weil man es will oder allein deshalb, weil man existiert und Glück hat. Gratis »in« zu sein, reich und viele Fans zu haben, ist eine Erscheinung der Moderne. Nansen, Peary und Amundsen hätten ihr Leben gegeben für den Erfolg! Es war ihr Recht, die Frage ist: Stand nicht auch das Leben ihrer Männer mit auf dem Spiel? Das Risiko, das die Chefs eingingen, trugen alle Teilnehmer gemeinsam.

Nein, vor hundert Jahren träumte kein Abenteurer vom risikolosen Erfolg. Man musste schon etwas Außergewöhnliches tun, sehr viel wagen, noch mehr können, um sein Ziel zu erreichen: zuerst der Pol, dann der Ruhm, zuletzt der Reichtum.

Weil damals aber einer allein nicht so weit hätte kommen können, gab es zuletzt so viele Deutungen über Zielsetzung und Erfolg einer Polexpedition wie Expeditionsteilnehmer. Auch lieferten solche Reisen keinen allgemeingültigen Sinn. Und gab es am Anfang einer solchen Polfahrt immer auch einen Zusammenhang zwischen Ziel und Mannschaft, am Ende blieb meist nur der Expeditionsleiter in Erinnerung. Als gelte der Grundsatz: Ein Ziel, ein Team, eine Heldenfigur. Alle anderen Mitstreiter standen in ihrem Schatten; Hjalmar Johansen zuletzt sogar zwischen den Schatten zweier unverwechselbarer Berühmtheiten: eingeklemmt zwischen Nansen und Amundsen.

Die beiden berühmtesten Polfahrer ihrer Zeit füllen noch heute Lexika- und Internetseiten, ihr erfahrenster Mitstreiter hingegen ist vergessen.

Johansen aber wollte nicht vergessen werden. Er lehnte sich dagegen auf, suchte nach seiner Position im Leben. In Nansen fand er einen Förderer, wenigstens zunächst, in Amundsen sah er fast bis zuletzt sein Feindbild, mit dem er nicht aufhören konnte zu hadern. Beide verhalfen ihm, vielleicht ohne dass sie es wollten, zu einem starken Zusammenhang, zu seiner Art Sinn. War er doch mit dem einen in der Arktis und mit dem anderen in der Antarktis unter absoluter Lebensgefahr unterwegs gewesen. Immer den Pol als Ziel vor Augen. Nach und nach aber, und wieder daheim, fühlte er sich verlassen, ausgegrenzt, einsam. Und doch blieb er abhängig von der Anerkennung, die ihm im Zusammenhang mit seinen Polabenteuern zustand. Mehrmals und zuletzt unwiderruflich aber verlor er all seine Illusionen! Das Wichtigste im Leben, die Erfahrung von Selbstwert, wollte sich auch mit den herbeigezauberten Bildern aus der Erinnerung nicht mehr einstellen. Ihm war der Sinn des Lebens abhandengekommen.

Johansens Pole waren nicht mehr geteilt, sie waren zu einem einzigen leeren Gestern geworden: Kein Ziel mehr, an das er hätte denken können; kein Zweck, für den es zu leben lohnte; kein Gefühl, das ihn wärmte; der Verantwortungssinn war ihm seit Langem schon entschwunden: mit dem Verlust der Familie. Wie war es damals, fragte sich der kranke Johansen in einem letzten nüchternen Augenblick, damals, als sie zum ersten Mal aufs Eis hinausfuhren – 1894 – er und Nansen? In der Polarnacht, viele Monate später, als ihm derselbe Nansen das »Du« anbot? Oder 1911, als Amundsen ohne ihn zum Südpol aufbrach? Seine Welt sah jetzt so unendlich trostlos aus, sein Leben würde nie mehr selbstverständlich sein wie mitten im Eismeer an den Enden der Welt.

Als wäre ihm all seine Überlebenskunst für immer genommen, vegetierte Johansen seit Scotts Todesnachricht in einem Bretterverschlag dahin. Zuletzt zu keinem positiven Sinnerlebnis mehr fähig, wollte er nur noch sterben. An jedem Morgen – es war Ende 1912, Anfang 1913 – sehnte er sein Ende herbei. Es wurde so kalt in ihm, dass jeder Bezug zur Welt und jede Beziehung zu den Menschen absterben mussten. Wie die gefühllosen Gliedmaßen erfrierender Polfahrer.

Johansens Sterben in der Winternacht von Oslo aber war anders als Scotts Tod auf dem Weg zurück vom Pol, wo Rettung ausbleiben musste und die drei Überlebenden physisch zur Selbsthilfe nicht mehr fähig waren. Dieses Ende hatte mehr mit dem Schrecken der Hinterbliebenen zu tun und mit der insgeheimen Hoffnung, Scott würde nicht als pathologischer Fall gesehen, sondern sei als Held gestorben. Aber auch für Johansen gab es keine Rettung mehr. Weil auch er zur Selbsthilfe nicht mehr fähig war. Psychisch am Ende, konnte auch er sich nicht mehr helfen lassen. Eigenverantwortung und Sinn waren ihm immer nur im Tun zugewachsen.

Wie die Eroberer von Süd- und Nordpol, deren Namen heute noch leuchten, ihren jeweils zweiten Mann gebrochen haben, lasse ich einen dieser »Helden« nun selbst erzählen: Hjalmar Johansen. Auch weil er die Heldentaten seiner »Chefs« so lebensnah schildert. Nur im Zusammenspiel des Ganzen, aus vielen einzelnen Zusammenhängen komponiert, können wir sein Glück, sein Hundeleben und seinen Untergang begreifen. Aber nur wer zum Mitfühlen fähig ist, das solcherart Abenteuer zwar nicht rechtfertigt, aber doch nachempfinden lässt, erfasst seine menschliche Dimension.

1 Mit der *Fram* nach Osten

»Nansen war in seinem Denken über die Arktis und durch sein Verhalten dort seiner Zeit weit voraus.«

Børge Ousland

Fridtjof Nansen: Wissenschaftler, Polfahrer, Schriftsteller, Nobelpreisträger. Der große Pionier der Arktisforschung

»Herrn Doktor Fridtjof Nansen, Lysaker!
Wie Sie mir gestatteten, als ich die Ehre hatte, Ihnen am 28. des vorigen Monats auf Ihrem Heimweg zu begegnen, erlaube ich mir hiermit, meinen Antrag auf Aufnahme unter die Teilnehmer Ihrer bevorstehenden Expedition zu übersenden.«

Hjalmar Johansen

Das Packeis der Arktis ist immerzu in Bewegung.
Nansen wollte die Drift nutzen, um mit seinem Schiff
Fram auch zum Nordpol zu kommen.

»Ich verfüge über einen kräftigen Körperbau, bin als guter Skiläufer
bekannt und gelte als praktisch veranlagt. Ich glaube, Ihnen sowohl als
Landvermesser als auch als Jäger gute Dienste leisten zu können.«

Hjalmar Johansen

»Hjalmar Johansen sollte dank seiner praktischen Fähigkeiten vom Heizer bald zum Assistenten und dann zu Nansens Polbegleiter aufsteigen.«

Reinhold Messner

»Sie wollen, dass ich mir Bedenkzeit nehme? Doch meine Meinung wird sich nicht ändern.«

Hjalmar Johansen

Die berühmte *Fram* sitzt im Juli 1895 im Packeis fest: Nansen nutzt die Zeit, um wissenschaftliche Studien zu machen und Daten sammeln zu lassen.

Die Mitglieder der norwegischen Polarexpedition 1893–1896:
Nansen sitzt als Zweiter von links vor dem dahinter stehenden
Johansen. Daneben: Cand. med. Blessing. Nordahl, Elektrotechniker.
Mogstad. Hendriksen, Harpunierer. Pettersen, zweiter Maschinist.
Venisen. Scott-Hansen, Premierlieutenant der Marine. Sverdrup,
Kapitän. Jacobsen, Steuermann. Juell, Proviantverwalter. Amundien,
erster Maschinist.

»Wenn Sie ernsthaft über alle Möglichkeiten, denen Sie sich aussetzen,
nachgedacht haben, darüber, dass vielleicht keiner von uns je wieder
einen Menschen sieht … fordere ich von Ihnen keine Bedenkzeit.«

Fridtjof Nansen

Der kleine Militärrevolver, den ich, Hjalmar Johansen, vor der Abreise vom Vorschuss meiner Heuer – 240 Kronen! – kaufe, ist vermutlich das Letzte, was ich brauche. Aber man kann nie wissen. Sorgfältig lege ich ihn und ein paar Patronen dazu in die kleine Schiffskiste, die ich eigens habe anfertigen lassen. Irgendwo muss ja auch ein Heizer seine privaten Dinge – Tagebuch, ein Foto der Liebsten, Briefe – aufbewahren.

Am 24. Juni 1893, einem trüben Tag, ist es so weit: In der Bucht von Piperviken werden die Anker gelichtet, und die Reise ins Eismeer beginnt. Fridtjof Nansen steht auf der Brücke und kann im Fernglas Eva, seine geliebte Frau, sehen. Ich bin nur für diesen kurzen Moment oben und schaufle dann wieder Kohlen. Der Kessel der *Fram* muss unter Dampf gehalten werden. »Halt!« Im allerletzten Augenblick zögert der Chef, es fehlt etwas: Eis? Eis für die Küche? Oder ist Nansens »Halt!« nur eine Ausrede? Hat ihn die Sehnsucht gepackt? »Eis bekommen wir später umsonst und genug«, meint der Koch. Das Warten ist also vergeblich, wie Nansens trauriger Blick auch, und wir reisen ohne … ab: ohne Eis und ohne Trost.

Ruhig und majestätisch gleitet die *Fram* durch den Fjord von Kristiania. Ihre Maschine arbeitet hervorragend, was mir eine Art Trost ist. Musik und Hurrarufe sind zu hören. Von einem Schwarm Dampfern und Segelbooten flankiert, geht es volle Kraft nach Norden. In vier Stunden legen wir 37 Kilometer zurück, und in Horten, dem Haupthafen der norwegischen Marine, nimmt unser Schiff Pulver und Kanonen auf. Zum Salutschießen! In Raekvik dann kommen die Großboote an Bord.

Seit Frühling 1893 sind wir, die zwölf Teilnehmer der Nansen-Expedition, ein Team. In Kristiania waren wir zuerst noch Fremde, bald aber wurden wir eine Mannschaft, die »*Fram*-Leute« genannt. Es ist der Glaube an den Erfolg unserer Mission, der uns verbindet. Auch wenn die Meinungen über die Dauer der Expedition auseinandergehen, untergehen werden wir nicht. Wir können auch nicht verhungern. Proviant und Brennstoff reichen für fünf Jahre.

Es ist schon erstaunlich, wie viel in dieses Schiff hineingeht: Im unteren Raum, zu beiden Seiten der Maschine, auch im Zwischendeck sowie an Deck sind Kohle und schwere Eisentonnen mit Teeröl gelagert. Im Großraum befindet sich der meiste Proviant. Die Hohlräume zwischen den Kisten sind mit Holzkloben ausgefüllt, die unsere *Fram* bei Eispressungen stützen sollen. Nansen wollte den gesamten Raum genutzt sehen. Sogar ein Windrad zur Stromgewinnung gibt es an Deck, und das ganze Schiff ist bestens isoliert. Uns allen ist klar, welche Bedeutung die erstklassige Ausrüstung hat: Niemand soll sich Sorgen machen.

In den Jahren der Vorbereitung stand dem Expeditionsleiter Nansen Kapitän Sverdrup zur Seite. Sowohl beim Schiffbau als auch bei der Wahl des Proviants. Dieser ruhige Mann geht nun an Bord umher: Meist ist er still. Aber er sieht alles und richtet umso mehr aus. Er will nur unser Bestes.

Ich weiß, Kapitän De Long hat eine ähnliche Reise gewagt wie die unsere und ist untergegangen. Sein Schiff, eine Schönheit, hieß *Jeannette* und kam aus Amerika. Sie segelten damals durch die Beringstraße, durchquerten auf dem Weg nach Norden die Sibirische See und gerieten dort ins Packeis. Zwei Winter später sank die *Jeannette* mit eingedrückten Bordwänden. Kapitän De Long stand mit seiner Mannschaft zuerst nur stumm da. Sie marschierten dann über das Eis zurück, südwärts, immer südwärts, der rettenden Küste Sibiriens zu. Am Ufer der Lena aber war nichts: Das größte Stück Leere, das man sich vorstellen kann. Das verschneite Land erschien weiter als der freie Himmel darüber, und bald gab es nichts mehr zu essen. Die unbegrenzte leblose Tundra vor sich, taumelte De Longs Mannschaft zwischen Hoffnung und Verzweiflung dahin, fast alle starben.

Ich habe mich trotzdem für die *Fram*-Expedition beworben. Dreimal sogar. Zuerst schriftlich, dann in einem kurzen Gespräch mit Nansen – er trug einen Bart, ich sah in diese stahlblauen Augen! – und nochmals schriftlich: Als Proviantverwalter und Heizer bot ich mich an. Alles war ich bereit zu tun! Wenn ich nur mitkommen könne. Als ich mich endlich vorstellen soll, bin ich genommen. Ich bin dabei! Als Letzter zwar, aber nicht als Ersatzmann. Und ich bin glücklich, nur glücklich! Als habe ich meine Bestimmung gefunden. Mein dumpfes Gefühl der Untauglichkeit, seit damals ist es weg. Ich bin als Heizer auf der *Fram*! Auf meinem Posten! Ich bin bereit, alle geforderten Dienste zu leisten.

26 Jahre bin ich jetzt alt. Von kräftigem Körperbau, als guter Skiläufer und Turner auch praktisch veranlagt, glaube ich im Notfall auch als Jäger, Hundeschlittenführer oder Messgehilfe Nansen nützlich sein zu können. Ich kann alles lernen.

Beim ersten starken Seegang sind bei einigen von uns Symptome der Seekrankheit zu beobachten, ich aber bleibe gesund. Die Stimmung an Bord ist bald wieder gut, die anderen Männer sind lebhaft und alle auf ihren Posten. Bei den gemeinsamen Mahlzeiten musiziert Nansen manchmal, allenthalben ist Zuversicht zu spüren. Nur der Koch schimpft: »Gott steh mir bei«, klagt er, »der Kaffee reicht nicht länger als bis Tromsø!«

Während der Reise entlang der nördlichen Küste Norwegens wohne ich meist im *Grand Hotel*, einem der beiden Großboote, die wir mithilfe von Rentierfellen und Schlafsäcken zu gemütlichen Schlafplätzen umfunktioniert haben.

Überall, wo die *Fram* hinkommt, zeigen die Menschen großes Interesse an unserer Expedition. Nur einmal, in Bergen, fragt mich ein Schiffer nach unseren Plänen:

»Woher?«

»Kristiania«, ist die Antwort.

»Und die Last?«

»Essen und Kohlen.«

»Wofür?«

»Forschungsreise.«

»Wohin?«

»Ins Eismeer, zum Nordpol.«

»Wozu?«

Keiner von uns gibt eine Antwort.

In Tromsø hagelt und schneit es. In Vardø, dem letzten Ort, den wir anlaufen, wird uns zu Ehren sogar ein Fest gegeben. Am 21. Juli, um vier Uhr morgens, verlassen wir Norwegen. Verstohlen klettere ich in den Ausguck. Vielleicht nur, weil ich nicht weiß, ob oder wann ich mein Vaterland wiedersehen werde.

Drei Tage später wird der Geburtstag von Scott-Hansen gefeiert. Mit Marmelade zum Frühstück, Tischreden zu Mittag und ausgewählten Gerichten am Abend. Seine Hündin Kvis, der Liebling aller an Bord, feiert mit und verspeist alles, was sie erwischen kann.

Manchmal frage ich mich, was Nansen mit seiner Expedition eigentlich will. Die Engländer sagen doch, sein Plan sei der reine Wahnsinn: das Schiff einfrieren lassen und mit dem Packeis über den arktischen Ozean treiben sehen. Ich bin mir aber nicht ganz sicher, ob ihm das genug ist. »Was will der Chef wirklich?«, frage ich in die kleine Runde, als er draußen bei seinen Messungen ist.

»Wissenschaft«, sagen die einen.

»Und die Schlittenhunde an Bord?«, fragt einer.

»Die gehören in der Arktis dazu.«

»Aber sie leiden doch nur.«

»Vielleicht leidet Nansen noch mehr.«

»Woran?«

»An Fernweh, ein unerträglicher Gedanke, dass noch niemand am Nordpol war.«

»Unerträglich?«

»Ja, für einen, der seine Chance sieht.«

»Die Möglichkeit muss ihn doch freuen«, meine ich.

»Seine Lieblingsvorstellung könnte es wirklich sein, dass der Nordpol mit dieser Expedition entdeckt wird.«

»Am Nordpol gibt es nichts zu entdecken«, sagt einer der Skeptiker.

»Das ist auch meine Meinung.«

»Der Nordpol ist nur eine Vorstellung, eine Erfindung von uns.«

»Nansen aber genügt die Vorstellung nicht!«

» Für ihn bleibt es eine persönliche Blamage, dass der Pol nicht erreicht ist? «

» Deshalb also gilt es, ihn endlich zu finden. «

» Und noch etwas, wir Norweger, denen der Norden ja gehört, dürfen uns den Pol nicht nehmen lassen. «

» Als ginge es dabei um Land. «

» Was sonst? «

» Ja, Raum, seit der Entdeckung Amerikas muss der Nordpol nicht nur als Phantom herhalten! «

» Phantom? «

» Ja. «

» Seien wir doch froh, dass wir einen ›Nordpolentdecker‹ an Bord haben! Wir alle wären sonst nicht hier. «

» Die Entdeckung des Nordpols wird sich diesmal also nicht vermeiden lassen «, meint einer.

» Weil wir zufällig daran vorbeikommen? «

» Weil wir Glück haben «, sage ich.

» Ja, der Moment könnte günstiger nicht sein. «

» Und Nansen hat alles berechnet. «

» Maschine und Eis sind sein Geheimnis, das ›Vorwärts‹ der *Fram* unser aller Fortschritt. «

» Trotzdem, muss man den Nordpol entdecken, wenn man über das Eismeer fährt? «

» Das bezweifle auch ich. «

» Warum dann die Mühe, das Risiko …? «

» Weil Nansen ein Eroberer ist! «

» Und wo ist die Stange, an der Nansens Fahne flattert? «

» Nansen braucht sie noch nicht. «

» Alle Polfahrer haben doch ihre Flaggen dabei. «

» Nansen zeigt erst als Sieger sein wahres Gesicht. «

Die Zeit an Bord vergeht schneller als gedacht. Zwischen Tagträumen und allerlei Gesprächen stehen sich Fragen und Antworten manchmal starr gegenüber. Stumm wie Eisberge. Am 27. Juli schon stoßen wir auf erstes Packeis. Mit Eleganz windet sich die *Fram* – in ihrem Element jetzt – zwischen den bläulichen Eistrümmern hindurch. Nur der Rudermann hat es schwer, denn die Eisblöcke sind von unterschiedlichster Größe und Gestalt und der Teil unter Wasser manchmal von unberechenbarer Ausdehnung.

Zwei Tage später, es ist Abend, werfen wir vor Chabarowa Anker. Trontheim, ein Freund von Nansen, der durch halb Sibirien gereist ist, um Hunde für die Expedition zu kaufen, kommt an Bord. Alle haben zu tun. In den folgenden Tagen gilt es, den Kessel von abgelagertem Salz zu reinigen. Pettersen und ich kriechen also in die engen Röhren und sehen dann dementsprechend aus, was Nansen veranlasst, eine Fotografie von uns zu machen. Ausgucktonne und Maschinenraum müssen noch schnell mit einer elektronischen Klingelleitung ausgestattet werden. Derweil prüfen Nansen, Sverdrup sowie Hendriksen, auch » das Büblein « genannt, in einem Petroleumboot die Eisverhältnisse.

Am 3. August sind wir mit allen Arbeiten fertig. Die Hunde kommen an Bord, und damit sind wir komplett. Es ist neblig, als wir in der Nacht die Anker lichten. Nansen fährt mit dem Petroleumboot voraus und weist der *Fram* den Weg, wobei er sich beinahe verbrennt, weil das Öl sich entzündet.

Am 6. August stecken wir wieder im Nebel, ein Teil der Mannschaft macht einen Landausflug, mich lädt Nansen zur Entenjagd ein. Wir verstehen uns von Anfang an gut. Während er mir von früheren Expeditionen erzählt, werden Zusammenhänge deutlich und auch seine Motive nachvollziehbar. Eines ist mir dabei bald klar: Wenn einer in der Arktis triumphiert, dann Nansen.

»Die *Jeannette* segelte damals im Auftrag von Gordon Bennett, dem Verleger des *New York Herald*. Das Schiff aber, nach Gordons Schwester getauft, kam mit dem Packeis nicht zurecht. Nein, der Kommandant De Long war kein Greenhorn, er kannte sich aus, war erfahren, verwegen und zäh. Vielleicht ein bisschen zu ehrgeizig. Von San Francisco aus sollte er damals den berühmten Forscher Nordenskiöld retten, der mit der *Vega* irgendwo im Eismeer verschollen war«, erzählt der Chef.

»Sein Auftrag: die Rettungsgeschichte auf direktem Weg nach San Francisco kabeln«, betont Nansen.

»Über die Beringstraße?«, frage ich.

»Ja.«

»Die *Vega* war in der Nordostpassage?«

»Wahrscheinlich.«

»Und was hatte Bennett davon?«

»Den Bericht, die Sensation!«

»Deshalb sollte De Long sofort nach Hause?«

»Ja, aber De Long wollte über den Nordpol zurück.«

»Die Zeitung aber interessierte der Verbleib Nordenskiölds?«, frage ich.

»Sonst nichts.«

»De Long sollte also Nordenskiöld finden.«

»Ja, aber er wollte auch den Nordpol erreichen.«

»Wie Sie auch?«, frage ich vorsichtig.

Nansen sieht mich an, weicht der Frage aus und fährt fort: »Nachdem er geklärt hatte, dass Nordenskiöld lebt, war seine Mission erfüllt.«

»Also auf dem umgekehrten Heimweg auf zum Pol?«

»Er wusste, dass Nares zwei Jahre vorher eine interessante Beobachtung gemacht hatte: Eine mächtige Strömung treibt quer durch das Eismeer.«

»Von Ost nach West?«

»Ja.«

»War es nicht Nares, der dann sein ›North Pole impracticable‹ nach London gekabelt hat?«

»Allerdings! Aber er war damals auf einer anderen Route unterwegs. Von Grönland aus nach Norden.«

»Wie zuverlässig sind solche Messungen?«

»Mc Clintock, Mc Clure, Collinson – alle haben ähnliche Beobachtungen gemacht.«

»Wenn also ein Schiff mit der Eisdrift von Ostsibirien nach Grönland triebe, es käme am Nordpol vorbei.«

»So ungefähr.«

»De Long hat es also gewagt, sich dieser Eisdrift anzuvertrauen?«

»Ja, diese Drift treibt polwärts.«

»Zuverlässig?«

»Man kann nie genau wissen, muss es wagen, muss es versuchen, sich treiben lassen.«

»Wie lange?«

»Drei Jahre, denke ich.«

»Trotzdem, die *Jeannette* ging bei einem solchen Manöver verloren, die Expedition ging unter.«

»Es kam so: Als für De Long klar war, dass es nichts zu retten gab, weil Nordenskiöld die Nordostpassage geschafft hatte und in Sicherheit war, nahm die *Jeannette* Nordkurs.«

»Und? Weiter!«

»De Long steuert also ins Packeis hinein und treibt zwischen ungezählten Schollen langsam nach Norden. Später Richtung Nordwest. Im November aber hält die

Eispressungen im Nordpolarmeer werfen oft viele
Kilometer lange Wälle aus Eistrümmern auf.

Jeannette den ungeheuren Eispressungen nicht mehr stand.
Im Kielraum des Schiffs steht Wasser. Achtzehn Monate
lang wird es abgepumpt. Mitte Februar 1880 geht die
erste Polarnacht zu Ende und bald auch die Hoffnung auf
Rettung. Quälend langsam verläuft die Fahrt durch die
Polarnacht des zweiten Winters. Am 17. Mai 1881 ist
Land in Sicht, ein paar Felsen nur, aber die Landung
misslingt. Die Drift treibt die *Jeannette* vorbei. Unauf-
haltsam. Auch spätere Landemanöver – Henrietta-Insel,
Gordon-Bennett-Insel – bringen nichts. Da geschieht ein
Wunder: Das Eis treibt auseinander, das Schiff kommt
frei. De Long aber will nicht nach Süden, er steuert die
marode *Jeannette* weiter nach Norden. Kurs Nordnord-
west! Wenig später ist das Schiff verloren. De Long aber,

der auch für diesen Fall vorgesorgt hat, wagt die Selbstrettung übers Packeis. Er übernimmt also das Kommando auf den treibenden Eisschollen. Schlitten und Hunde, Brennstoff, Pelzschuhwerk, Schlafsäcke und nicht zu wenig Alkohol stehen bereit. Vorräte – Proviant für sechzig Tage – sind aufs Eis geschafft. Die Rückkehr, der Marsch nach Süden, beginnt. 33 Mann und 23 Hunde schleppen die Lasten. Auf nach Süden! Sie gehen und gehen vergeblich, weil gegen die Drift. Oft durch fußhohen Schneeschlamm. De Longs Berechnungen, die seiner Fahrt zugrunde liegen, sind zwar richtig, wie aber will er in zwei Monaten, vor Beginn des Winters, das sibirische Festland erreichen? Wenn die Drift sie Tag für Tag zurückwirft. Wenn die Expedition nach zehn Stunden Fußmarsch im Schneematsch, statt vorangekommen zu sein, zwei Meilen zurückgetrieben worden ist, bleibt nur noch Kopfschütteln. Dazu herrscht jetzt Verzweiflung, physische Erschöpfung, Hoffnungslosigkeit. Mit der Zahl der Kranken wachsen die Leiden, und De Long blickt ins Nichts, ehe die Expedition eine der Neusibirischen Inseln vor der Lena-Mündung erreicht! Aber auch in Fadjejew ist nur Öde: Eis, Fels und Schnee, eine Wüste und Stürme. Man zieht und segelt weiter. Dreizehn von ihnen sind übrig. Auf den Krücken ihres Willens humpeln sie zurück ins Leben. Die anderen sterben.«

»Und Sie wollen es trotzdem wagen, mit der Drift über den Pol zu treiben?«, frage ich nach langem Schweigen.

»Man kann nur siegen, wenn man es wagt«, sagt Nansen leise.

»Aber nicht wie De Long.«

»Zu sterben wie De Long ist nicht nach meinem Geschmack«, antwortet Nansen mit fester Stimme.

Dankbar für das Vertrauen, das mir Nansen entgegenbringt, komme ich zurück zum Schiff. Wie viel Erfahrung, Hintergrundwissen und Mut dieser groß gewachsene Mann doch mitbringt! Ich komme mir daneben klein und unbedeutend vor, fast so als sei ich unnütz. Natürlich, das Schiff läuft nur, wenn einer Kohlen nachfüllt, für das große Ziel aber fehlen mir alle Voraussetzungen. Erstmals bei dieser Expedition spüre ich Selbstzweifel, bin ich doch zerrissen zwischen der Bewunderung für Nansen, dem ich all mein Vertrauen schenke und einem Ego, das ihm nacheifert.

2 Zum nördlichsten Punkt der Alten Welt

Johansen am Anemometer auf dem Packeis

»Ich erinnere mich, dass ich den einfachen und
umgänglichen Kerl mit der gedrungenen Figur und
den treuherzigen Augen auf Anhieb sympathisch
fand – außerdem hatte ich ja gehört, dass er der beste
Turner des Landes und ein guter Skiläufer sei.«

Fridtjof Nansen

Packeis vor der Küste Grönlands. 1888 führte Nansen erstmals eine Expedition über das Inlandeis der Insel.

»Nansen ist nicht der Kerl, für den ich ihn gehalten habe.«

Hjalmar Johansen

Aufbruch: Nansen und Johansen verlassen die *Fram*
Richtung Nordpol (14. März 1895).

»Dieser Tag wird zum Wendepunkt in meinem Leben.«

Hjalmar Johansen

»Nansens Angeberei hat für böses Blut unter den anderen gesorgt.
Ich glaube, sie hassen ihn alle. Am schlimmsten ist die herablassende
Art, mit der er seine Untergebenen behandelt.«

Otto Sverdrup

»Dr. Nansen ist ein Mann, dessen Ansehen in den Augen aller an Bord
enorm gelitten hat. Lange Zeit habe ich zu ihm gehalten,
aber auch das ist jetzt vorbei.«

Hjalmar Johansen

Mit vollen Segeln oder unter Dampf geht unsere Reise zwischen den Eisschollen weiter. Die Hunde sind seekrank. Zudem werden sie nass, wenn das Wasser über die Reling schwappt. Also verlegen wir sie auf das Achterdeck, wo es ihnen besser zu gehen scheint. Am 12. August stoppen wir die Maschine. Auch weil wir Kohlen sparen wollen. Der Himmel grau, um das Schiff herum lockeres Eis.

Am 20. August ankern wir bei den Kjellman-Inseln, um den Wasservorrat für den Kessel aufzufüllen. Da es auf der Insel Rentiere gibt, machen wir uns sogleich zur Jagd auf. Nur fünf Mann bleiben an Bord zurück. Die Tiere aber sind scheu, und das Gelände ist schwierig. Zur Rast sitzen wir auf einem Stein, schauen uns um. Wir sind ziemlich erschöpft.

Plötzlich ein Schrei:

»Ein Bär!«, ruft einer.

Ich fahre herum.

»Dort, ein Bär!«

Tatsächlich, da geht ein Eisbär spazieren. Er ist nicht weit von uns entfernt.

»Zum Teufel!«, meint Hendriksen. »Wir haben zu kleine Kugeln im Lauf!«

Der Bär wittert uns und kommt direkt auf uns zu. Ich krieche vorsichtig hinter einen Felsblock und ziele. Beide drücken wir gleichzeitig ab: Hendriksen mit seiner langen Büchse, ich mit meinem Karabiner. Beide Schüsse aber bleiben ohne Wirkung, ein dritter Schuss verletzt den Eisbären dann doch am Vorderbein. Im Flüchten dreht er sich noch einmal um und wird von mir ein weiteres Mal getroffen.

»Nicht aus dieser Entfernung schießen«, schreit Hendriksen, »lauf ihm nach!«

Hastig lade ich mein Gewehr, laufe und kann ihn schließlich tödlich treffen.

»Der hat wohl genug«, sage ich, als Hendriksen nachgekommen ist.

»Nein«, meint er, als das Tier sich wieder aufrichtet. »Der verträgt noch mehr.«

»Lass, nicht notwendig«, rufe ich.

»Doch«, antwortet Hendriksen, »ich weiß, wie schlau diese Biester sind und wie sie sich verstellen können.«

Hendriksen jagt ihm noch eine Kugel in den Leib, ein weiterer Schuss trifft ihn hinterm Ohr.

Hendriksen muss es wissen, er hat in seinem Leben schon ein halbes Hundert Bären geschossen. Ich erst diesen einen.

Als wir später den Bären holen wollen, sehen wir einen zweiten ganz in der Nähe am Boden liegen und schlafen. Er wird unsanft von unseren Kugeln getroffen und ist gleich tot. Die restliche Jagdgesellschaft hat derweil einige Rentiere erlegt, und es kostet viel Mühe, Kraft und Zeit, die Tiere im aufkommenden Wind an Bord der *Fram* zu schaffen. Die Anstrengung aber hat sich am Ende gelohnt. Rentier- und Bärenfleisch schmecken vorzüglich.

Nach ein paar Tagen hört das Schneegestöber auf, wir können weiter nach Norden segeln. Bald hält uns ein Eisgürtel auf, und wir liegen wieder fest. Die Nächte sind kalt, und wir decken uns zusätzlich mit Rentierfellen zu.

Am 4. und 5. September gehen Nansen, Juell, Nordahl und ich auf Beobachtungstour. Siebzehn Stunden lang. Wir rudern, rackern und marschieren. Denn zwischendurch müssen wir das Boot übers Eis ziehen. Bald schon verspüre ich Hunger. Aber zu essen gibt es nicht viel. Nur mit ein wenig gedörrtem Rentierfleisch und Brot als Proviant sind wir aufgebrochen. Die Butter haben wir vergessen. Die Landspitze, an der wir eine erste Rast einlegen, nennen wir daher »Kap Butterlos«. Auch die fünf Seehunde, die wir an diesem Tag schießen, entkommen. Sie versinken, ehe wir sie erreichen können. Schade, denn unsere Hunde brauchen Frischfleisch. Der erste Hund ist schon tot, andere sind krank, es geht ihnen genauso wie uns Menschen.

Am 7. September arbeiten wir uns mit der *Fram* durch schlimme Eisgürtel, Eis, das uns vom offenen Wasser trennt. So entgehen wir dem Los, ein Jahr oder länger vor der sibirischen Küste liegen zu bleiben. Zwei Tage später schafft die *Fram* in nur vier Stunden sechzig Kilometer, und es sieht so aus, als ob Jacobsen seine Wette, dass wir in diesem Jahr nicht über Kap Tscheljuskin hinauskommen würden, gegen mich und mehrere andere verliert.

An Bord geht es außerordentlich gemütlich zu: immer gutes Essen, dazu Jacobsens Wetten, Spiele ... Große Freude herrscht, als wir am 10. September um vier Uhr früh in Tscheljuskin ankommen. Es wird gefeiert, und alle sind vergnügt. Am 12. geht Nansen auf die Jagd nach Walrossen. Diesmal leider ohne mich. Juell und Hendriksen sind dabei. Die Harpunen gehen ihnen jedoch aus, und sie erlegen nur vier Tiere. Am 18. September geht die Reise weiter – Kurs auf die Neusibirischen Inseln. Dort liegen Depots für uns, die Baron Toll, der uns auch die Hunde besorgt hat, anlegen ließ. Wie alle anderen

Teilnehmer unserer Expedition bin auch ich aufgeregt und neugierig. Wird unser Schiff, die *Fram*, allen Erwartungen entsprechen? Wird sie durch die Eisbarrieren der Arktis hindurchkommen und auf dem Packeis liegen bleiben? Sind Nansens Berechnungen richtig? Die Philosophie hinter seinem Handeln ist einfach: Der Mensch soll sich an die Natur anpassen und die Kräfte des Eises nutzen, nicht umgekehrt.

»Es gilt, sich die Kräfte der Natur dienstbar zu machen statt ihnen entgegenzuarbeiten«, erklärt der Chef bei jeder Gelegenheit, immer wieder. Ich verstehe: Es kam also darauf an, ein Schiff zu bauen, stark genug, das dem Druck des Eises über Jahre hinweg standhalten würde. Stark genug ist im Eis aber nichts, weder irgendein Gehölz noch Stahl, stark genug heißt für Nansen den Verhältnissen der Arktis angepasst. Das weiß auch Colin Archer, der

Die *Fram* im Eis

brillante norwegische Schiffsbauer schottischer Abstammung, der 1891 von Nansen den Auftrag erhalten hat, das Wunderschiff zu bauen. Die *Fram* bekam einen dicken Rumpf, alles weit ausgebuchtet: Bug, Heck und Kiel voll ausgerundet. Das Eis soll, statt irgendein Teil davon zu fassen bekommen, das ganze Schiff nach oben drücken. Nicht im Widerstand der Flanken, in seiner Form liegt also das Geheimnis. Nicht die Überwindung der Natur ist ja Nansens Ziel, er will die Energie der Eisdrift für sich nutzen und das Schiff unversehrt vom Eispanzer tragen lassen. Auch in der Mannschaft ist er um Ausgleich bemüht. Der kluge Menschenführer weiß, dass Vertrauen stärker motiviert als Befehle. Die *Fram* ist kein Eispflug und Nansen kein Tyrann.

1888, als Nansen die erste Durchquerung Grönlands von Küste zu Küste wagte, ließ er am Ostrand der Insel alles Überflüssige zurück. Bevor er den Marsch über das Inlandeis begann, befahl er sogar, die Boote zu verbrennen, die ihn und seine Mannschaft zwischen Eisschollen zum Ausgangspunkt gebracht hatten. Alle wussten damit: Es gibt keine andere Richtung als »vorwärts«. Sie mussten also, wollten sie überleben, das Hochplateau des Inlandeises im Osten erreichen, um dann über das Eis nach Westen zur Küste hinüber und zum Meer hinunterzukommen. Zurückzusteigen hätte den sicheren Tod bedeutet. Mit Absicht wählte Nansen den öden und menschenleeren Osten Grönlands als Startpunkt. Jeder Rückzug von dort wäre eine tödliche Falle gewesen, jede Möglichkeit also ausgeschlossen.

»Wer ans Ziel kommen will, muss alle Brücken hinter sich abbrechen. Dann verliert er beim Sich-Umsehen keine Zeit mit Zweifeln«, ist seine Devise.

Nansen und seine Männer haben 1888 also den Treibeisgürtel an der Ostküste Grönlands durchquert, sind dann auf die Eismitte gestiegen und zur Westküste marschiert. Nansen: »Wir sind den Lockungen der Zivilisation entgegengegangen«. Nach vierzig Tagen Inlandeis – Gletscherspalten, 2000 Höhenmeter Abstieg auf einer Strecke, die vorher nie bewältigt worden ist –, war die Selbstrettung gelungen. Nansen kam ans Ziel, weil das Gegenteil nicht infrage kam. Alle früheren Expeditionen, die von der bewohnten Westküste gestartet waren, wo die Zivilisation nahe und das Klima milder ist, sind gescheitert. Weil sie, mit der Rettung im Rücken, bei der ersten Krise scheitern mussten.

Inzwischen dampfen wir auf der *Fram* Richtung Neusibirische Inseln. Auf den Spuren der *Jeannette* lässt Nansen dann nach Norden drehen. Er rechnet damit, die Drift im seichten Meer besser nutzen zu können und so schneller voranzukommen. Vielleicht vom Mündungsstoß des mächtigen Flusses Lena zu profitieren und so schneller nach Norden geschoben zu werden.

Wer ist dieser Fridtjof Nansen? Immer öfter frage ich mich: Hat er die richtigen Schlüsse gezogen? Oder folgt er einer unbestimmten Sehnsucht nach mehr, weiter, nach Ruhm! Ist nicht eine der Proviantkisten De Longs, die für den Weg von der Lena zur Südwestküste Grönlands drei Jahre gebraucht hat, eine seiner Berechnungsvorlagen. Drei Jahre sind eine lange Zeit, denke ich, und Geduld scheint Nansens Tugend nicht zu sein. Er, der Tatendurstige, kann nie still sitzen. Das Bild des vollkommenen Helden ist doch nur eine Projektion, die er in sich trägt, unscharf und von seinen Taten bestimmt. Nansen weiß aber auch: De Longs Fehler war sein Aktionismus. Mehr als Geduld braucht es also die Ausdauer und im richtigen Moment die entschlossene Tat. Gegen ein so mächtiges Chaos wie die Arktis ist mit Aktionismus nichts auszurichten! Nie gegen das Eis, immer nur mithilfe des Eises will er seine geheime Mission erfüllen. Ich aber frage mich wieder einmal: Was ist seine Mission? Die Erforschung der Arktis oder der Pol? Nansen äußert sich nicht dazu. Er behält seine innersten Gedanken und Motivationen für sich. Wie wir anderen auch. Wir werden uns wohl auf einige Überraschungen einstellen müssen.

Die *Fram*, winterfest und obenauf im Packeis

Am 22. September vertäuen wir das Schiff an einer Eisscholle, 78° 54' nördlicher Breite. Hier also werden wir den Winter verbringen. Das Wetter ist schön. Zwischen den Eisflächen sind vom Schiff aus kleinere Wasserflächen zu sehen, sonst erstreckt sich bis zum Horizont nur Eis. Die *Fram* ist aufgeräumt, die Vorräte neu verstaut, das Schiff wintertauglich gemacht. Die Hunde werden aufs Eis gebracht. Für uns kommt jetzt die anstrengendste Arbeit: Zoll für Zoll schieben und ziehen wir unser Heim, die *Fram*, an einen sichereren Platz. Noch lässt sie sich bewegen. Plötzlich fällt Hendriksen in den Eisschlamm und Chaos bricht aus. Er schreit.

»Schnell, Kapitän, komm, hilf mir!«. Er ruft Sverdrup um Hilfe, der ihn auf eine feste Scholle zieht. Alle atmen wir auf. Der Winter kann beginnen.

Nansen startet seine Untersuchungsreihen: Wassertiefe, magnetische Beobachtungen, Meerestiere. Aber da ist schon der erste Eisbär, keine fünfzig Schritt vom Zelt mit den Magnetmessungen entfernt.

»Ein Bär!«, rufe ich.

Blessing will sofort an Bord rennen, um Flinten zu holen. Alle anderen wären damit verständigt und gleich zur Stelle. Doch das Tier schneidet ihm den Weg ab und kommt jetzt geradewegs auf mich zu. Beide packen wir in unserem Schrecken das Nächstliegende – einen Eispickel, eine Axt – und laufen davon. Der Bär aber setzt uns nach. Zum Glück kommen Nansen und Sverdrup mit ihren Gewehren vorbei. Sie reagieren schnell und der hartnäckige Verfolger bricht unter ihren Schüssen zusammen: ein schönes Männchen. Und was ist die Lehre aus diesem Zwischenfall? Niemals mehr wird einer von uns das Schiff ohne Waffe verlassen – und sei die Entfernung noch so gering.

Am 4. Oktober reißt die Eismasse plötzlich auf. Viel offenes Wasser ist zu sehen. In der Nacht dann höre ich ein eigentümliches Dröhnen. Es sind seltsame Töne, wenn die Eismassen unter Wind und Strömung gegeneinanderstoßen, Eisplatten untereinanderrutschen oder Eisberge gegen das Schiff gepresst werden. Und wieder nähert sich ein Bär dem Schiff. Nansen erlegt ihn mit zwei Kugeln.

Inzwischen haben wir die Expeditionsanzüge erhalten und liegen nachts in Schlafsäcken. Am 9. Oktober wird die *Fram* wieder einmal mächtig hin und her getrieben. Das Eis arbeitet, und wir müssen Eisanker auslegen, um zu verhindern, dass Schollen mit den Hunden und den Beobachtungszelten forttreiben. Die 33 Hunde laufen inzwischen ja frei herum, was zu heftigen Raufereien führt. Sie sind aus drei verschiedenen Populationen und werden ihre jeweilige Rangordnung schon finden. Auch das Eis bleibt in ständiger Bewegung. Am 10. Oktober, Nansens Geburtstag, ist der Chef krank. Er fühlt sich nicht wohl. Und wenn Nansen fiebert, ist er schlechter Laune. Also wird nicht gefeiert.

Mir geht es zwar gut, aber ich bin überfordert. Ich bin ungefragt zum Koch ernannt worden. Koch für dreizehn Personen. Meine neue Aufgabe aber macht mir keinen Spaß.

Dazu kommt die Bedienung und schon als das Mittagessen – um sechs Uhr abends! – auf den Tisch kommt, bin ich von der Zubereitung des Abendessens suspendiert, von jeder weiteren Beschäftigung in der Küche erlöst. Für immer.

Es gibt ja auch sonst viel zu tun. Unsere Welt ist völlig unberechenbar. Das Eis presst manchmal derart stark ans Schiff, dass ich Angst um die *Fram* habe. Im nächsten

Augenblick schon umgibt uns offenes Wasser. Wie jetzt wieder. Um fünf Uhr morgens müssen wir plötzlich alle hinaus und zuerst untätig zusehen, wie Schollen mit sechs heulenden Hunden forttreiben. Nach einer wilden Treibjagd gelingt es uns, die Hunde an Bord zurückzubringen. Am gleichen Abend, ich sitze gerade bei einem Kartenspiel, ist Bärenalarm. Wieder einmal. Schon wenig später zeigen wir uns stolz mit dem toten Eisbären an Deck der *Fram*. Wie antike Helden. Ich weiß nicht recht, ob mir dieses raue Leben wirklich gefällt. Am nächsten Morgen müssen die Hunde wegen der starken Eispressungen an Deck gebracht werden. Dann wird das Beobachtungszelt abgebaut, ein Bärenjunges erlegt. Die Klagelaute seiner Mutter sind noch lange zu hören und gehen mir tagelang nicht aus dem Kopf. Nansen lacht über mein kindliches Gemüt. Manchmal aber frage ich mich, ob er den »harten Burschen« nur spielt oder ob er wirklich der Held ist, als der er uns allen erscheinen mag.

Ob der Nordpol real ist, ein fiktiver Punkt oder eine mathematische Antwort auf eine geografische Frage, Nansen scheint es nicht zu interessieren. Ob dieser Pol auf schwimmendem Eis liegt oder auf offenem Wasser, alles sekundär. Im Vergleich zur Möglichkeit, dass die beiden Seewege am Rande der Arktis – Nordost- und Nordwestpassage – jemals schiffbar sein könnten, spielt der Pol selbst ja wirklich keine Rolle. Nansen will auch keine Unterwasserclaims abstecken für den Fall, dass unter dem arktischen Ozean Bodenschätze zu finden wären. Auch ob Norwegen später einmal Besitzansprüche erheben würde, um Zugang zu den Ressourcen unter dem Meeresboden zu haben, über den seine *Fram* jetzt driftet, interessiert ihn nicht. Nansen hat nichts Profanes im Sinn, seine Vision heißt 90° Nord. Denn alle unterseeischen Mineralien, auch Gas und Öl, bedeuten ihm nichts im Verhältnis zu diesem einen gedachten Punkt im äußersten Norden, diesem Nichts, das man Nordpol nennt. Nansen folgt dabei einem fiktiven Helden zu seinem fiktiven Ziel. Sein Vorbild ist ein Romanheld, Kapitän Hatteras, den Jules Verne schon 1866 auf dem Schiff *Forward* zum Nordpol schickte. Nicht zufällig taufte Nansen sein Schiff auf denselben Namen. Vorwärts, norwegisch *Fram*, folgt er jetzt auf einer realen Reise dem Prinzip Hoffnung des Schriftstellers. Das Eis wird dem Schiff nichts anhaben.

Das Leben auf der *Fram* ist trotzdem nicht das reine Vergnügen. Wenn das Wetter es erlaubt, werden jeden Tag Ortsbestimmungen gemacht: Scott-Hansen stellt magnetische Beobachtungen an; Nansen selbst untersucht den Salzgehalt des Wassers in verschiedenen Meerestiefen. Auch meteorologische Beobachtungen gehören zum täglichen Programm. Ich bin gerade mit solchen beschäftigt, als die Hunde fürchterlich zu bellen beginnen. Sie toben geradezu. Also ein Eisbär! Ja, ganz nah am Boot! Ich schleiche mich zur Kajüte, ergreife mein Gewehr und treffe das Tier auf Anhieb – zum Glück!

Eine Stunde später schon sind Nansen und ich wieder mit Beobachtungen beschäftigt. Diesmal auf einer Eisscholle. Nochmals ein Bär! Er kommt geradewegs auf uns zu. Nansen greift nach seinem Revolver, Hendriksen auf der Brücke der *Fram* aber ist schneller. Er drückt ab. Nichts. Noch einmal. Wieder nichts.

»Lumpige Büchse!«, hören wir ihn fluchen.

»Sie will heute nicht!« – Dann, endlich, ertönt der erlösende Schuss.

Beobachtungen im aufgetürmten Eis in der Nähe der *Fram*

Nansen trainiert regelmäßig: sich und die Hunde. Als sei es ein Sport. Sverdrup fertigt Fallen. Er will damit Bären fangen.

»Bären?«, fragt Nansen.

»Wenn nur nicht die Hunde darin hängen bleiben«, meint er warnend. Seine heiligen Hunde!

Am 25. Oktober setzten wir eine Windmühle in Betrieb. Zur Stromerzeugung. Die futuristische Maschine funktioniert sogar besser als erwartet. Windstärken von vier bis fünf Metern pro Sekunde, »Mühlenbrise« genannt, sind genug, um so viel Strom zu gewinnen, dass die Kohlebogenlampen brennen und die automatische Orgel spielt. Dies alles wirkt positiv auf das Gemüt.

Die Außentemperatur ist inzwischen auf $-25\,°C$ gesunken. Im Schiff sind es $+6\,°C$, oft ist es auch bis $+12\,°C$ warm. Aber alles wird feucht. Blessing stellt bei der monatlichen Blutuntersuchung fest, dass bei den meisten von uns die Anzahl der roten Blutkörperchen nicht ab-, sondern zugenommen hat. Nansen kommt bei seinen Forschungen zu dem Schluss, dass es auch unter der Eisdecke Tier- und Pflanzenleben geben muss.

Am 26. Oktober sehen wir die Sonne zum letzten Mal. Für fast vier Monate. Dafür steht jetzt der Mond am Himmel – hell und klar – den ganzen Tag über. 24 Stunden später plötzlich scharfes blaues Licht über dem Schiff sowie auf dem nächstliegenden Eismeer. Wie eine Feuerkugel! Es ist Nordlicht, das einen klaren Streifen glühender Teilchen hinterlässt.

Scott-Hansen zeigt bei seinen magnetischen Beobachtungen enorme Ausdauer. Ich helfe ihm manchmal dabei. Stundenlang steht oder liegt er mit seinen Geräten auf dem Eis. Auch bei Wind und völliger Dunkelheit. Die Kälte ist im Wind doppelt streng – besonders in den Augen –, und wir erkennen in der Dunkelheit nur wenig. Jede noch so kleine Arbeit erfordert viel Aufmerksamkeit und Zeit. So geht jetzt im Winter alles viel langsamer als im Sommer. Das Nordlicht wird stärker und tanzt manchmal in allen Farben und sonderbaren Formen über den Himmel. Mittlerweile ist das Thermometer unter −30 °C gefallen. Auf dem Schiff aber wird immer noch nicht geheizt. Wir haben schließlich alle spezielle Winterkleider und passende Schuhe – Holzsohlen mit hohen Segeltuchschäften –, auch sollen wir uns abhärten. Sverdrup baut einen Webstuhl, wir anderen fertigen Hundegeschirre aus Segeltuch. Auch Hundehütten.

Am 31. Oktober wird Kapitän Sverdrups Geburtstag gefeiert. Mogstad und Blessing liefern sich dazu ein Revolvermatch, das mit Spannung verfolgt wird, weil zahlreiche Wetten darauf abgeschlossen worden sind.

Am 5. November findet ein großes Hundeschlittenrennen statt. Als Preise liefert Juell dreizehn Kuchen unterschiedlichster Größen.

Der starke Südwestwind treibt uns inzwischen weiter nach Norden. Mitsamt der ganzen Eisfläche, auf der das Schiff sitzt. Immer wieder bersten Eisschollen. Besonders um die *Fram* herum. Wenn sie dann aufeinanderprallen, verursacht das einen Höllenlärm: Geräusche wie in einer Metallfabrik.

Die Eispressungen werden immer stärker. Dazu Geräusche wie Donnergepolter. Am 9. Dezember ist es so laut auf dem Schiff, dass wir uns nur noch schreiend verständigen können. Dazu der Gestank von Moder. Mittlerweile sind die Kabinen schon so feucht, dass wir die Schlafsäcke nicht mehr trocken bekommen. Nur mit größter Mühe können wir sie vor dem Verfaulen bewahren.

Blessing und Nordahl müssen jetzt vier Wochen lang mit hartem Roggenbrot auskommen, weil sie beim Kartenspiel alle ihre Brötchen und Kuchen verspielt haben: alles Süße vom gesamten nächsten Monat also verpfändet. Blessing hat aber als Redakteur so viel zu tun, dass er den Verlust vergisst, Nordahl wird immer wieder etwas Süßes zugesteckt. Als am 10. Dezember zum ersten Mal die Zeitung *Framsjaa* erscheint, ist mir nach einer Aussage zumute, die dann leider unterbleibt. Soll ich über die Hundetragödie schreiben? Mir ist, als hätte ich mich für die Raufbolde zu schämen. Die Hunde sind bei Eispressungen dementsprechend unruhig. Immer wieder fallen die Stärkeren im Rudel über den Schwächsten her. Am 28. November war wieder einmal ein Hund tot. Von seinen Kameraden umgebracht! Es macht mich ganz traurig. Und zudem wird unser Bestand kleiner und kleiner. Wie können Tiere nur so grausam sein? Zuerst isolieren sie ihre Kameraden, und wenn diese ihr Selbstvertrauen verloren haben, töten sie sie. Wir Menschen sollten uns hüten, solches Verhalten anzunehmen, möchte ich sagen. Wir haben uns bisher gegenseitig nur die Haare geschoren: bis auf drei Millimeter Länge.

Wieder einmal Bärenalarm. Hendriksen und Mogstad sind zum Eisholen für die Küche rausgegangen und werden von einem Eisbären überrascht. Mogstad läuft weg, aber Hendriksen ist so ungeschickt in seinen großen Segeltuchschuhen, dass ihn der Bär an der Seite packen kann. Obwohl Hendriksen aus vollem Hals schreit, laut und lauter, der Bär lässt nicht von ihm ab. Das Raubtier ist nicht im Geringsten beunruhigt. In seiner Verzweiflung schlägt Hendriksen dem Ungeheuer die Laterne auf den Kopf. Mit einem gezielten Schlag, blitzschnell. Wie benommen setzt sich der Bär hin, ein bisschen verwundert, und Hendriksen kann davonlaufen. Das Tier aber setzt dem Flüchtling nach. Nur ein heranlaufender Hund kann den Bären dann ablenken. Zum Glück, und jetzt stürzen sich alle Hunde auf den Bären, der weiter Richtung Schiff läuft. Endlich fallen Schüsse! Sie verfehlen jedoch ihr Ziel!

»Patronen, Patronen«, höre ich jemanden rufen.

»Ist das möglich?«, schreit ein anderer.

»Versagt doch das Gewehr?«

Hendriksen stolpert jetzt zur Kajütentür hinunter. Er ist außer sich und blutet: Dazu der Schreck im Nacken!

»Der Bär hat mich in die Seite gebissen«, schreit er. Es klingt wie ein Vorwurf.

»Erschießt ihn endlich! Schießt ihn tot!«

Andere Männer stürzen mit Gewehren hinaus, aber man hört keinen Schuss. In der Kälte funktionieren die

Waffen nicht. Hilflos müssen wir zusehen, wie der Bär jetzt über einen der Hunde herfällt. Unmittelbar neben unserem Schiff. Blessing und ich kommen endlich mit unseren warmen Gewehren an Deck. Jacobsen sucht nach einer Walrosslanze.

»Schießt«, ruft er, »schießt!«

»Wo ist er?«, will ich wissen.

»Er bringt die Hunde um!«

Meine Wut ist eine Mischung aus Mitleid und Trotz. Als ich den Bär im Visier habe, will ich nur, dass dieses Massaker aufhört. Mein Gewehr ist in Ordnung, und schon der erste Schuss sitzt. Trotz der Dunkelheit. Nach drei Schüssen aber erst ist der Bär tot. Die Hunde sind gerettet.

»Gib ihm noch eine Kugel!«, rät Jacobsen. Ich folge seinem Rat. Inzwischen funktioniert auch Nansens Gewehr. Endlich! Warum aber auch er dem leblosen Bären noch eine Kugel opfert, begreife ich nicht. Ich weiß aber, dass es Glück ist, wenn Hendriksen noch lebt und nicht alle Hunde zu Krüppeln geschlagen sind. Als Entschädigung für die verlorenen Hunde kommen am selben Tag dreizehn Welpen zur Welt – eines für jeden von uns. Wir sind ja auch dreizehn an Bord.

Immer wieder finden sich Bärenspuren. Auch mitten in der Polarnacht. Sverdrup stellt jetzt seine Bärenfalle auf. Sie ist so hoch angebracht, dass sich die Hunde nicht darin verfangen können. Am 22. Dezember, es ist vier Uhr früh, kommt ein Bär zum Schiff. Jacobsen schießt, trifft das Tier aber nicht. Der Bär untersucht die Falle, beschnuppert sie und wendet sich dann ab. Er geht in die andere Richtung davon.

»Der Bursche hat Mutterwitz«, sagt Sverdrup, der das Ganze beobachtet hat.

»Ich möchte darauf wetten, dass jeder Samojede gleich in der Schlinge sitzen geblieben wäre«, antwortet Hendriksen.

Als sich der Bär schließlich erneut dem Schiff nähert, fällt ein Schuss. Oder waren es zwei? Wer aber der erfolgreiche Schütze war, Jacobsen oder Hendriksen, bleibt offen. Denn darüber sind sich nicht einmal jene einig, die geschossen haben wollen.

Mit dem Weihnachtsfest kommt nicht nur ein Hauch zivilisierter Welt an Bord, sondern auch die Sehnsucht. Es sind die Gedanken an zu Hause, die Wehmut verbreiten. Die einen sitzen in Anoraks beim Festmahl, Scott-Hansen mit Kragen, Manschetten und weißer Halsbinde. Auch der Kapitän kommt ausnahmsweise als feiner Mann. Sverdrup sitzt dann aber so ruhig wie immer an seinem Platz, und es bleibt ein Gefühl von Alltag neben ihm. Die Weihnachtslieder aber sorgen nur für weitere Melancholie. Ich spiele auf meiner Ziehharmonika, und die anderen singen dazu. Nach dem Essen holt Nansen dann zwei Kisten aus seiner Kabine – lauter Geschenke! Und wir stürzen uns mit kindlicher Freude auf die Überraschungen. Das Gleichgewicht ist wiederhergestellt.

Neujahr. Zum ersten Mal wird im Salon geheizt. Wir liegen auf 79° 6' nördlicher Breite, die Temperatur draußen beträgt −36 °C. Nansen bringt einen Toast auf unser Zusammenleben im kommenden Jahr aus und dankt für die gute Kameradschaft im abgelaufenen. Wir alle sind vergnügt.

Je weiter der Januar voranschreitet, umso mehr kommt Neugierde auf. Auch die Hoffnung nimmt zu. Die Winde kommen jetzt hauptsächlich aus südlicher Richtung, wir werden also weiter nach Norden getrieben. Immer häufiger wird über den Pol diskutiert. Auch laut und bevorzugt dann, wenn Nansen selbst nicht dabei ist.

» Ob wir je in seine Nähe kommen werden? «

Keine Antwort.

» Was ist mit der Heimkehr? «, fragt ein anderer.

» In zwei, drei Jahren vielleicht «, sage ich.

» Das Wort ›Heimkehr‹ ist ein Aphrodisiakum «, lacht einer auf.

» Warum das? «

» Zum Mädchen ins Bett. «

» Wer kennt die Geschichte von der Frau im Eis? «, fragt ein dritter forsch.

» Das Eis zerrinnt wie unsere Träume auch. «

» Und was soll man damit anfangen? «

» Ich sag das nur so, zur allgemeinen Aufklärung. «

» Für wen, bitte? «

» Für alle, die eine Braut daheim haben. «

Schweigen.

» Die Schätzchen sind klüger als wir. «

» Die frieren nicht lange und wärmen sich woanders. «

» Recht haben sie. «

» Ja, wenn man nicht rechtzeitig heimkommt, sind die Weiber weg. «

Es wird erst still, als alle müde sind.

Wir wissen, dass wir es viel besser haben als alle arktischen Expeditionen vor uns. Alles ist besser: Schiff, Ausrüstung, Proviant, Erfahrung. Dank Nansen und seinem genialen Plan.

» Ob wir uns dem Pol zuletzt im Schiff oder in Schlitten nähern werden? « Führe ich inzwischen Selbstgespräche?

» Wer soll das schon wissen. «

»Die Frage ist doch, wie nahe wir auf der *Fram* vorbeidriften werden?«

Niemand hat eine Antwort, und Nansen ist still. Karten werden studiert, Geschichten von früheren Expeditionen erzählt. Am 8. Januar ist es mehr als 40 °C kalt. Das Quecksilber gefriert. Das Eis arbeitet heftig, türmt sich auf, der Schnee wird vom Sturm verweht. Die *Fram* hockt, von hohen Eisrücken umgeben, knirschend in dieser Einöde. Alle sind wir jetzt kälteempfindlicher als noch zu Beginn der Expedition. Wir müssen vorsichtig, ja äußerst vorsichtig sein. Bei unseren Beobachtungen im Freien. Trotzdem, die eisige Kälte macht sich täglich mit neuen Frostbeulen bemerkbar: Hendriksen erfriert sich eines Tages eine Backe. Bentsen beinahe täglich die eine Seite der Nase. Er befürchtet, sie wird schwarz werden, sollte er je wieder in wärmere Gegenden kommen. Mehrmals erfrieren Nansens Finger. Als er mich ohne Gesichtsmaske fotografieren will, ist auch meine Nase im Nu kreideweiß vor Kälte.

Im Februar geht unsere unbewegliche Reise weiter. Die *Fram* kreist: immer wieder vor und zurück. Anfang März dann sitzt das Schiff auf 79° 53' nördlicher Breite und 134° 57' östlicher Länge fest. Am 12. März messen wir −51,6 °C, bis dahin die niedrigste Temperatur auf unserer Expedition. Jeden Morgen werden die Hunde losgelassen. Sie müssen sich warmlaufen. Auch wir bewegen uns, seit es heller wird, wieder mehr. Wir haben Flanellmasken angefertigt, um unsere Gesichter gegen Kälte zu schützen. Vor allem bei Wind sind sie überlebensnotwendig. Die Schnurrbärte haben wir abrasiert, sodass die Atemluft nicht als Eiskruste daran hängen bleiben kann. Ende Januar ist es so hell, dass wir mittags Zeitung lesen könnten. Land aber ist nicht in Sicht.

Unsere erste Polarnacht ist vorbei! Wir feiern das Sonnwendfest. Wir üben uns häufig im Hundeschlittenfahren. Vor allem das Dirigieren der Hunde gelingt nicht recht! Trotz des vielen Übens. Noch muss einer von uns vorausgehen, den Tieren den Weg zeigen, auf dass sie folgen. So lernen wir auch die Umgebung kennen, sowie mit Schneeschuhen auf dem Packeis zu gehen.

Am 6. April soll eine Sonnenfinsternis stattfinden. Nansen und ich beobachten das Spektakel, das mit Scott-Hansens Berechnungen übereinstimmt. Nur wenige Sekunden weicht das Naturereignis von der Vorhersage ab. Das gibt Vertrauen. Alle sind jetzt überzeugt, dass die anderen Vorausberechnungen auch stimmen müssen. Mir aber ist wieder einmal jämmerlich zumute, als Mogstad und ich eine Bärenmutter und ihr Junges anschießen. Denn die Verfolgung ist vergeblich, das Leid der Tiere nicht absehbar. Wir kehren erschöpft zum Schiff zurück. Mit leeren Händen und mit leeren Augen.

Im April geht die Drift weiter. Immer noch nach Norden. Dazu unternehmen wir jetzt ausgedehnte Schneeschuhtouren. Die Sonne steht Tag und Nacht am Himmel, es ist nur noch an die 20 °C kalt, und die Hunde stecken ihre Köpfe in den Schnee, um sich abzukühlen. Ich habe richtig Lust auf Abenteuer.

Am 13. Mai sehen wir den ersten Vogel am Himmel. Es ist eine Möwe. Wir sind auf einer nördlichen Breite von 80° 53'. Alle, außer Nansen, sind jetzt voller Zuversicht. Aber er redet darüber nicht mit uns. Weil er weiß, dass nur er es weiß: Sein Plan ist falsch. Ursprünglich glaubte Nansen wohl, vom Mündungsstoß der großen sibirischen Ströme – Chatanga, Lena, Jana und Kolyma – viel weiter nach Norden geschoben zu werden. Als er aber am 80. Breitengrad eine Meerestiefe von 3400 Meter lotet, erkennt er den Grundfehler all seiner Berechnungen. Ja, wir sind inzwischen mit der *Fram* über den Festlandsockel hinausgeglitten. Wenig später lotet Nansen 3800, 3850, 3450 Meter. Die Schubkraft der Flüsse muss sich also im tiefen Ozean verloren haben. Die Drift kann nur anhalten, wenn ihr andere, uns völlig unbekannte Ursachen zugrunde liegen. Nansen ist unruhig. Die geringe Meerestiefe, wie von ihm erwartet – zwischen zwanzig und 150 Meter –, hat nur bis wenig über den 78. Breitengrad hinaus gegolten, und schon ändert sich die Richtung der Drift, das Schiff schwankt, nimmt unstet alten Kurs auf und dreht wieder westwärts. Es ist jetzt ein wirres Vorankommen. So würden wir auf der *Fram* acht Jahre brauchen, um den Arktischen Ozean zu queren, rechnet einer aus.

Nansen, inzwischen sicher, dass der Ozean anderen Gesetzmäßigkeiten folgt als den erhofften, ändert stillschweigend seinen Plan. Wie konnte ihm, ausgerechnet ihm, dieser Fehler passieren? Für eine Korrektur aber ist es zu spät. Seinen geheimen Plan aber, als Erster den Nordpol zu erreichen, legt er nur kurzzeitig auf Eis.

Nach Nansens neuer Berechnung könnte die *Fram* im Frühjahr 1895 bis auf 750 Kilometer an den Pol herankommen. Im günstigsten Augenblick könnte er also mit einer Schlittenexpedition zum Pol vorstoßen, höchstens dreißig Tage! Rückweg über Petermann-Land, das Julius Payer 1874 von Franz-Josef-Land aus gesichtet haben will. Nansen weiß: Seine *Fram* wird zum bestmöglichen Startpunkt, den je ein Polfahrer hat erreichen können, und er will seinen Vorteil auf jeden Fall nutzen. Um nach dem Pol zu greifen! Nein, er muss. Wer sonst, wenn nicht er, wann, wenn nicht jetzt. Bald schon würde es so weit sein. Die Drift aber trägt das Schiff jetzt immer weiter nach Westen, kaum merklich zum Pol hin. Und er kann nichts dagegen tun. Trotzdem bleibt Nansen entschieden bei seinem Plan. Die Frage ist nur: Wann wird der günstigste Punkt erreicht sein? Wann beginnt die günstige Jahreszeit? Wie ist das Packeis in Polnähe beschaffen? Ist mit Hundeschlitten täglich 25 Kilometer voranzukommen? Alles soll so leicht wie möglich sein, neben ihm nur ein Begleiter. Den Nordpol im Handstreich erobern! Das wär's: Skier; Pemmikan für hundert Tage; drei leichte Schlitten; 28 Hunde. Alles wie in Grönland damals, 1888. Nansen quälen immer mehr Sorgen, aber er behält sie alle für sich. Trotzdem, mir ist manchmal, als könne ich ihn laut rechnen hören.

Am 17. Mai, dem Tag der norwegischen Unabhängigkeitserklärung, ist das Wetter schlecht. Die *Fram* wird trotzdem geschmückt, und um 12 Uhr ziehen wir in einer kleinen Prozession der Narren um das Schiff herum. Zweimal: Nansen vorneweg mit Bärenspeer und Fahne: hinter ihm Sverdrup mit der Flagge der *Fram*. Dahinter ein Schlitten mit Mogstad als Kutscher, auf dem ich meine Ziehharmonika spiele. Uns folgen Jacobsen mit seiner Büchse und Hendriksen mit einer langen Harpune in der Faust. Er trägt zudem eine Walrossleine über der Schulter. Amundien und Nordahl tragen eine rote Fahne, auf der ein speerbrechender norwegischer Wikinger zu sehen ist. Hinter ihnen geht Blessing mit seiner aus einem Hemd geschneiderten Fahne. Die aufgenähten Buchstaben NA sollen »normaler Arbeitstag« bedeuten. Vorsichtshalber ist er mit Gewehr, Revolver und Messer bewaffnet. Eisbären könnten unseren Zug lächerlich finden und Panik in unsere Ordnung bringen. Hansen hält ganz hinten die Fahne der Meteorologen hoch. Am Ende des Zuges geht auch Juell. Er schleppt einen Küchenkessel, den er als Trommel in der Linken hält, in der Rechten schwingt er eine große Ofengabel, mit der er den Takt schlägt. Damit wären alle Verrückten von der *Fram* vorgestellt. Bentsen und Pettersen sind nur deshalb nicht dabei, weil sie zum Mittagessen ein Festmahl zubereiten wollen. Nach der Rede von Nansen – viel Nationalgefühl – erklingt ein neunmaliges Hurra, gefolgt von vier Salutschüssen. Dann geht es zurück auf die *Fram*, zum Festmahl im geschmückten Salon. Ja, wir sind inzwischen ein gutes Team, untereinander aber kaum befreundet.

Die Unterhaltung an allen Tischen dreht sich jetzt um ein einziges Thema: die Heimkehr. Dabei sind wir noch kein Jahr unterwegs. Obwohl die meisten von uns also nicht vom Eismeer, sondern vom Land träumen, bleibe ich für alles offen, auch für das Unerwartete.

Im Monat Juni ist es sommerlich mild, wir messen meist Plusgrade. Auch Nansens vorgegebenes Ziel, sein vorläufiges, ist ein Rekord: alles Bisherige zu übertrumpfen. Wer ist mit dem Schiff bisher am weitesten nach Norden vorgedrungen? Die englische *Alert* bis 82° 27' nördlicher Breite; die amerikanische *Polaris* bis 82° 26'. Diese Marken gilt es also zu übertreffen. Wir kommen aber nur schneckengleich voran, und Hendriksen, der regelmäßig in den Ausguck klettert, bekommt immer die gleichen Fragen gestellt: »Hast du etwas gesehen?«

»Sehr viel Eis«, antwortet er dann.

»Hast du etwas gehört?«

»Frauenstimmen«, sagt er manchmal ironisch.

Am 16. Juni unternehmen Nansen, Hendriksen und Nordahl den bisher längsten Ausflug. Ob Nansen dabei seine Chancen testet, zum Nordpol zu kommen? Er verrät es nicht. Er bringt Lehm, Treibholzspäne sowie Algen mit und suggeriert damit, dass es ihm um die Wissenschaft geht, nicht um sportliche Ziele. Als sie zurück sind – alle drei erschöpft –, wirkt besonders Nansen unzugänglich. Nur Nordahl erzählt beiläufig vom Trip: »Es ging immerzu über junges Treibeis dahin, mehrere Jahre altes Schwarzeis konnten wir nicht finden. An einer acht Meter hohen Eisbarriere blieben wir stecken.« Nansen und Hendriksen sind zudem leicht schneeblind. Blessing behandelt sie mit Kokain.

Auch ich fühle mich in diesen Tagen einsam: Ich frage mich, warum mich Nansen diesmal nicht mitgenommen hat. Schließlich bin ich doch so gern draußen, und die Hunde mögen mich. Vielleicht auch nur, weil sie spüren, dass ich sie mag. Sind sie doch treuer als die Menschen, die ich kenne.

Das Leben auf dem Schiff bleibt sonst eintönig. Ein Tag vergeht wie der andere. Wasser rinnt neben der *Fram* über das Eis. Wie aus unzähligen kleinen Quellen. Das erinnert mich an die heimischen Gebirgsbäche im Frühling. Auch Seen gibt es um das Schiff herum, die Wasserflächen werden immer mehr. Wir trainieren darin das Kajakfahren, wobei Nansen sogar Kenterübungen wagt.

Am 30. Juni, wir befinden uns auf 81° 32' nördlicher Breite, haben wir Regenwetter. Die Tümpel auf unserer Scholle werden größer, und wir füllen alle Reservoirs mit dem Schmelzwasser unserer Eisscholle, auch wenn es ein wenig salzig schmeckt. Wir driften unregelmäßig weiter, einmal nach Süden, dann wieder nach Norden. Alle wissen es jetzt: Die Drift nach Norden hängt ausschließlich vom Wind ab. Am 20. Juli segeln wir mit unseren Fangbooten in einem Süßwassertümpel hinter der *Fram*. Jedes dieser Boote reicht, was die Tragfähigkeit angeht, für alle dreizehn Mann, und wir tun so, als wären wir freie Leute. Dabei bleiben wir Gefangene auf der *Fram*. Die Drift tut mit uns, was sie will.

Ende Juli weht wieder Westwind, und wir werden kurz nach Süden getrieben. Als am 31. Juli wieder zehn Welpen zur Welt kommen, wallt Hochstimmung auf. Alle freuen sich darüber. Von den ersten dreizehn allerdings leben nur noch vier.

Der August bringt schönes Sommerwetter, Nansen will sogar im Eismeer baden. Die Wassertemperatur an der Oberfläche aber beträgt nur 0,38 °C, und er lässt es sein. Während einer meiner Nachtwachen, Mitte August, bemerke ich Unruhe bei unserem Fleischdepot. Bewegt sich da etwas? Durch die Nebel hindurch wirkt alles stark vergrößert und doch unscharf. Deutlich sind aber Geräusche zu hören. Ich schieße deshalb vorsichtshalber in die Nähe des Fleischhaufens. Alles bleibt still. Nur Nansen kommt an Deck. Ich erkläre ihm die Situation, und plötzlich erspähen wir beide zugleich einen Bären. Wir sehen ihn über das Eis auf uns zutraben. Er sieht riesengroß aus. Erst als er näher kommt, erkennen wir, dass es sich um einen unserer Hunde handelt: Es ist ausgerechnet der Hund, den wir »Eisbär« rufen. Ich erschrecke über mich selbst und bereue meine Tat. Wie konnte ich nur auf einen meiner Lieblinge schießen?

Ende August frieren die vielen Tümpel auf dem Eis wieder zu. Nochmals passieren wir den 81. Grad. Diesmal rückwärts. Am 4. September sind wir dann wieder auf 81° 14' nördlicher Breite und 123° 36' östlicher Länge. Es wird kälter, und die Dunkelheit nimmt zu: Der Winter rückt näher. Am 22. September sitzen wir seit genau einem Jahr im Eis fest. Alle sind wir inzwischen der Meinung, dass die *Fram* nicht über den Pol selbst treiben wird. Maximal bis 86° nördlicher Breite könnte sie kommen, weiter nicht. Auf Nansens Karte verfolge auch ich die bisherige Drift: Diese Übersicht, die ein Jahr umfasst, als enttäuschendes Resultat! Würde unsere Fahrt so langsam weitergehen wie bisher, könnte unser Abenteuer sieben Jahre lang dauern. Wenn wir überhaupt je wieder aus dem Eis freikämen! Wir alle aber glauben, dass es im nächsten Jahr besser wird. Schlechter kann es ja nicht mehr werden.

Einer unserer Ärzte, Blessing, hat das Sprichwort »Morgenstund hat Gold im Mund« umformuliert in »Morgenschlummer schützt vor Krankheit und Kummer.« Alle halten sich daran und trotzdem geht jeder seiner Arbeit nach, Nansen sei Dank. Dazu kommen zwei Stunden Schneeschuhlaufen täglich, bei jedem Wetter. Als Training für den Vorstoß zum Pol? Oder als Turnübung? Wer von uns wird mit Nansen und den Hunden das Schiff verlassen dürfen, frage ich mich. Um den Pol und anschließend Spitzbergen oder Franz-Josef-Land zu erreichen? Noch vermute ich nur, dass es Nansens Plan ist. Mit Sverdrup, zu dem ich großes Vertrauen habe, bespreche ich die Sache sogar: Diese Art Schlittenreise zum Pol hält er für Unfug. Im Halbschlaf rechne ich trotzdem verschiedene Optionen durch. Aber immer kommt mir Nansen zuvor. Mit seinen Versuchen: Er rechnet nicht nur, er probiert alles aus. Zeit haben wir ja. Warum weiht er niemanden in seinen Plan ein? Wieder werden Versuche gemacht: Tests mit unterschiedlicher Schlittenlast; Märsche mit Schneeschuhen und ohne; Ausfahrten mit allen Hunden und nur einem Gespann. Zeigen all diese Tests nicht, dass er gewissenhaft an einer möglichen Strategie arbeitet?

Guter Wind – aus Süden und Südosten – treibt uns am 21. Oktober über den 82. Grad hinaus nach Norden, wo Hendriksen eine Bärin mit zwei Jungen sichtet. Westlich vom Schiff. Zu dritt eilen wir los: Sverdrup, Hendriksen und ich. Wir holen die Tiere ein und wollen gleichzeitig schießen. Hendriksens Gewehr aber streikt zuerst, und seine Kugel streift die Mutter nur.

»Schießt doch!«, ruft er.

Wir zielen zuerst auf die Jungen, dann auf die Mutter. Nach wenigen Minuten liegen alle drei Bären tot auf dem Eis. Die Jagdbeute ist willkommen: das erste Frischfleisch seit langer Zeit. Ich bin inzwischen ein guter Jäger und komme besser als die anderen mit schwierigen Situationen zurecht.

Endlich, am 19. November, fragt mich Nansen, ob ich bereit sei, ihn auf der Expedition zum Nordpol zu begleiten. Obwohl ich es sehnlichst erwartet habe, bin ich aufgeregt und geehrt zugleich über diesen Antrag. Ausgerechnet in Sverdrups Gegenwart erklärt mir Nansen seine Pläne: Wir würden Ende Februar oder Anfang März nächsten Jahres vom Schiff aufbrechen, mit allen 28 Hunden. Mit vier Schlitten, die von je sieben Hunden gezogen würden, wolle er die *Fram* verlassen. Die Ausrüstung für Monate – dazu Proviant, Pemmikan vor allem, Brennstoff und Gewehre – müsste darauf verstaut werden. Nansen und ich würden mit den Hunden direkt zum Pol marschieren, anschließend die Rückreise über Spitzbergen, im schlimmsten Fall auf einem Umweg über Franz-Josef-Land, wagen. Anfang Juni, meint er, könnten wir an Land gehen. Bei 82° nördlicher Breite, in Kap Fligely. Bei der von ihm ausgearbeiteten Logistik müssten wir im Durchschnitt 15 Kilometer täglich zurücklegen und die Hunde sukzessive schlachten. Denn für die Tiere könnten wir maximal für fünfzig Tage Futter mitnehmen. Sonst bliebe nicht genügend Raum für unseren Proviant. »Alle Hunde, bis auf fünf vielleicht, müssen unterwegs geschlachtet werden«, sagt Nansen trocken und mit eisigem Blick.

»Als Futter für die anderen?«, frage ich verunsichert.

»Vielleicht auch als Nahrung für uns.« Mir läuft es kalt über den Rücken.

Mir kommen bei diesem Gedanken zwar Skrupel, als der für den Pol Auserwählte aber will ich meine Bedenken nicht äußern. Bin ich doch als Letzter in die Mannschaft gekommen. Ich war ja auch zu jeder Arbeit bereit, habe nie mit einer solchen Chance gerechnet. Jetzt bin ich für den Pol vorgesehen! Als Nansens Partner! Es darf von mir also keine Widerrede geben! Auch kein Mitleid mit den Hunden.

Zwei Einmannkajaks will Nansen mitnehmen, denn von Franz-Josef-Land gelte es zuletzt nach Spitzbergen oder Nowaja Semlja zu kommen, um dort vielleicht auf einem Fangschiff Aufnahme zu finden. Nansens Plan, den er mir in drei Stunden auseinandersetzt, ist gut durchdacht. Er lässt dabei nichts aus, weist auf Risiken und Gefahren hin und betont, dass wir auch umkommen könnten. Ich solle mir das Ganze gut überlegen. Ich aber habe mich in letzter Zeit so oft schon mit ähnlichen Visionen beschäftigt, dass ich keine Bedenkzeit brauche.

»Ich fühle mich geehrt, mit Ihnen zum Pol gehen zu dürfen«, sage ich kleinlaut vor Glück. Der Chef sieht mich nur an. »Ja, ich will gern mitkommen«, betone ich meine Bereitschaft. Ich kann meine Freude nicht verbergen, und Nansen nickt.

Nach Monaten des Stillstandes endlich aufbrechen! Mit den Hunden losziehen! Dem größten aller Ziele auf dieser Erde entgegen! Das große Abenteuer, mein kühnster Traum, kann beginnen: sich durchschlagen, kämpfen, einander helfen. Im Notfall würden wir von der Jagd leben. Alles ist nach meinem Geschmack. Ich bin glücklich, dankbar, stolz. Auch weil Nansen meine Stärken erkannt hat. Er hat auch meine Zurückhaltung belohnt. Nie im Leben war ich mehr ich selbst als gerade jetzt. Als Polfahrer habe ich meine Bestimmung gefunden.

Schon einen Tag nach unserer Unterredung beruft Nansen eine Mannschaftsbesprechung ein. Ganz offiziell gibt er bekannt, dass wir beide die Schlittenexpedition wagen werden. Jetzt wissen es alle, und alle respektieren seine Entscheidung. Im Salon ist keinerlei Neid zu spüren, vielleicht Skepsis darüber, ob wir überhaupt aufbrechen würden. Nansen hält keinen Vortrag, er erklärt seinen Plan. Jetzt ist also alles klar ausgesprochen: Die Vision, die Strategie und unsere ungeteilte Verantwortung füreinander. Und plötzlich sind wir auf Augenhöhe miteinander. Ich darf mit Nansen das Abenteuer seines Lebens teilen! Und damit ist mein Leben endgültig ein anderes. Mit diesem Tag gebe ich meine Hilfe bei den meteorologischen Beobachtungen endgültig auf. Scott-Hansen findet in Nordahl einen neuen Gehilfen.

Gesprächsthema an Bord ist jetzt nur noch die Schlittenexpedition und alles, was mit ihr zu tun hat. Immer öfter erinnert einer an die *Tegetthoff*-Expedition von 1872 bis 1874, bei der Julius Payer Franz-Josef-Land vermessen hat.

Auch unser Unternehmen muss bis ins kleinste Detail durchdacht und vorbereitet werden. Die Reisegeschwindigkeit zum Beispiel spielt die größte Rolle und damit auch die Art der Schlittenkufen. Jede Kleinigkeit wird lebenswichtig sein: Wir bauen zwei leichte Kajaks; aus Rentierfell werden Schlafsäcke genäht; aus Segeltuch Hundegeschirr angefertigt; ein Zelt aus Rohseide und Wolfsfellanzüge kommen hinzu. Das Gewicht der Schlitten macht uns bis zuletzt große Sorgen.

Am 13. Dezember befinden wir uns auf 82° 30' nördlicher Breite. Es ist ein Fest! Die *Fram* ist damit weiter nach Norden vorgedrungen als irgendein anderes Schiff zuvor. Heiligabend wird dann trotzdem ein stilles Fest, wenigstens für mich. So sehr lebe ich in Erwartung der bevorstehenden Reise, dass ich Gedanken an eine ferne Zukunft gar nicht aufkommen lasse. Bilder von zu Hause aber wollen mich fast zerreißen. Wenn Hilda nur von meinem Glück wüsste! Hilda! Was würde sie sagen, wenn sie mich neben Nansen am Nordpol sähe?

Auch der Chef kann seine Anspannung nicht verbergen. Nansen und Blessing sind den ganzen Tag über mit einem geheimnisvollen Gebräu beschäftigt, das sie am Abend dann als »Polarchampagner 83. Grad« ausschenken – eine Mischung aus Spiritus, Eingemachtem, Wasser und Backpulver. Wie sich später zeigt, heitert es auch mich etwas auf. Wir tanzen zu Geige und Drehorgel. Meine Gedanken aber sind weit weg. Sie kreisen immerzu um das, was ich verlassen habe; mehr noch um das, was Nansen und ich verlassen werden.

Zu Neujahr messen wir eine Temperatur von −41,5 °C und eine Position von 83° 20,7' nördlicher Breite, sowie 105° 2' östlicher Länge. Wieder hält Nansen eine Rede und lobt das vergangene Jahr. Anschließend erhebt Sverdrup sein Glas und wünscht allen viel Glück, vor allem Nansen und mir. Zuletzt ist es wieder Nansen, der die *Fram*-Leute hochleben lässt. Uns zwei von der Schlittenexpedition und die elf Männer, die an Bord der *Fram* bleiben werden, soll ein irisches Sprichwort weiter verbinden: »Sei glücklich; wenn du nicht glücklich sein kannst, sei sorglos; und wenn du nicht sorglos sein kannst, sei wenigstens so sorglos wie möglich.« Nansens Worte erschüttern uns alle. Wie die Eispressungen manchmal die *Fram*.

Das Eis ist jetzt in ständiger, heftiger Bewegung, und die *Fram* bekommt immer wieder Stöße, die ich bis in die Haarwurzeln spüre. Einmal bricht unsere Scholle an mehreren Stellen, und es reißt uns alle wie wild hin und her. Wir beginnen, uns auf die Flucht vorzubereiten, für mich der schlimmste aller Fälle. Sollten wir das Schiff plötzlich verlassen müssen, wäre eine Schlittenreise zum Nordpol undenkbar, zu vergessen. Der Kern unserer Scholle aber, in dem die *Fram* liegt, bleibt stabil. So wie meine Hoffnung auch.

Am 2. Januar 1895 sollen alle Männer nach Hause schreiben! So viel wie möglich auf möglichst wenig Papier. Jede der beiden Gruppen soll ihre Briefe der jeweils anderen Expedition mitgeben. Auch für den Fall, dass eine verschwindet. Und man weiß ja nicht, wer früher zurück ist: die *Fram* oder wir von der Polgruppe. Hansen schreibt so klein, dass der Text mit der Lupe gelesen werden muss. Ich schreibe an Hilda, sie soll wissen, dass ich nie so glücklich war. Abends dann sind wir in ernster Bedrängnis. Die Eispressungen sind so stark wie nie. Alle Hunde müssen freigelassen werden. Sie drohen zu ertrinken. Und das Wasser steigt höher und höher. Wir bringen vorsichtshalber Proviant zu einem 200 Meter entfernten großen Eishügel. Mit drei Schlitten. Jeder nimmt dann seinen Sack mit den persönlichen Habseligkeiten, dazu zehn Patronen für den Notfall und wartet. Um acht Uhr abends endlich kommt Nansens voller Anspannung erwarteter Ruf:

»Alle Mann an Deck!«

In Sverdrups Kantine stoßen wir mit Malzextrakt auf die Rettung an und machen uns dann über sein Honigkuchenlager her, das er durch Tauschhandel gewonnen hat.

Alle waren wir bereit, das Schiff zu verlassen. Als es plötzlich vollkommen ruhig wird, beschließen wir die Nacht an Bord zu verbringen.

Die *Fram* liegt jetzt leicht schräg, und obwohl alle immerzu damit beschäftigt sind auszugleichen, tut sie, was sie will. Auch das Klima im Schiff ist aus dem Gleichgewicht geraten: Auf der Backbordseite ist es zu kalt, während es Richtung Steuerbord immer wärmer wird. Gleichzeitig aber schlagen wir unseren eigenen Weltrekord: Wir befinden uns auf 83° 34,2' nördlicher Breite. Und Pettersen sagt weiter guten Wind voraus.

»Ich bin allerdings kein Wahrsager«, schränkt er ein.

»Ich sage nur, dass wir einen verteufelten Schub nach Norden bekommen.« Daraus wird später leider nichts.

Nansen hat unsere Abreise auf den 20. Februar festgesetzt. Ob das nicht zu früh ist? Es ist im Februar doch arktische Nacht, also 24 Stunden lang zwielichtig oder dunkel, denke ich, sage aber nichts, weil ich Nansens Entscheidungen respektiere. Eine andere Sorge: Wie sollten wir beide uns im Notfall medizinisch selbst helfen können? Blessing hält einen Vortrag dazu. Als es langsam heller wird, machen wir letzte Tests. Am 10. Februar ist die Sonne schon so stark, dass wir zur Mittagszeit ohne

Licht lesen können. Die Temperatur aber bleibt bei −50 °C. Am 22. Februar stehen unsere vier Schlitten voll beladen neben dem Schiff. Die Vorbereitungen für die bevorstehende Polarexpedition sind endlich abgeschlossen. Nur, wir haben hundert Kilogramm zu viel! Das Übergewicht muss reduziert werden. Zwei Tage später sind unsere Schlitten zwar immer noch nicht leichter, Nansen ist jetzt aber zum Aufbruch bereit! Nach einem feierlichen Mittagessen im geschmückten Salon, den Glückwünschen von allen Seiten und etlichen Reden wird aber wieder nicht aufgebrochen. Als habe Nansen Angst. Erst am Dienstag, den 26. Februar, geht es endlich los. Das Wetter ist trüb und kalt. Schneekaskaden wirbeln durch die Luft. Sverdrup, Hansen, Blessing, Mogstad und Hendriksen begleiten uns am ersten Tag. Von den anderen haben wir endgültig Abschied genommen. Aber wir kommen diesmal nicht weit. Gleich beim Start, noch in der Nähe des Schiffs, bricht einer der schwer beladenen Schlitten entzwei. Wir müssen alle zur *Fram* zurück.

Am 28. Februar, inzwischen ist es Donnerstag, brechen wir ein weiteres Mal auf. Die Ladung ist jetzt auf sechs Schlitten verteilt, die einzeln und immer wieder gehoben und geschoben werden müssen. Wir kommen nur sehr langsam voran. Es ist die reine Plackerei. Oft wollen auch die Hunde nicht mehr. Die Lasten sind zu schwer, der Schnee zu kalt, die Reibung zu groß. Was tun? Wir lassen einige Sachen zurück.

Unsere erste Nacht draußen wird lang. Wir schlafen nicht viel. Dazu heulen die Hunde ohne Unterlass. Als ob sie unsere Unsicherheit spüren könnten. Aus Angst feiern wir ausgelassen und tun so, als hätten wir alles im Griff. Nur, wir machen uns etwas vor. Noch aber haben wir die

Unterstützung von fünf Männern, und so ziehen wir am 1. März mit unseren Helfern weiter. Allerdings erst nach mehrstündigem Beladen, Einschirren, Anspannen. Als sich die Kolonne endlich bewegt, ist das ein trauriger Anblick! Am Nachmittag dann bringen wir auch den letzten Abschied hinter uns. Unsere Nothelfer gehen zum Schiff zurück. Jetzt sind Nansen und ich ganz auf uns selbst gestellt, allein in der Eiswüste. Aber schon am nächsten Morgen spielt Nansen den Chef. Als baue seine Logistik auf das Prinzip von Herr und Knecht, Knecht und Hund. Er geht voraus und gibt den Weg vor: Hunde, Schlitten und ich sollen geordnet hinterherlaufen. So geht es zwei Tage lang, er vorneweg und ich mit all dem Chaos hinterher. Dann muss er einsehen, dass sowohl die Hunde als auch ich einer solchen Anstrengung auf Dauer nicht gewachsen sind. Wir beschließen zuerst, das Gewicht noch einmal zu verringern. Es bringt aber nichts. Jeder unserer Schlitten wiegt 34 Kilogramm, und sie sind mit je 150 Kilogramm beladen. Zu viel! Mit einer solchen Last, das steht fest, werden wir nicht fertig. Allein bricht Nansen am nächsten Morgen Richtung *Fram* auf. Um Hilfe zu holen. Für unseren Rückzug.

Ganz allein bleibe ich auf den weiten Eisfeldern zurück: Stille, ab und zu ein Knacken im Eis. Tatenlos auf die anderen warten will und kann ich bei der großen Kälte aber nicht. Also entwicke ich mein System für den Rückzug: Alle Hunde zusammen sollen drei unserer Schlitten ein Stück weit ziehen. Dann bringen mich die Hunde im Eiltempo zu den restlichen zwei Schlitten zurück. Jetzt gilt es, die restliche Last nachzuholen. Ich lande zwar immer wieder kopfüber im Schnee, meine Logistik aber funktioniert. Vielleicht nicht ganz so gut, wie ich es mir wünsche, aber sie funktioniert. Jedenfalls bin ich so schneller als zuvor zusammen mit Nansen. Ich lege also eine längere Strecke zurück, als es uns am Vortag zu zweit möglich gewesen ist. Am Abend erreichen Scott-Hansen und Nordahl mit Nansens Gespann mein Lager, und wir feiern die Sonne, die zum ersten Mal sichtbar ist. Auch unser Wiedersehen wollen wir feiern, nicht jedoch die Erkenntnis, dass die Hunde Nansens Trumpf sind. Denn der Chef will sich nicht eingestehen, dass er von Hundegespannen wenig versteht.

Kein Gelände ist mit Hundeschlitten schwieriger zu bewältigen als verworfenes Packeis.

Wir befinden uns auf 84° 4' nördlicher Breite, als am Morgen Nansen, Sverdrup und Hendriksen zu uns stoßen. Alle gemeinsam treten wir die »Heimreise« an. Ein zweites Mal. In der Nähe der *Fram* aber hat sich eine Wasserrinne gebildet, die mit schwerer Last nicht zu passieren ist. Wir lassen die Schlitten also zurück und gehen weiter. Wir wollen den Rest holen, sobald das Wasser wieder überfroren ist. Wohlbehalten, aber als Gescheiterter erreiche ich das Schiff. Nansen aber erfindet allerlei Ausreden für die Schlappe, und nur ich weiß, dass seine Überlegungen und Berechnungen nicht nur widersprüchlich sind. Sie sind falsch. Aber ich will und darf es nicht sagen. Nansen ist der Chef!

Zuerst werden die Schlitten verstärkt. Auch die Schlafsäcke müssen verändert werden. Wir testen sie im Freien. Es kommen noch wollene Decken darüber, die zuzuknöpfen sind. Beim nächsten Aufbruch entscheiden wir uns für drei Schlitten zu je 220 Kilogramm Gewicht. Der Proviant für uns ist jetzt auf hundert, das Futter für die Hunde auf dreißig Tage berechnet. Auch was die Kleidung angeht, haben wir dazugelernt: Wir tragen je zwei dicke Hemden, lange Unterhosen, Wadenstrümpfe, Socken, Finnenschuhe, Kniehosen aus Flies und Gamaschen. Darüber kann ich eine leichte Kamelhaarjacke sowie einen Anorak aus Flies ziehen; Nansen trägt seine isländische Wollbluse, dazu eine wollene Kapuze auf dem Kopf. So angezogen bleiben wir trockener als in unserer ursprünglichen Fell-Ausrüstung.

3 Im höchsten Norden

Die *Fram* im Mondschein nach der großen
Eispressung im Januar 1895

»Das Schiff erzitterte, schüttelte und hob sich in
Sprüngen und Sätzen.«

Fridtjof Nansen

»Nansens Fähigkeiten als Ausrüster und Organisator
wurde nicht gerade ein gutes Zeugnis ausgestellt.«

Hjalmar Johansen

Auf der schier unendlichen Weite des
zerfurchten nördlichen Eismeeres

»Ich betrachte es selbstverständlich als Auszeichnung, ausgewählt
worden zu sein.«

Hjalmar Johansen

»Ohne viel Gerede wurde er mein Reisegefährte. Wir verbrachten
fünfzehn Monate gemeinsam im Eis, die ganze Polarnacht hindurch,
und wir hatten einiges durchzustehen.«

Fridtjof Nansen

Unterwegs zwischen Eisbarrieren im Packeis der hohen Arktis

> »Als Begleiter habe ich den in jeder Hinsicht geeigneten
> Johansen ausersehen. Er ist ein guter Skiläufer, ausdau-
> ernd wie nur wenige und ein prächtiger Bursche.«

Fridtjof Nansen

Blick über das Treibeis. Im Vordergrund das Depot (Mai 1895)

Am 14. März 1895 also brechen wir zum dritten Mal auf. Wieder begleiten uns die Kameraden ein Stück weit. Bevor sie uns am zweiten Tag verlassen, ist großer Abschied. Dann sind wir zu zweit allein. Erneut geht Nansen voran. Ihm folgen die Hunde mit den Schlitten. Ich soll, am Ende der Karawane, alles zusammenhalten. Auf ebener Fläche kommen wir ausgezeichnet voran, an Eisbarrieren aber, die den Weg versperren, ist meine Arbeit mehr als mühsam. Das Hochhieven der Schlitten kostet viel Kraft und Zeit. Noch schlimmer sind die Wasserrinnen, die uns zwingen nach Übergängen zu suchen. Oft stundenlang. Der mittlere Schlitten wird häufig umgeworfen, der Teufel weiß warum. Während ich diesen dann aufrichte, bleibt der letzte stehen, und ich muss ihn wieder anschieben. Allein haben die Hunde keine Chance, einen festgefrorenen Schlitten loszureißen. Als wir am dritten Marschtag endlich anhalten, um das Lager aufzuschlagen, zeigt das Distanzmessrad elf Kilometer an. Die *Fram* ist trotzdem nicht mehr zu sehen. Seit Langem nicht mehr. Die Kälte, beständig bei rund −40 °C, macht uns schwer zu schaffen. Dazu ist alles immerzu feucht. Die Sonnenstrahlen haben nicht genug Kraft, Zelt, Schlafsäcke oder Kleider zu trocknen. Noch nicht. Die Hunde werden nur einmal am Tag – abends – gefüttert. Das soll sie anspornen, schneller zum Lager zu laufen. Eines der Tiere ist schon jetzt nicht mehr tauglich für ein Gespann.

»Schlachtvieh«, sagt Nansen nur. Immerhin.

Mehrere der Hunde haben erfrorene Pfoten.

Am Ende des fünften Reisetags haben wir insgesamt 45 Kilometer zurückgelegt. Eines Abends erfriert mir ein Finger. Nansen reibt ihn mit Schnee ein. Ein Unglück aber kommt selten allein: Am 18. März haben wir noch mehr Pech: Zuerst prallt der mittlere Schlitten gegen einen Eisvorsprung. Wir verlieren dabei einen Sack mit Fischmehl. Dann zerbricht das Meterrad, und schließlich hat auch noch mein Kajak ein Loch. Als wir mittags anhalten, beginnen wir so sehr zu frieren, dass wir am ganzen Leib zittern. Wollen wir nicht erfrieren, müssen wir uns sofort wieder in Bewegung setzen. Trotz all dieser Widrigkeiten kommen wir recht gut voran, ungefähr fünfzehn Kilometer weit.

Unsere Kleider sind inzwischen steif gefroren. Es ist, als würden wir uns in Eispanzern bewegen. Nichts ist dagegen zu machen. Selbst das Wechseln der Kleider habe ich aufgegeben. Der Frost macht es unmöglich. Auch weil meine geschwollenen Finger dabei zu sehr schmerzen. Nur meinen Füßen geht es gut, Gott sei Dank. Kniekehlen aber und Handgelenke sind längst wundgescheuert. Allein das Einfangen der Hunde, wenn sie sich unterwegs losbeißen, sowie das ständige Ordnen der Leinen kostet viel Überwindung. Aber ich beklage mich nicht, und ich muss zugeben: Nansen ist tapfer. Wir reden wenig miteinander, weil die Kälte unsere Kiefer sperrt. Ein paar Handbewegungen, ein Blick tut es auch. Wir sprechen also in Gesten. Mit den Augen oder mit unseren blutenden, erfrorenen Händen, die immerzu schmerzen. Der Vormittag ist die beste Tageszeit zum Vorankommen. Den ganzen Tag über sehnen wir uns dann nach etwas Wärme, etwas zu essen, auch wenn es nur eine Suppe ist. Wie freuen wir uns auf die eine Tasse warmer Molke-

Traum: Die *Fram* im Eispanzer (Ende März 1895)

lösung! Erst wenn wir abends in den Schlafsack kriechen, tauen unsere Kleider allmählich auf. Nach Stunden erst wird auch der Schlafsack weich und warm. Am Morgen dann sind die Kleider temperiert, aber nass. Im weiß bereiften Zelt werden sie sofort wieder zu Eispanzern, sobald wir aus dem Schlafsack kriechen. Auch wenn wir dabei vor dem Kocher hocken.

21. März. Nansen berechnet unsere Position mit 85° 9' nördlicher Breite. Ich habe von der *Fram* geträumt. Wenn wir nur dort geblieben wären! Die Kälte wird immer schlimmer. Wir haben das kaputte Meterrad verloren, gehen aber nicht zurück, um es zu suchen. Kälte und Feuchtigkeit halten uns die ganze Nacht über wach. Wir können nicht einschlafen. Mein ganzer Körper schmerzt. Auch jetzt im Schlafsack, nicht nur wenn ich hinter den Schlitten herkrieche. Immerzu diese starken Schmerzen: im Rücken, in den Schultern, an den Seiten. Wie schwer diese Arbeit ist, kann sich niemand vorstellen, der sie nicht selbst gemacht hat. Tags darauf aber legen wir wieder fünfzehn Kilometer zurück.

24. März. Ein erster Hund wird geschlachtet. Als Futter für die anderen. Dazu 45 °C Kälte, scharfer Nordostwind und schlechtes Eis. Die Eis- und Wetterverhältnisse werden noch verheerender. Wieder harte Arbeit. Das Abbrechen des Lagers kostet sehr viel Zeit. Große Eishügel umfahren, sich plötzlich öffnenden Rinnen ausweichen oder einen umgestürzten Schlitten aufrichten, alles ist jetzt eine einzige Qual. Auch für die Hunde, die dafür auch noch getötet werden. Ich weiß, dass wir keine andere Wahl haben, möchte aber nicht anderes Leben für meinen Erfolg geopfert sehen. Wie viele Umwege habe ich heute mit den beiden letzteren Schlitten schon machen müssen! Einmal fällt der Proviantschlitten in eine breite Spalte. Zuerst ziehen wir die Hunde an den Leinen empor. Einer von uns steigt dann in das drei bis vier Meter tiefe Loch. Er muss die Säcke abladen und der andere diese nach dem leeren Schlitten Stück für Stück hochziehen. Oft sind wir schon zur Mittagszeit so müde, dass wir bleiben, wo wir sind.

Tags darauf haben wir Rückenwind und kommen ausgezeichnet voran. Wir passieren problemlos eine Rinne, nehmen eine zweite in Angriff. Während der erste Schlitten die andere Seite des offenen Wassers erreicht, gerät das Eis plötzlich in Bewegung. Der Rand, auf dem ich stehe, bricht ab, und ich stürze bis zu den Hüften ins Wasser. Ich schaffe es glücklicherweise, die Rinne zwischen kleinen Eisschollen zu überqueren und mich am gegenüberliegenden Eisrand hinaufzuziehen. Meine Kleider aber sind jetzt so steif, dass ich kaum noch von der Stelle komme. Dabei muss ich erschrocken zusehen, wie der Abstand zwischen Nansen und mir immer größer wird. Ich bin halb erfroren und muss versuchen, trocken zu werden. Ich versuche den Chef aufzuhalten, hetze ihm, kraftlos inzwischen und zitternd, nach.

»Lager«, rufe ich Nansen nach.

»Wir sind doch keine Weiber«, sagt er nur und geht weiter. Ohne sich umzudrehen!

»Wir müssen den letzten Schlitten bergen«, schreie ich. Jetzt erst kommt er zurück.

Unsere Kajaks sind unbrauchbar, weil sie Löcher haben. Also kommen wir nicht zum Schlitten auf der anderen Seite der Wasserrinne. Wir suchen lange, bis wir einen Übergang finden. Schließlich schaffen wir es. Inzwischen brechen meine Hosen an einigen Stellen. Die Kälte wird unerträglich. Abends im Lager muss ich die Kleider mit in den Schlafsack nehmen, auf dass sie am Morgen weich genug sind, sodass ich sie flicken kann.

Am 1. April ist es nicht mehr so kalt und immerzu hell. 24 Stunden lang jetzt. Weil aber viele Eisrücken überwunden werden müssen, legen wir wieder nur eine kurze Wegstrecke zurück. Meine Uhr ist stehen geblieben! Was für ein Schreck! Nansen erinnert sich, dass wir unsere Uhren lange nicht mehr aufgezogen haben. Zum Glück, seine funktioniert noch. Wieder habe ich das Pech, ins Wasser zu fallen, dann Glück: Es gelingt mir, schnell ins Trockene zu kommen. Die Nacht zum 3. April marschieren wir durch und kriechen erst um 7 Uhr morgens in den Schlafsack. Trotz all der unmenschlichen Qualen fühle ich mich gut. Weil ich meiner Bestimmung nachgehe! Ich denke nicht viel nach, bin immerzu gefordert und Nansen zur Hand, wenn er mich braucht.

Wegen der ungünstigen Eisverhältnisse kommen wir langsamer und langsamer voran. Zu langsam? Ja, wie ich finde. Wir dürfen uns nicht weiter nach Norden wagen! Wie sollen wir es bei diesen Verhältnissen vom Pol über viele hundert Kilometer zurück an Land schaffen? Über diese Art Treibeis bis nach Franz-Josef-Land! Sind denn 85° 59' nördliche Breite nicht genug? Nansen hat zwar seine Bedenken, aber nie genug. Also weiter. Das Eis wird immer schlechter, es ist kaum noch möglich, bei den Hunden Ordnung zu halten. Die Leinen müssen mehrmals täglich entwirrt werden und all diese Plackerei bleibt mir. Wir schlagen einen westlicheren Kurs ein, überschreiten den 86. Breitengrad, gewinnen aber keine Übersicht über das Eischaos vor uns. Eisrücken folgt auf Eisrücken, Wasserrinne auf Wasserrinne. Dazwischen tiefe Schneewehen und bizarre Barrieren aus Eistrümmern. Jetzt zögert auch Nansen. Endlich! Wenn Nansen nach fünfzehn Stunden Schinderei und Gefahr den zurückgelegten Weg am Sonnenstand errechnet, sind es vielleicht fünf Kilometer, die wir nordwärts vorangekommen sind.

»Wir sollten uns das Eis noch einen weiteren Tag lang ansehen«, schlägt er vor.

»Wie Sie meinen«, sage ich nur.

Endlich, am 7. April, erklärt Nansen, dass es reicht!

»Genug, jetzt ist es genug.«

Bei 86° 13,6' Breite halten wir an. Am nördlichsten von Menschen je betretenen Punkt, ein Rekord, der Nansen vorerst reicht. Auch er will also nicht weiter. Er gibt aber nur auf, weil er weiter vorgedrungen ist als irgendjemand anderer vor ihm. Es wäre auch kein Weiterweg zu finden und da ist ein guter Zeltplatz. Für Nansen aber kein Grund, sich sein Scheitern einzugestehen.

Nachdem Nansen den nördlichsten Zeltplatz der Welt mit zwei Flaggen geschmückt hat, geht es nach Süden. Es ist nur eine Umkehr im Kopf. Wir haben ja nur eine kleine Strecke auf dem Weg zum Pol geschafft und kehren um. Beide wären wir gern weitergekommen. Bei derartigen Eisverhältnissen aber haben wir keine Chance. Wir frieren jetzt zwar nicht mehr so sehr wie anfangs, die Nässe aber ist schlimm genug. Am 8. April richten wir unseren Kurs erstmals an Franz-Josef-Land aus. Das neue Ziel! Eine Inselgruppe im Polarmeer, die es angeblich gibt. Seit gut zwanzig Jahren, seit das Schiff *Tegetthoff* mit der österreichisch-ungarischen Expeditionsmannschaft dort festsaß – 1872 bis 1874. Seit die geretteten Forscher von ihrer Entdeckung erzählen, gibt es dieses Franz-Josef-Land. Wirklich und für wen eigentlich?

Unser erster Marschtag in Richtung Süden verläuft gut. Als wäre das Eis in umgekehrter Richtung besser zu begehen. Ich kann jetzt über große Strecken auf Schneeschuhen hinter den Hundeschlitten herlaufen, während ich in Richtung Pol alles zu Fuß gehen und die Schlitten immerzu stützen musste. Auch in den folgenden Tagen kommen wir zügig voran, obwohl es weiterhin Eisbarrieren und mehr oder weniger überfrorene Rinnen zu überqueren gilt. Dann aber beginnt das Schleppen und Hasten, Irren und Eilen von Neuem. Schollen brechen, Blizzards toben, Tauwetter weicht den Schnee. Frost lässt alles wieder erstarren. Über taumelnde Schollen geht unser panischer Zug. Unser Kurs: Land oder Tod. Die Einsamkeit ist jetzt wie das White Out. Sie ist immer und überall. Besonders, wenn es gilt, Hunde zu schlachten. Jeder Hundetod hinterlässt Einsamkeit. Sie drückt uns Verwegene nieder; der Nebel kreist uns Verirrte ein; die Kälte schlägt wieder und wieder zu, und unsere täglichen, nächtlichen, stündlichen, ja unaufhörlichen Schrecken büßen wieder die Hunde. Die Hunde heulen nicht, weil sie hungern, sie heulen um ihr Leben. Wir halten sie ja zur Vernichtung, nicht für die Heimkehr. Als wüssten sie um ihr Schicksal, wollen sie oft nicht ziehen. Klar auch, dass mit unseren Kräften auch ihre schwinden. Unsere Qualen, unser Hunger und unsere Todesangst bedeuten den Hunden ihr Verderben. Mit röchelnder Kehle verzittern sie zuletzt ihr armes Leben. Nansen sieht dabei nicht einmal zu. Das Schlachten der Hunde sei meine Sache. Wie wenig Menschenleben gegen so viel Hundetod! Zwei zu 28. Der Gedanke ist mir schier unerträglich. Hätte ich es ahnen können? Diese Monate im Treibeis machen auch mich unmenschlich: zuerst im Eis gefangen, Überwinterung, dann diese unmenschliche Schlittenreise. So viel Sehnsucht! Man weiß bis zuletzt und zum Glück nichts über sein eigenes Schicksal. Am Ende aber bleibt nur, dass einer versucht hat, mit der *Fram* über das Packeis zu kommen.

Es ist Morgen, der 11. April: Der Schlafsack ist warm, die Sonnenseite des Zelts reiffrei. Wir sind guter Dinge. Hinter uns liegt die beste Nacht, die wir je auf dem Eis verbracht haben. Ich schreibe in mein Tagebuch und halte den Bleistift dabei mit bloßen Fingern. Erstmals seit Monaten sprechen wir wieder über das Zurückkommen, ein Gefühl, das man in Norwegen als Heimat kennt. Auch darüber, was wir alles essen würden, wenn wir je wieder nach Hause kämen. Am 12. April dann wird wieder eine Hündin geschlachtet und das Fleisch unter den restlichen Tieren verteilt. Mir kommt die Zeremonie wie Kannibalismus vor. Die Hunde aber sind so hungrig, dass sie Geschmack am Fleisch ihrer Leidensgenossin finden.

Im Lager angekommen, kriecht Nansen meist sofort in den Schlafsack. Auch um seine Berechnungen anzustellen. Ich versorge derweil die Hunde. Anschließend essen wir gemeinsam zu Abend. Noch gibt es ja allerlei Delikatessen wie Butter und heißen Zitronensaft. Für die Hunde hingegen ist die Versorgung knapp. Sie sind jetzt so hungrig und unruhig, dass sie öfters den Futtersack angreifen. Um das zu verhindern, setzt es Prügel, und zuletzt nehmen wir den Sack mit ins Zelt.

Als wir auf 86° 4' nördlicher Breite und 86° östlicher Länge angekommen sind verbringt Nansen einen Tag mit Berechnungen, ich mit Näharbeiten. Beide sind wir beunruhigt. Stimmt unsere Position? Hat sie vielleicht damit zu tun, dass das Eis nach Norden driftet? Oder laufen wir falsch? In jedem Fall müssen wir einen südlicheren Kurs einschlagen!

Der 15. April ist wieder ein schöner Tag. Temperatur: −26,2 °C, kaum Wind. Wir marschieren die ganze Nacht hindurch bis in den Vormittag hinein. Im Lager hängen wir unsere Kleider ins Freie und lassen sie von der Sonne trocknen. Erst zur Mittagszeit legen wir uns ins Zelt, brechen abends erneut auf, kommen aber nicht weit, weil Nansen den Kompass liegen hat lassen. Bei der letzten Kurspeilung? Nansen muss ein gutes Stück zurücklaufen und findet das unersetzliche Teil auf einem Eishügel.

Es ist seltsam, in dieser Einsamkeit allein zu sein. Auf ihn, den Boss, zu warten, macht mir nichts aus. Aber diese Weite, die Stille, so viel Licht! Das Eismeer um mich ist wie Unendlichkeit, die meine eigene Endlichkeit betont.

Trotzdem, so wie ich mit Nansen zurechtkomme, käme ich auch mit mir allein zurecht. Wenigstens hier am Ende der Welt, denke ich.

Eine derartige Stille habe ich vorher nicht gekannt. Auch weil ich sie nie erlebt habe. Es ist beängstigend still!

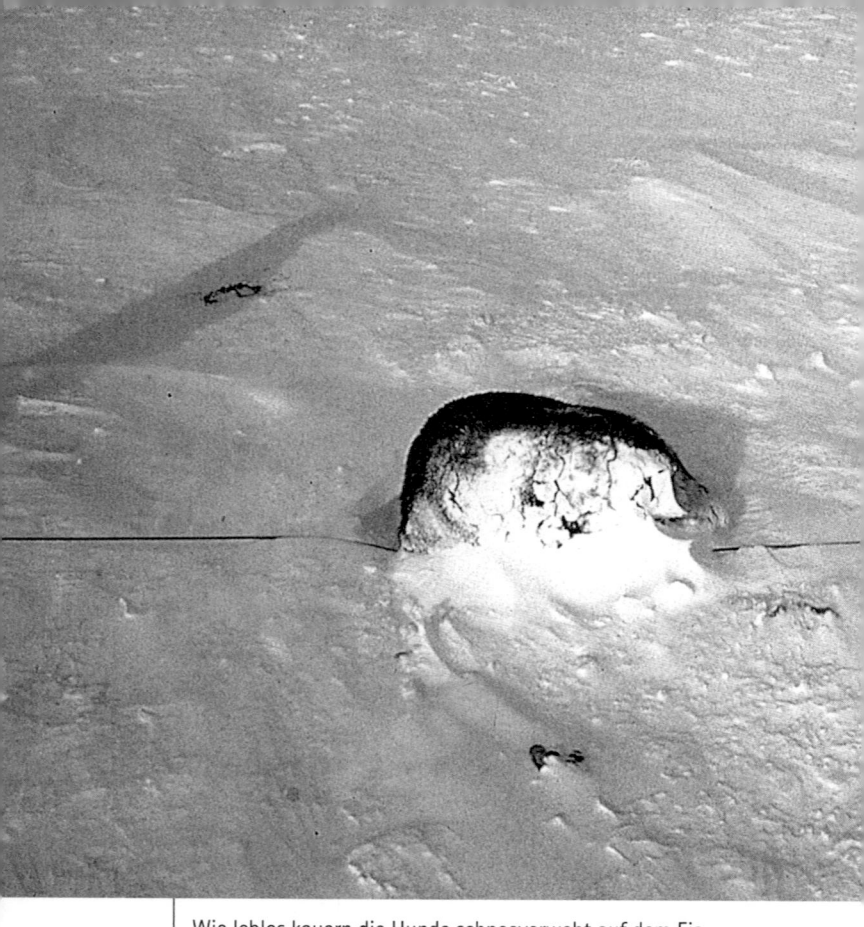

Wie leblos kauern die Hunde schneeverweht auf dem Eis.

Trotz der Hunde. Mit dem Kopf zwischen ihren Pfoten liegen sie wie leblos auf dem glitzernden Eis. Als ahnten auch sie, was Endlichkeit ist. Ich setze mich zu ihnen und schlafe nach kurzer Zeit ein. Der kalte Südwind aber weckt mich auf. Er kitzelt in meiner Nase, und in den Ohren habe ich ein regelmäßiges, rhythmisches Ge-

räusch. Ich lausche, rieche, schaue in die Weite. Gleich
darauf erscheint Nansen auf seinen Schneeschuhen. Das
Eis ist gut, und tags darauf marschieren wir vierzehn
Stunden lang. Wir legen eine schöne Strecke zurück, auch
weil die Hunde umso besser ziehen, je leichter die Schlitten werden. Öfter legen wir jetzt längere Rastpausen ein,

kriechen dabei in unsere Schlafsäcke und dösen. Wochen vorher, bei eisiger Kälte, waren solche Ruhepausen entsetzlich. Zitternd lagen wir da, das Essen unangerührt zwischen uns. Jetzt müssen wir aufpassen, dass wir nicht einschlafen.

Die tägliche Ration Schokolade zu verteilen ist nicht einfach. Dieser Akt ist inzwischen zu einem Ritus geworden, ein Lichtblick auch in unserem eintönigen Leben. Die Tafeln sind längst zerbrochen. Die Brösel liegen verschieden groß in den Schachteln. Damit es gerecht zugeht, legt einer zwei ungefähr gleich große Portionen auf das Kajak, während der andere mit dem Rücken dazu steht und sich dann für »rechts oder links« entscheidet. Nansen ist größer als ich und bräuchte vielleicht mehr Nahrung, nie aber pocht er auf einen Unterschied bei den Rationen. Gewöhnlich haben wir genug zu essen, doch es gibt auch Tage, an denen die Rationen knapp sind.

Am 19. April beschließen wir, den nächsten Hund zu schlachten. Diesmal durch Erdrosseln, anstatt ihm die Kehle durchzuschneiden. Nach einem Versuch müssen wir dann doch wieder zum Messer greifen. Ich hasse diese Schlachtereien. Es sind ja meine Hunde. Mehr noch ekelt es mich, das Fleisch in Portionen zu zerlegen. Viel einfacher wäre es natürlich, die Hunde zu erschießen. Aber das erlauben uns unsere Mittel nicht: Wir müssen Patronen sparen, brauchen die Munition für die Jagd. Es ist also der eigene Überlebensinstinkt, der mir hilft, sogar im Halsabschneiden eine gewisse Fertigkeit zu entwickeln.

Unser Frühstück ist immer noch abwechslungsreich: An einem Tag essen wir Butterbrot und Pemmikan mit Schokolade; am anderen Grütze mit heißem Molkewasser.

Weit vor uns liegt eine glatte Eisfläche, das reine »Land Kanaan«, wie Nansen gutes Eis zu nennen pflegt. Trotz vieler Eisrücken und mehrerer mit Eisschlamm gefüllter Rinnen kommen wir rasch dorthin. Weiter hinten sehen wir jetzt einen Balken schräg aus dem Eis ragen. Ein Schiffsmast vielleicht? Die Trümmer der *Tegetthoff*? Beim Näherkommen entpuppt sich das Rätsel als Treibholzstamm aus den Urwäldern Sibiriens. Wahrscheinlich durch die Eispressungen in seine Schräglage gebracht. Ich schnitze unsere Namen und die Position – 85° 30' – in den Stamm. Und wieder muss ein Hund sein Leben für uns und die anderen Hunde lassen. Nansen hat weniger Skrupel dabei, ich aber kann beim besten Willen nicht verdrängen, dass er nur sterben muss, weil er genug von unserem Proviant bis hierher gezogen hat, sodass wir für immer auf seine Hilfe verzichten können.

Vom 21. auf den 22. April legen wir 36 Kilometer zurück. Unser bisher bester Marschtag. Es sind jetzt weite Eisflächen, auf denen wir marschieren, hin und wieder von einer Eisbarriere unterbrochen. Am folgenden Tag liegt frisch gefallener Schnee, und die Schlitten wollen nicht ganz so gut gleiten. Dennoch, wieder schaffen wir an die 35 Kilometer. Nansen hat einen weiteren Schneeschuh zerbrochen, und weil wir nur noch einen in Reserve haben, ist Vorsicht geboten.

Meine gute Laune aber ist rasch dahin: Der nächste Hund wird geschlachtet. Das Ritual wäre erträglich, wenn die restlichen 21 – die schwächsten sind schon tot – am Leben blieben. Am 24. und 25. April treffen wir wiederholt auf eine Fuchsspur. Sie verläuft quer zu unserem Kurs. Das Land kann also nicht mehr weit weg sein, sage ich. Woher sollten Tiere hier sonst etwas zu fressen bekommen? Nach Nansens Berechnungen aber fehlen uns noch 220 Kilometer bis zur Westküste von Petermann-Land, das Julius Payer 1874 gesichtet haben will. Jeden Tag halten wir jetzt Ausschau nach Land, auch nach Eisbären; die Gewehre nehmen wir nachts mit ins Zelt. Sonderbar, die Sonne hat unseren Augen bisher nicht geschadet. Obwohl wir auch bei gutem Wetter nur die Krempe unseres Filzhuts tief vor die Augen gezogen haben. Ab jetzt aber müssen wir Schneebrillen tragen.

Auf 84° 46' nördlicher Breite wird der letzte der an Bord der *Fram* geborenen Hunde geschlachtet. Die Lauffläche ist nicht gut und wir spüren die starken Eispressungen. Bei jeder Rast hören wir, wie das Eis ächzt, poltert und kracht. Dann aber wird alles besser, und bald liegt eine weite, ebene Fläche vor uns. Es ist aber −30 °C kalt, und ein heftiger Südwind bläst uns ins Gesicht. Wir entdecken eine weitere Fuchsspur.

Der letzte Apriltag verläuft geruhsam, denn eine große Rinne sperrt unseren Kurs. Wir können sie nicht passieren, üben uns in Geduld. Das Wetter ist schön und mild, im Zelt ist es gemütlich warm. Wir schlafen vorzüglich. Ja, unser Leben beginnt leichter zu werden. Könnten wir nur die Hunde behalten, denke ich. Nansen aber will schon den nächsten schlachten. Und auch dieser ist noch zu wenig! Die Tiere brauchen Futter. Sie bleiben sonst nicht bei Kräften. Sie arbeiten sich ab und werden mager und magerer. Ein Jammer, wie selbstverständlich wir sie ausbeuten und zuletzt verraten, indem wir sie an ihresgleichen verfüttern. Wenn auch Menschen untereinander zu einem solch ausbeuterischen Verhalten kommen, ist das Paradies für alle Zeiten verspielt.

4 Mit den letzten Hunden nach Süden

Auf dem Ausguck einer Eisbarriere

» Die Bedingungen sind unmenschlich. Meine Finger haben schon Schaden genommen. Gott im Himmel weiß, was aus uns wird. «

Hjalmar Johansen

» Alles, von dem er glaubt, es könne mir helfen, erledigt Johansen stillschweigend und ohne mein Wissen. Der Arme muss sich jetzt plagen und sieht vermutlich einem ungewissen Ende entgegen. «

Fridtjof Nansen

Walrosse auf einer Eisinsel im nördlichen Polarmeer

»Auch wenn wir einmal alt und grau sind, werden wir uns mit Freuden an die Zeit unserer gemeinsamen Reise erinnern, allein in der großen Einsamkeit, einsamer, als je ein Mensch gewesen ist.«

Fridtjof Nansen

»Sollte es anders laufen als geplant, erwartet mich zumindest kein unehrenhafter Tod. Ich schreibe davon jetzt in großer Ruhe und hoffe, auch ruhig dem Tod entgegengehen zu können, falls dies erforderlich wird. Gott allein entscheidet darüber.«

Hjalmar Johansen

Eisbär: neugierig, angriffslustig, gefährlich

» Es ist beschwerlich, auf diesem Eis mit den offenen Rinnen vor-
wärtszukommen, und wir wissen nicht, wo wir uns befinden. «

Hjalmar Johansen

Eisbarrieren und Wasserrinnen im Eismeer (Juni 1895)

» Ich liege nachts wach und quäle mein Hirn stundenlang, um einen
Weg aus allen Schwierigkeiten zu finden. Einer muss sich doch öffnen! «

Fridtjof Nansen

Während wir weiter auf das Zufrieren der Rinne warten, legen wir wieder einmal einen Flicktag ein. Die Hunde aber sind so hungrig, dass sie ein Paar Sohlen aus Rentierleder, die ich die Nacht über zum Trocknen draußen lasse, auffressen. Sie werden immer schwächer. Kein angenehmer Anblick.

Der starke Südostwind lässt uns an die *Fram* denken. Unsere Gefährten dort können sich sicherlich freuen. Uns hingegen macht diese Windrichtung Sorgen. Öffnen sich neue Rinnen im Eis, wird unser Weiterkommen schwierig.

Der 5. Mai schenkt uns ebene Flächen und leicht zu passierende Rinnen. Inzwischen ist Flint, der Hund, der am Abend geschlachtet werden soll, ausgerissen. Als ahne er sein Schicksal oder genauer: unsere Brutalität. Wir schaffen es nicht, ihn einzufangen. Erst als unser Zeltplatz eingerichtet ist, kommt er freiwillig zurück. Weiß er von seinem Los? Auch dass er allein geblieben keine Überlebenschance hat? Was ist der Unterschied zwischen seinem und meinem Bewusstsein? Hunde hätten kein Bewusstsein, höre ich immer wieder. Trotzdem fühlen sie mehr als wir mit ihresgleichen. Sie fühlen mit Unseresgleichen, mit uns Menschen also. Ich nehme das zitternde Tier trotzdem hinter den nächsten Eishügel und muss weinen, bevor ich es umbringe.

In der Nacht wache ich auf. Vor Kälte! Auch weil der Wind das Zeltdach heruntergeweht hat. Schneetreiben!

Nein, ich habe kein Fieber, sehne mich nur nach Hause. Im Halbschlaf male ich mir aus, wie es sein wird, nach zwei Jahren Eismeer die Füße endlich wieder auf festes Land zu setzen und meine Hilda zu umarmen.

In den Tagen danach ist es mild, aber es schneit, und wir kommen nicht recht weiter. Nansen wollte bei seinem Schlitten die Kufenschoner abnehmen, um zu sehen, ob er auf den mit Neusilber beschlagenen Schienen nicht besser läuft. Auf guter Bahn und bei jetzigen Temperaturen aber gleiten die teergetränkten Schoner hervorragend. Also lässt Nansen alles beim Alten. Nur beim dritten, nicht mit Neusilber beschlagenen Schlitten nehme ich die Schoner ab. Auch um die frisch geteerten Kufen aus Birkenholz auszuprobieren. Dabei stelle ich fest, dass eine Kufe eingeknickt ist, worauf ich die Schoner wieder montiere. Wir befinden uns auf 84° 3' nördlicher Breite und 64° 20' östlicher Länge. Das holprige Eis ändert sich, die Eisfläche bekommt nach und nach einen anderen Charakter. Wir vermuten Land in der Nähe. Also beeilen wir uns. Wir überqueren große Strecken mit Schlammeis, treiben die Hunde an. Nur mühsam kommen wir weiter. Die Schlitten sind zwar leicht, wir haben aber nur noch zwölf ausgemergelte Hunde zur Verfügung, die oft im Matsch schwimmen. Dann wieder sinken sie im Eismorast ein, zum Teil bis zum Bauch. Nur wenn ich hinter den Tieren den Schlitten schieben helfe, legen wir jetzt täglich fünfzehn bis zwanzig Kilometer zurück.

Am folgenden Tag verteilen wir die noch übrige Last auf zwei Schlitten. Eine dritte Ladung fällt weg. Die drei Hunde, die sie bis hierher gezogen haben, werden neu eingeschirrt. »Wenn wir nur mehr Hundepemmikan mitgenommen hätten«, schimpfe ich mit mir selbst, »wir könnten sie alle retten!« Trotzdem, über die Erleichterung freue auch ich mich. Es ist ja um ein Mehrfaches leichter, einen statt wie bisher zwei Schlitten zu betreuen. Mit dem Müll – zerbrochene Schneeschuhe, Stöcke, Schlittenteile – machen wir am Abend ein Feuer. Ein leeres Teerölfass dient uns erstmals als Kessel. Doch das Kochen funktioniert damit nicht so gut, und wir kehren zu unserer gewohnten Methode zurück.

Der 15. Mai ist mein Geburtstag. Nansen hat ihn nicht vergessen. Er bringt ein Hoch auf mich aus und wünscht mir »manche freudige Überraschung und manch frohen Augenblick«. Ich weiß seine Aufmunterung zu schätzen. Verdanke ich ihm doch jetzt schon das aufregendste Abenteuer meines Lebens. Vor sechzig Tagen haben wir die *Fram* verlassen, und noch immer harmonieren wir als Team.

Tags darauf, bei herrlichem Wetter, setzen wir wieder die Schneebrillen auf. Am Abend dann die Enttäuschung: Obwohl wir nur noch zwei Schlitten haben, sind wir nicht schneller als zuvor. Alles nur, weil die Hunde entkräftet sind. Ich weiß, es ist allein unsere Schuld: Der Sehnsuchtspunkt Pol, dieses Nichts, war stärker als unsere Verantwortung für die Tiere. Einer der Hunde stirbt an Erschöpfung, was mir das Schlachten erspart, nicht aber mein schlechtes Gewissen beruhigt.

Das Land, das die Österreicher einst von Kap Fligely aus gesehen haben wollen, ist jetzt nicht mehr als 67 Kilometer von uns entfernt. Sollte es zumindest sein, wenn Nansens Berechnungen stimmen. Sehen aber können wir es nicht. Unmittelbar vor uns liegt eine offene Wasserstelle von außergewöhnlicher Breite, dahinter der Eishorizont. So weit das Auge reicht. Als weißer Saum erstreckt er sich nach Südwesten hin. Eine ganze Weile folgen wir dem Rand des Eises. Schließlich gelingt es uns, die Wasserrinne zu überqueren. Das Eis zeigt uns an, dass die Drift noch immer in westliche Richtung zieht, was uns nur recht sein kann. Unsere Uhren sind wieder einmal stehen geblieben, und damit ist unsere Position – 59° 55' östlicher Länge? – ungewiss. Am 17. Mai, unserem Unabhängigkeitstag, soll ich zur Abwechslung vorausgehen. Nansen will es so. Meine Hunde aber, die es seit zwei Monaten gewohnt sind, hinter den anderen herzulaufen, wollen nicht – auch nach Prügeln nicht. Also müssen wir diese Strategie wieder aufgeben. In seiner Frustration drischt Nansen dann so sehr auf seine Hunde ein, dass sie nur noch winseln und kriechen. Er gibt mir dann die Schuld, dass wir nicht schneller vorankommen. Ich hasse ihn in solchen Momenten, kann mich nur schwer beherrschen, nicht handgreiflich zu werden. Es kommt zu einem Wortgefecht, bei dem sich Nansen auch noch als Tyrann entlarvt.

Plötzlich hören wir ein sonderbares Geräusch. Aus einem großen dunklen Teich vor uns, den wir überqueren wollen, ist ein Schnauben zu hören. Ich glaube, die Laute schon im Lager gehört zu haben. Es sind aufeinanderprallende Eisschollen, denke ich und gehe weiter. Nansen aber hält es für das Blasen eines Wals. Und er hat recht! Es sind dann sogar mehrere Narwale zu sehen. Ihre glänzenden Buckel tauchen immer wieder aus dem Wasser auf. Nansen versucht sein Glück als Jäger, kehrt aber ohne Beute zurück.

Als wir nach unserem Mittagsschlaf aufwachen, schneit es. Also schlafen wir weiter. So einfach ist das. Ausgeruht und gestärkt brechen wir später dann auf. Jetzt ohne Kufenschoner. Die Schlitten laufen so besser. Einmal legen wir zwanzig Kilometer zurück, am nächsten Tag dann liegen wir aufgrund von Schneegestöber wieder still. Unwetter toben, und der anhaltende östliche und nordöstliche Wind treibt uns so und so weiter nach Westen, immer weiter ins Nirgendwo. Vielleicht Richtung Spitzbergen. Ob wir rechtzeitig dort ankommen werden, um noch in diesem Jahr nach Hause zu können, ist die andere bange

Nansens Segelschlitten: eine saubere Methode des Reisens

Frage, die meine Phantasie beflügelt. Hilda würde staunen, mich neben Nansen auf einer Stufe zu sehen.

Plötzlich Bärenspuren! An zwei Stellen. Anzeichen für nahes Land? Wir geben nicht auf. Am 21. Mai setzt Nansen erstmals ein Segel auf seinem Schlitten. Zum ersten Mal bei dieser Reise! In Grönland hatte er diese Methode ja schon erprobt. Es funktioniert! Die Hunde laufen zwar nicht schneller, bleiben jedoch nicht so oft stehen wie vorher. Aber immer noch kein Land in Sicht. Zwei Tage später, als ein weiterer Hund geschlachtet wird, packt mich Panik. Er ist so mager, dass sich aus dem Kadaver zuletzt nur zweieinhalb Rationen Hundefutter machen lassen.

Wie also weiter? Das Eis ist in ständiger Bewegung. Es presst, treibt, schiebt in alle möglichen Richtungen und mit voller Kraft. Das Gelände ist also nochmals schwieriger geworden: Unbegehbare Rinnen halten uns auf; viel Schmelzwasser liegt auf den Eisschollen. Dementsprechend mühsam ist unser Vorankommen, unglaublich anstrengend jetzt. Im Nebel dauert es einmal acht Stunden, bis wir eine Rinne gequert haben. Dann geht auch noch unser Zelt kaputt, reißt an scharfen Eiskanten, und ich habe alle Hände voll zu tun, es wieder zu flicken. Am 27. Mai bestimmt Nansen unsere Breite mit 82° 29' Nord. Sollten wir vielleicht schon südlich von Petermann-Land sein? Dann müssten wir doch Land sehen! Ob wir uns westlich davon befinden? Nicht anzunehmen. Nansen hätte sich um 10° verrechnet! Also gehen wir davon aus, dass wir uns östlich von Franz-Josef-Land befinden. Wir steuern jetzt nach Südwesten oder direkt nach Süden, durch Rinnen, über Eisrücken, immer wieder im Nebel. Immerzu dieselbe Plackerei! Wir beobachten dabei Eissturmvögel, Narwale sowie einen Seehund.

All die Tiere bestärken uns in der Hoffnung, bald auf Land zu treffen. Aber der Mai geht zu Ende und noch immer kein Land in Sicht! Nur Wasser und Eis.

Zwei Hunde werden geschlachtet, darunter auch Nansens Kvik. An diesem Abend leidet auch der Chef. Anders als sonst. Kvik ist der einzige unserer Hunde, der in Norwegen aufgewachsen ist: in Nansens Haus. Ich will nicht wissen, was im Erfinder der Methode »Hund frisst Hund« jetzt vorgeht. Ich frage ihn auch nicht danach.

Unsere Märsche werden kürzer. Auch die Ruhepausen. Wir versuchen, uns jetzt wieder nach dem Tag zu richten. Und die Hunde werden öfter gefüttert. Ich glaube sogar, dass es einige von ihnen mit uns an Land schaffen werden, wo wir sie ohne Probleme durchfüttern könnten. Mir ist ein solches Szenario mehr Trost als die Vorstellung, heuer noch nach Hause zu kommen. Zu Mittag sitzen wir jetzt nicht länger im Schlafsack, sondern auf einem Segel im Schnee. Unser Lagerplatz liegt östlich vom »Schiefen Turm von Pisa«, einer außerordentlich hohen Eisformation, die wohl durch Wind und Pressungen zu dieser exotischen Form angewachsen ist. Und wieder Bärenspuren! Am Fuß eines Schneehügels verlieren sie sich. Wir haben aber keine Zeit, dem Räuber nachzugehen. Es ist der 1. Juni. Rabenschwarz heben sich die Wasserrinnen bei Sonnenlicht im Weiß des Eises ab, azurblau die Eisrücken, die zwischen den Blöcken schimmern. Einmalige Bilder, aber noch immer kein Land. Wieder überqueren wir eine Rinne. Diesmal auf einer losen Eisscholle treibend. Auf der anderen Seite angekommen, zerspringt sie in lauter kleine Stücke. Der Übergang ist damit zerstört und wir sitzen auf einer Eisinsel fest, auf allen Seiten von Wasser umgeben. Sieben Tage lang. Wir nutzen die erzwungene Pause, um unsere Kajaks instand zu setzen. Sie haben im Lauf der Expedition sehr gelitten. Wie alle Ausrüstung. Auch Lebensmittel und das Brennmaterial werden bedenklich weniger, die Hunde schwinden dahin. Die Schlitten sind zu schwer für uns allein, und das Eis wird zunehmend schlechter. Am 11. Juni verlegen wir unsere Hoffnung deshalb aufs Meer. Nansen ist ganz still geworden. Er sagt nur: »Wir müssen durchhalten.«

»Ich weiß«, erwidere ich.

»Denken Sie sich, wie schön es sein wird, die Beine baumeln zu lassen und sagen zu können: Es ist geschafft, es bleibt nichts mehr zu tun übrig.«

Inzwischen setzen wir nicht mehr auf Land oder Wasser, nur noch auf weiter. Hunger, Erschöpfung und Panik sind unsere Begleiter. Der Selbsterhaltungstrieb hat uns fest im Griff. Die Zeit drängt, und unsere Angst wird Tag für Tag größer. Bald wird unser Hunger zu groß. Unser Mittagessen besteht in diesen Wochen aus hundert Gramm Pemmikan und hundert Gramm Brot für jeden. Wir versuchen zwar, Polarkabeljau zu angeln, haben aber kein Glück. Manchmal bauen wir Brücken aus Eisstücken, überwinden Hindernisse, indem wir wie Akrobaten von Scholle zu Scholle springen. Die Sonne sehen wir nur noch selten, der Himmel ist trüb. Trotzdem gelingt Nansen zwischendurch eine Positionsbestimmung: 57° östliche Länge und 82° 23' nördliche Breite. Mitte Juni – es ist windstill, und die Temperatur liegt unter dem Gefrierpunkt – müssen wir uns noch mehr anstrengen, um wenigstens langsam weiterzukommen. Wir haben uns Zugriemen angefertigt und ziehen die Schlitten jetzt mit den Hunden. Meist geht Nansen voraus. Die Wegsuche ist seine Aufgabe. Ich folge ihm mit beiden Schlitten, bis er ein Stück weit zurückkommt und jeder seinen Schlitten übernimmt. Wenn die Bahn ganz schlecht ist, heben wir die Schlitten gemeinsam über unsicheres Eis. Einen nach dem anderen. Was aber, wenn einmal alle Hunde geschlachtet sein werden? Das letzte Fleisch gegessen? Wir müssen den Weg dann wohl mit unseren Kajaks fortsetzen, sagt Nansen. Aber wohin? Unsere Lebensmittel sind knapp. Am 20. Juni gehen wir deshalb auf Fischfang mit Nansens Kajak, kehren aber erfolglos zum Zelt zurück. Auch von der Seehundjagd kommen wir am Abend mit leeren Händen wieder. Jeder von uns hat gerade einmal fünfzig Gramm Pemmikan und ebenso viel Brot gegessen.

Nansen geht weiter voraus und sucht den Weg.

»Wenn wir noch eine kleine Strecke weiter sind, müssen wir segeln«, sagt er wieder

»Ja«, antworte ich.

»Bald kommt ein großer Teich. Gelegenheit zur Jagd, wir werden es mit den Kajaks versuchen.« Es klingt nicht nach Trost.

Am Wasser angelangt, laden wir um. Von den Schlitten auf die Kajaks. Damit müssen wir uns von all dem trennen, was wir noch entbehren können. Alles geht rasch. Wir setzen dann beide Kajaks nebeneinander ins Wasser und verbinden sie miteinander. Mithilfe der Skier, die quer über die Schlitten gelegt werden. Einer vorn, einer hinten. Auch die Hunde gehen willig an Bord. Sie sind treu und vertrauen uns blindlings. Immer noch und trotz allem. Als könnte ihnen nichts geschehen. Sie legen sich still hin. Wir kontrollieren noch die Pumpen, legen die Flinten auf die Knie und los geht's. Die Ruderfahrt beginnt.

Als wir den gegenüberliegenden Eisrand erreichen, springt Nansen voraus ans Ufer. Mit seinem fotografischen Apparat in den Händen. Er will nur schnell ein paar Aufnahmen machen. Vom Augenblick des Heldendaseins? Und als wüsste er, dass sein Bild heller strahlt, wenn es sich in meinem Abbild spiegelt. Plötzlich höre ich ein gewaltiges Plätschern hinter mir im Wasser.

»Was war das?«, frage ich und schon starre ich in mein mit Wasser gefülltes Kajak.

»Ein Seehund«, ruft Nansen.

Das Tier taucht wieder aus dem Wasser auf.

»Ruhe bewahren«, denke ich und werfe Nansen eine Harpune zu. Alles Pumpen nützt nichts mehr! Ich sitze im Wasser, halte aber eisern meine Flinte bereit. Während Nansen versucht, einen Schlitten an Land zu ziehen, taucht der Seehund noch einmal auf. Ich lege an und treffe das Tier tödlich. Mit dem ersten Schuss. Das Wasser färbt sich rot. Nansen, geistesgegenwärtig wie immer, läuft hin und verhindert, dass der Kadaver untergeht. Ich aber habe nicht die Kraft, das tote Tier an Bord zu ziehen.

Ein Schlitten liegt noch zur Hälfte im Wasser. Dann plötzlich treibe ich mit allem, was wir haben, ab. Nansen kommt mir im letzten Augenblick zu Hilfe. Gemeinsam ziehen wir unsere Habe ans Ufer und bekommen endlich auch den schweren Seehund aus dem Wasser. Was für eine Erleichterung! Aber nochmals treibt ein Kajak fort: Die Hälfte der Ausrüstung, der Kochapparat wären fort, Hunde gingen verloren! Wir können alles in Sicherheit bringen. Zum Glück! Endlich haben wir wieder genügend Nahrung und Brennmaterial. Mit dem Seehund lässt sich eine gute Weile überleben. Wir können jetzt bessere Eisverhältnisse abwarten und weiter von der Heimat träumen. Ob aber Munition und Streichhölzer, die in meinem Kajak nass geworden sind, noch funktionieren?

Nansen will es sofort wissen. Denn auch ohne Feuer sind wir verloren. Er testet zuerst eine der Schrotpatronen und zielt auf zwei Elfenbeinmöwen: Sie zündet. Auch die Zündhölzer sind in Ordnung.

Während ich das Lager errichte, zerlegt Nansen den Seehund. Der rohe Speck schmeckt als Vorspeise wunderbar. Dann wird ein Topf mit frischem Fleisch gefüllt – ganz voll –, gekocht und gegessen: ein Festmahl! Seit mehr als 24 Stunden haben wir nichts gegessen. Eine Behaglichkeit breitet sich aus, als wären wir gerettet, an Land, in Sicherheit. Endlich, in der zwölften Woche nach unserem Aufbruch von der *Fram* – wer zählt die Tage noch –, sind Nansen und ich angekommen! In unseren gemeinsamen Erwartungen. In der Ferne, und das in jeder Himmelsrichtung, zwar nur Wasser und Eis, aber keine Schrecken mehr. Wir fühlen uns sicher. Die Hunde jedoch sind unruhig. Als witterten sie Land. Da ist aber kein Landstrich, nicht einmal ein Schatten von Land. Wir stutzen. Haben sie sich die Orientierung bewahrt? Nach so langer Zeit, mitten in dieser Stille und einer Einförmigkeit ohnegleichen. In diesen endlosen Schnee- und Eiswüsten, durch die wir eine Ewigkeit lang gemeinsam gezogen sind. Die Sicht ist verhältnismäßig gut, die Sonne scheint. Aber kein Land in Sicht!

»Soweit sich das aus der Entfernung beurteilen lässt«, meint Nansen.

»Payers Petermann-Land?«, frage ich.

»Also doch«, murmelt Nansen, mehr für sich als für mich.

Wir hocken wieder still nebeneinander.

»Land?«, frage ich nochmals.

Es ist sonst nicht meine Art, meine Neugier zu zeigen, ich will nur begreifen, was Nansen sagen will.

Wer hat mir erzählt, dass Julius Payer, Kapitän zu Land, beim Versuch, Franz-Josef-Land zu vermessen, immer weiter nach Norden wollte und niemals zurückgekommen wäre, wenn ihn der andere Kapitän, jener verantwortlich für die Zeit zu Wasser, Carl Weyprecht, nicht gezwungen hätte, sein entdecktes Land – halb Vorstellung, halb Wirklichkeit – zu verlassen?

Ich weiß nicht mehr, wie hoch in den Norden Payer gekommen ist. Auch nicht mit wem. Nansen jedenfalls hält Payers Petermann-Land für ein Märchen, und doch hofft er, bald dort zu sein. Ist er schizophren? Vielleicht will er sich unterbewusst vor allzu rosigen Erwartungen schützen.

»Die *Tegetthoff*-Expedition damals konnte sich selbst retten, ein Wunder?«, frage ich.

»Solche Märchen entstehen, wenn die Gestrandeten das Unmögliche überleben«, sagt Nansen.

»Ob Payer nur deshalb nicht zurückwollte, weil er glaubte, das Paradies entdeckt zu haben?«

»Sie meinen, so wie wir?«

»Warum nicht?«

»Er war mit Hunden und Bergführern auf Bärenjagd und nicht auf Forschungsreise so wie wir!«

Damit erweckt Nansen den Eindruck, wir würden einer Mission folgen. Auch wenn wir den Pol nicht erreicht haben. Als ob es ihm immer noch um etwas Höheres ginge als ums Überleben. Aber ich bin nicht reizbar, sage nichts und denke meinen Teil.

»Schauen wir«, sagt Nansen, und zeigt auf eine Anhöhe.

Wir brauchen eine halbe Stunde, bis wir hinkommen.

»Entfernungen lassen sich so schwer abschätzen, wenn keine Anhaltspunkte da sind«, gebe ich zu bedenken.

Gemeinsam steigen wir dann auf die Eisbarriere. Nansen klopft sich den Schnee von den Knien und schaut sich um. Seiner Haltung und seinem Aussehen nach hätte er ebenso gut einer von Payers Bergführern sein können.

»Payer hat viel riskiert«, sage ich.

»Wer zum Nordpol kommen will, muss alles wagen«, ist Nansens Antwort.

»Ja«, sage ich.

Nansen schüttelt den Kopf, die Hände in den Taschen seiner Jacke vergraben.

»Blauer Dunst«, erwidert er, »nichts als blauer Dunst.«

»Vielleicht hat sich Payer getäuscht?«, vermute ich.

»Getäuscht!«, ruft Nansen empört und stampft mit einem Fuß auf den Schnee. Er kann nicht länger verheimlichen, dass er den Österreicher belächelt, vielleicht auch hasst. Nicht jetzt erst, seit jeher.

»Nicht Petermann-Land, Phantom-Land!«

»Kein Wunder bei diesem Licht«, sage ich.

»Die hatten damals auch Schneebrillen und Feldstecher dabei«, lacht Nansen.

»Ich weiß nicht.«

»Oder ihre Augen immer zugekniffen? Lächerlich.«

Weiß Nansen nicht, dass *er* sich lächerlich macht? Ist es ihm nicht peinlich, mir eine so dumme Antwort zu geben? Warum sollte Payer etwas erfinden, von etwas anderem erzählen als vom Land, das er gesehen hat? Hinter dem Dunst muss irgendwo sein Land liegen! Ich käme mir sonst irgendwo sinnlos vor. Vielleicht ist Nansen nur wütend, weil so anstrengende Wochen hinter uns liegen und er zuletzt nicht vor dem Nichts stehen will.

Nansen sagt nichts. Da ist keine Hoffnung und kein Lächeln mehr. Weder in seinen Augenwinkeln noch auf seinen schmalen, farblosen Lippen. Ganz für sich allein steht Nansen da. Wie jemand, der nur seine Gedanken kennt. Payer ist da gewesen, und nur deshalb sind wir jetzt da, denke ich. Sonst gäbe es Franz-Josef-Land für uns nicht. Nicht als Vorstellung und nicht als anlaufbare Realität. Keinem von uns ist jetzt zum Lächeln zumute, aber Nansen gibt nicht sich, sondern Payer die Schuld für unsere Lage. Das ist weiter nicht schlimm. Schlimm ist aber, dass er nicht zugibt, erschrocken zu sein. Wenigstens wegen mir und aus Achtung vor den Hunden.

»Ja, die Hunde«, sage ich, aber Nansen unterbricht mich. Er will nichts hören. Wie auf Verabredung schweigen wir uns an. Leiser als sonst. Ich habe genug tote Hunde gesehen, bin es aber immer noch nicht gewohnt, die Tiere zu töten. Nansen geht schnellen Schrittes zurück ins Lager. Damit keine Zeit zum Nachdenken bleibt? Um dem Nichts wenigstens ein Stück weit zu entkommen.

An diesem Tag ist es genug. Es ist erst Mittag, und normalerweise würden wir nach der Rast weitermachen, aber wir bleiben. Es bedarf keines Beschlusses, es ergibt sich von selbst. Gesprochen wird nicht. Jeder von uns hat seine Aufgaben, und jeder tut stillschweigend, was er zu machen hat. Lauter gewohnte Handgriffe: Der Spirituskocher wird in Gang gesetzt, Eis muss geschmolzen werden, die Hunde bekommen ihr Futter. Als sie sich in den Schnee rollen, die Schnauze zwischen den Hinterbeinen, ist es auch für uns so weit. Dieses Schweigen ist nicht ungewöhnlich, auch Nansen wird der Schlaf guttun.

Anderntags, nach dem Frühstück, nachdem wir Geschirr und Besteck im Schnee gesäubert und wieder verräumt haben, nimmt Nansen seine Instrumente, die er den ganzen Weg weit mitgeschleppt hat, um Temperatur und Luftfeuchtigkeit zu messen. Dann gilt es, so wie immer, unsere geografische Position zu berechnen. Als ob nichts wäre, tut Nansen seine Arbeit. Was weiß ich, was er alles im Kopf hat. Ich verstehe nicht viel von Forschung, helfe ihm aber dabei, wenn es gilt, Zahlenreihen in seinen Rubriken fortzuschreiben. Für Nansen sind diese Zahlen wichtig, sicher wichtiger als die Hunde, denke ich. Ich aber habe nicht den Mut, ihn zu fragen, warum er sich so sehr über Payers Petermann-Land aufregt. Was geht mich ein Ort an, wenn es ihn doch gar nicht gibt, wie Nansen behauptet. Im Grunde interessiert uns doch nur noch ein Stück Land, wo wir überwintern können. Dort müssen wir hin! Aber auch mit all seinen Zahlen kommen wir keinen Zentimeter weiter. Nehmen wir an, wir beide kämen um. Was passiert dann mit all den Zahlen? Selbst wenn Nansen annimmt, dass seine Hefte später einmal gefunden würden, wäre damit doch nur der Wissenschaft gedient. Was jetzt keineswegs seine primäre Absicht sein kann. Die Leute würden die Notizen lesen und stolz sein, dass die Menschheit einen Schritt weitergekommen ist! Und wir? Ja, im Ernstfall, in der Wirklichkeit weiß auch Nansen nichts mit unserer jeweiligen Position anzufangen: ein fiktiver Punkt auf einer leeren Landkarte. Trotzdem, Nansen scheint vom Nutzen seiner Arbeit überzeugt. Wie sonst hätte er all die unmenschlichen Strapazen überstanden. Ich kann mich des Eindrucks nicht erwehren, dass er seine Zahlen braucht. Aus mehreren Gründen. Vor allem, weil sie ihm Halt verschaffen.

Ich war immer schon der Meinung, dass wir rascher vorankämen, wenn wir weder allzu weit nach vorne noch rückwärts schauten. Das Hier und Jetzt – als Umkehr der Romantik – wäre meine Taktik. Ob Nansen mein Schweigen auffällt? Auch er sagt nichts. Bis die Hunde aufjaulen.

»Was ist los?«, frage ich.

»Nichts, nur Hundegebell.«

»Sie haben Hunger«, rufe ich Nansen zu.

»Und?«, fragt er aus dem Schlafsack.

»Wir könnten versuchen, sie alle durchzubringen.«

»Wozu?«

»Man weiß nie.«

»Wir haben kein Futter für sie.«

»Vielleicht erlegen wir wieder eine Robbe.«

»Vielleicht ist keine Strategie.«

»Hunde sind verlässlicher als Zahlen.«

»Machen wir uns nichts vor«, sagt Nansen, um nach einer Pause hinzuzufügen: »Die Hunde sind nicht mehr so wichtig für uns.«

»Was ist denn wichtig?«, frage ich mit leiser Stimme.

»Das Fleisch vom Seehund.«

»Und wenn ich ihn nicht getroffen hätte?«

Nansen schweigt. Er hat die Geduld verloren. Ich lenke sofort ein und schweige so beharrlich wie er.

»Wichtig ist«, meint Nansen wenig später und jetzt ganz ruhig, »dass wir in unserem Zelt liegen und wissen, wie weit wir mit unserem gesunden Menschenverstand gekommen sind.«

»Komisch, dass ich dabei immer an die Hunde denken muss.« Es klingt wie eine Entschuldigung.

»Ich mache Ihnen deswegen keinen Vorwurf, es ist Ihre Sache, aber nur weil wir sie umbringen, können wir überleben.«

»Ziemlich grausam.«

»Immerhin, wir haben den Beweis erbracht, dass man bis zum Nordpol kommen kann, ohne verrückt zu werden, ohne zu erfrieren und ohne zu verhungern.«

»Nicht allzu viel.«

»Haben Sie mehr erwartet?«

»Nein, nach allem aber, was uns erzählt worden ist, müssten wir längst tot sein.«

»Mit meiner Taktik kamen wir durch. Wenigstens bis hierher!«

»Ja, aber wie kommen wir weiter?«, frage ich.

»Per Kajak oder zu Fuß.«

»Vielleicht«, sage ich.

»Sicher«, entgegnet Nansen.

Der Mann ist ein Hochstapler, denke ich. Vielleicht bildet er sich ein, die Sache im Griff zu haben, aber sicher ist hier nichts. Ich weiß, es ist viel Pose in Nansens Gehabe, aber mich kann er nicht täuschen. Nicht mehr. Das mit den Hunden sind Sentimentalitäten, sagt er. Wenn ich sie nicht töten wolle, hätte ich lieber zu Hause bleiben sollen. Er sagt so etwas ohne jedes Lächeln. In Oslo gebe es genügend Platz für Schwächlinge. Diese Kaltblütigkeit! Jeder tote Hund tut meiner Seele weh, und lieber wäre ich mit den Tieren allein unterwegs, als ihr Metzger sein zu müssen. Zum Glück verstehen Hunde unsere Sprache nicht und sie lassen Nansen am Leben. Vielleicht auch nur, weil ich so gut zu ihnen bin.

Jetzt ist es windstill. Zwölf Wochen lang haben wir – zwar nicht ununterbrochen, aber oft genug – gegen den Sturm angekämpft, dass mir sein Brausen jetzt fehlt. Im Traum aber bleibt das Getöse bestehen, bald stärker, bald schwächer. Umso überraschender ist die Stille, als ich am Morgen aufwache. Es ist unvorstellbar still. Nur der Atem von Nansen ist zu hören. In seinem Bart hängen Eiskristalle, aber er schnarcht nicht. So wenig, wie er lächelt. Auch im Traum nicht. Dieses Gesicht ist wie die Landschaft der Arktis, denke ich: kalt, rau und geheimnisvoll. In ein ernstes, edles Gesicht sehe ich. Im Gegensatz zu mir ist er ein Aristokrat. Für unser Zusammensein aber ist nicht die Herkunft wichtig, sondern das Vorankommen.

Als Nansen aufwacht, versuche ich ein Lächeln. In seiner Nähe aber gelingt es mir nicht. Sein leerer Blick ist sofort dorthin gerichtet, wohin wir ziehen werden. Weiter! Ich weiß, dieser Mann blickt nie zurück, kennt kein Erbarmen mit sich. Kann es sein, frage ich mich, dass in der Kälte dieser endlosen Schneeflächen auch die Gefühlskälte wächst? Oder denkt er, ohne etwas dabei zu fühlen? Auf Gefühle kann man verzichten, sagt Nansen, das Denken aber darf ein Polfahrer nie aufgeben. In seinem Gesicht kommt mir jede Falte bekannt vor. Bei diesen Gedanken bleibe ich hängen, und schon sind keine Gefühle mehr da, um darüber nachzudenken. Alle unsere Handlungen, seit wir von der *Fram* gegangen sind, waren wie eine Flucht. Unser Tun, diese fortwährende Flucht, dessen Sinn wir mit jedem Weiter erst produzieren, hat keinen allgemeinen Nutzen. Wir folgen dabei dem Überlebensinstinkt. Ohne selbst daran glauben zu können, dass so etwas von Nutzen ist, tun wir es weiter. Weil wir gar nicht anders können. Alle nachhaltige Wirkung dabei hat ausschließlich mit Widrigkeiten zu tun, die uns zuletzt als Erfahrung über uns selbst bleiben. Genau dies aber ist beim Aufbruch nicht unsere Absicht gewesen.

»Besser, Sie reden nicht so viel«, unterbricht Nansen meinen Gedankengang.

Habe ich etwas gesagt?

Oder rede ich laut mit mir selbst?

Nansen kann nichts dafür, aber das Bild, das ich von ihm im Kopf habe, wird immer schärfer. Ich will es mir auch nicht mit der Fotografie verderben lassen, die ich immer wieder von ihm machen soll. Nichts gegen die eingefrorene Wirklichkeit, sein Wesen zeigt sie nicht. Nansen scheint mir aus einem Guss und kaltblütig genug zu sein, um groß zu erscheinen. So wie Helden eben gemacht sind. Wenn wir das Abenteuer überleben, werden die Leute zu Recht auf sein Bild zeigen und ausrufen: der »Gott des Nordens«, »der letzte Wikinger«. Nansen glaubt an sich. Das ist auch mein Trost, denn sein Glaube reicht für uns beide. Die Gefühle aber hat er auch mir ausgeredet. Sogar das Gefühl, mich für den anderen aufzuopfern. Ich lasse es erst gar nicht aufkommen, stelle es auch nicht mehr gegen die Dankbarkeit, mitgenommen worden zu sein. Haben wir doch das Recht, uns für uns selbst aufzuopfern – bis zum letzten Rest unserer Kraft und Ausdauer. Ein schöner Mythos diese Art Selbstverschwendung. Oft weiß ich schon bevor er es ankündigt, was Nansen tun oder sagen will. Ich muss ihn dann nicht davon abbringen, weil ich es ja so von ihm gewollt habe. Wer hier also bestimmt, sind wir beide. In einer ganz eigenen Art von Symbiose gegen die Hoffnungslosigkeit.

»Das ist wahr«, sagt Nansen, als ich ihn darauf anspreche.

»Was wir aber gestern gewollt haben, ist es heute nicht mehr.«

»Ob es noch Sinn macht, ist die Frage.«

»Der Rückgriff auf die Vergangenheit also nur noch als Gegenwartsbewältigung?«

»Wenn es für unser Überleben in dieser chaotischen Welt nützlich ist, ja.«

»Es gibt jetzt nichts mehr als die Heimkehr«, sage ich.

»Ich kann, was ich sagen will, auch zweimal sagen.«

»Payers Erinnerungen könnten so falsch sein wie unsere Wahrnehmungen auch?«

»Trotzdem, wir dürfen die Nerven nicht verlieren.«

An der Stelle, an der wir den Seehund geschossen haben, bleiben wir einen ganzen Monat lang. Wir nennen den Ort das »Sehnsuchtslager«. Nur merkwürdig, dass wir auch bei klarem Wetter kein Land sehen können. Ich denke jetzt immer wieder an die letzte Zeile in Welhavens Gedicht »Westen im herrlichen Elfenland«. Auch wenn unsere Sehnsucht keinem Elfenland gilt, steht sie jener der Seeleute in keiner Weise nach. Denn es erfordert ebenso viel Geduld, lange auf bessere Eis- oder Wetterverhältnisse zu warten, wie auf hoher See zu sein.

Wir ernähren uns seit Wochen vom Fleisch des Seehunds, das wir über Tranlampen kochen oder braten. Gut, dass Nansen bei den Eskimos in Grönland gelebt hat, seine Kenntnisse sind uns jetzt von großem Nutzen.

Eines Abends, als Nansen Pfannkuchen aus Seehundblut bereitet, versucht er die Flamme, die zu groß wird, mit einer Handvoll Schnee zu dämpfen. Aber das Gegenteil passiert: Die Flamme schlägt hoch, und das Seidenzelt brennt. Wir schnellen gleichzeitig aus dem Schlafsack und zum Eingang hinaus. Zum Glück erlischt das Feuer von selbst. Der Schaden beschränkt sich auf eine Ecke des Zelts. Wir flicken es mit einem Stück aus unseren Segeln.

Auch sind wir vom ständigen Rauch so rußschwarz, dass wir uns im Quecksilberspiegel fast nicht wiedererkennen.

Am 25. Juni ist es so warm, dass ich barfuß und in Hemdsärmeln auf dem Schlafsack liegend einschlafe. Plötzlich weckt mich Nansen.

»Johansen«, sagt er, »es gibt Klappmützenbraten!«

Er hat wirklich eine Klappmützenrobbe geschossen. Wir befinden uns auf 82° nördlicher Breite. Also driften wir weiter auf das Land zu. Die Temperatur liegt jetzt über null Grad, und es gehen immerzu Eisregen oder Schnee nieder. Alles wird nass, und wir müssen unser Zelt wiederholt mit Tassen ausschöpfen. Es ist mir jedoch lieber, als in der Nässe zu frieren. Wir essen jetzt zweimal täglich: morgens Fleisch in der Suppe; abends in Tran gebratenes Fleisch. Den Speck essen wir weiterhin roh.

Am 4. Juli muss ich Hase schlachten, den allerbesten unserer Hunde. Von den ursprünglich 28 sind damit nur noch zwei übrig. Es geht dem Ende zu. Mindestens diese beiden müssen wir behalten, sage ich zu mir selbst. Nansen und ich sind wieder schweigsam, und wenn wir von etwas sprechen, dann vom Weiterkommen und davon, wie herrlich es sein müsse, heimzukommen. Ich habe mich von Nansens Hybris also anstecken lassen. Von der Überwinterung auf Spitzbergen oder Franz-Josef-Land reden wir nicht mehr wie von einem möglichen Ende. Ich stelle aber immer wieder dieselbe Frage: »Wo sind wir?« Nansen suggeriert mit seinen Antworten immerzu Zuversicht. Dabei glaubt er noch weniger als ich an eine Rettung.

Eines Abends schlagen die Hunde an. Ich sehe nach: Ein Bär steht in unmittelbarer Nähe zum Zelt. Nansen schießt, und der Bär ergreift die Flucht. Ich kann noch sehen, wie das Blut an seinem gelblichen Fell herunterläuft. Wir setzen ihm also nach und entdecken hinter einem Eishügel zwei einjährige Junge. Zuerst gilt es der Mutter. Wir müssen in gute Schussweite kommen. Auch weil wir wenig Patronen haben. So beginnen wir eine Jagd über Rinnen, Eisrücken und schlechtes Terrain. Unsere Anstrengungen sind zuletzt nicht umsonst. Nansen erlegt den Bären, dann die beiden Jungtiere. Nacheinander holen wir sie mit einem Schlitten ins Lager. Die Felle werden abgezogen und dienen uns fortan als Schlafsackunterlage, das Fleisch ist leckere Nahrung. Es wird lange reichen. Auch für die Hunde.

Wohlgenährt legen wir uns um acht Uhr abends schlafen, erwachen um sechs Uhr. Wir glauben natürlich, es sei sechs Uhr morgens. Als sich die Sonne aber am Nordhimmel zeigt, wissen wir, dass es sechs Uhr abends ist. Wir haben also mehr als gut und lange genug geschlafen.

Die Hunde bekommen jetzt so viel zu fressen, wie sie wollen. Sie erholen sich schnell. Wir halten bei gutem Wetter täglich von unserem »Ausguckhügel« Ausschau nach Land. Sonderbar, im Süden steht immer die eine Wolkenbank. Als liege sie beständig an derselben Stelle. Ich ahne es, sage es aber nicht: Es sind die Wolken über unserem Land. Später stellt sich heraus, dass es das Land selbst ist! Julius Payer ist es 1874 wohl umgekehrt ergangen: Er hat in einer gleichbleibenden Wolkenbank sein Petermann-Land »gesehen«.

Am 22. Juli ist es endlich so weit: Wir können weiterziehen. Alles, was wir nicht wirklich brauchen, lassen wir zurück: viel Fleisch, Fett, auch den Schlafsack. Die Decken müssen ausreichen. Wir kommen gut voran, obwohl wir jeweils nur einen Hund vor einen Schlitten spannen. Zufrieden mit unserem ersten Tag auf der »Heimreise«, lagern wir auf Treibeis. Am 24. dann geschieht das Unglaubliche: ein schwarzer Streifen erscheint am Horizont. Jetzt endlich sehen wir das Land! Es ist nur deshalb so schwer zu erkennen gewesen, weil das Eis in einem weiten Bogen darüberliegt. Wie eine Luftspiegelung.

Zu Mittag habe ich das ferne Gebirge noch für gewöhnliches, mit Schlamm bedecktes Schwarzeis gehalten. Jetzt am Abend sieht Nansen durch den Feldstecher hin. Immer wieder.

»Das müssen Sie sich ansehen!«, sagt er.

»Ja, es ist Land!«

»Und wie viel Land!«

Mit freiem Auge ist es dieselbe Erscheinung, die ich schon vom »Ausguckhügel« im »Sehnsuchtslager« gesehen habe. Man könnte die graue Wand vor uns also immer noch für Wolken halten. Im Fernglas aber erscheint es zweifelsfrei als Land. Vielleicht einige Tagesreisen entfernt, denke ich.

Im Westen steht ebenfalls ein Wolkenstreifen am Horizont, ähnlich wie unser Land, nur etwas kleiner. Ist auch dort Land? Schade, dass wir so lange im »Sehnsuchtslager« gewartet haben, denke ich. Obwohl das Land die ganze Zeit in unmittelbarer Nähe war.

»Morgen schon sind wir da«, meint Nansen.

»Eher nicht, übermorgen.«

Wir sind uns einig. Unser Land aber schwindet wieder, versteckt sich, narrt uns und verschwindet zuletzt. Wir sehen keines mehr. Auch das Weiterkommen wird unmöglich. Wir beobachten Krabbentaucher und Rosenmöwen, die leicht und graziös dicht über unsere Köpfe fliegen, sehen Seehunde. Aber kein Land mehr.

Vierzehn schwere Tage werden es bis zum Gletscherrand! Teilweise ist das Eis so schlecht, dass es ein Kunststück ist, darauf weiterzukommen. Jetzt ohne Schneeschuhe. Manchmal ist der Ozean nur mit ungezählten kleinen Schollen bedeckt, ein Meer von Eisstücken. Sie sind zu klein, um uns zu tragen, und groß genug, um uns daran zu hindern, im Kajak überzusetzen. In solchen Fällen versuchen wir, von Scholle zu Scholle zu springen. Schlitten sowie Kajaks werden an einem Seil nachgezogen. Das Allerschlimmste aber ist die Strömung: Während wir auf dem Eis dem Land entgegenziehen, driftet das Eis vom Land fort. Das Land erscheint dann weiter weg, als wir es je befürchtet haben.

Zu alledem hat Nansen einen Hexenschuss. Er ist marode und so geschwächt, dass er auf Skistöcken gestützt hinter der Karawane herhinkt. Seit ein paar Tagen schon. Er hat starke Schmerzen und tut mir leid. Aber er klagt nicht und geht, statt sich hinzulegen, langsam zwar, aber er geht. Immer weiter! Nach drei Tagen ist er wiederhergestellt. Dieser Fall reicht, um uns zu zeigen, wie es wäre, wenn einer von uns sich ein Bein brechen oder ernstlich erkranken sollte. Das Glück, gesund bis hierhergekommen zu sein, wiegt viel mehr als all unser Genie, das so und so nur Einbildung ist. Jedenfalls haben wir in Summe mehr Glück als Können.

Ich traue Nansen viel zu, in diesen Tagen aber sah auch er menschlich aus: Wie jemand, der sich quält. Ob er sich jetzt eingestehen will, dass wir gescheitert sind?

Zwischendurch ist der Wind wieder so stark, dass er alle Rinnen mit Schlammeis und Eisbrocken füllt. Das Weiterkommen wird schier unmöglich. Wenn ich beim Vorausgehen nach langem Suchen einen Weg gefunden habe, ist er meist schon wieder verschwunden oder zerstört, wenn ich dann mit den Schlitten dorthin zurückkomme.

Nansen hat immer noch Rückenschmerzen. Ich muss die Schwierigkeiten also alleine bewältigen. Und wieder einmal haben wir für die beiden Hunde kein Futter mehr. Gestern habe ich zwei Elfenbeinmöwen für sie geschossen, um nicht gleich auf ihre Kraft verzichten zu müssen. Ich muss sie unbedingt retten. Denn mehr noch als ihre Hilfe brauche ich ihre Kameradschaft.

Nansen sagt, es gehe auch ohne Hunde. Dieser Lügner! Und solche Leute pflegen die Nachwelt mit ihren Heldentaten zu langweilen. Stammt nicht das Allermeiste, was aus der Arktis überliefert ist, von Typen wie ihm? Immer, wenn ich Nansen verstehen will, denke ich auch über mich nach. Nichts könnte ich ohne die Hunde jetzt ausrichten. Mit diesem Krüppel im Schlepptau. Sein aufrechter Gang ist nur noch Pose. Aber nichts Neues von ihm. Mir platzt der Kragen, wenn ich mich nicht ablenken kann. Die Nerven nicht verlieren, sagt Nansen dann. Was bleibt mir auch anderes übrig? Ich soll nicht nur an mich denken. Denn was für ihn gut ist, mag es auch für mich sein. Wenn wir Glück haben, wird zuletzt wenigstens aus einem von uns beiden ein Heiliger.

Am 2. August befinden wir uns auf etwa derselben Breite wie unser Land. Es muss also 35 oder vierzig Kilometer entfernt gewesen sein, als wir es erstmals erblickt haben. Die Eisverhältnisse sind immer noch widerwärtig. Wir werden ständig von Rinnen aufgehalten. Zwei Tage später ist wieder Nebel, das Eis unpassierbar. Der Abstand zum Land ist bei derart schlechter Sicht nicht einzuschätzen, alles scheint jetzt Lug und Trug zu sein. Wir hören die Brandung tosen, können aber außer den blauen Reflexen am Himmel kein Wasser sehen. Und alle Versuche Nansens, Seehunde zu schießen, scheitern. Keine Spur von Hoffnung mehr für die Hunde!

Warum wir nicht anhalten? Weil wir keine andere Wahl haben! Als ich das Zugseil ergreife, sehe ich hinter dem Kajak ein Tier, das sich zum Sprung zusammenkauert. »Suggen!«, denke ich zuerst und drehe mich in die Marschrichtung, ziehe an. Jetzt aber merke ich, dass es der Hund nicht sein kann. Im selben Augenblick, ehe ich mich noch aus meiner gebückten Haltung aufrichten kann, fällt der Bär über mich her. Er steht auf zwei Beinen und gibt mir eine solche Ohrfeige auf die rechte Backe, dass ich den Halt verliere. Zum Glück werde ich nicht bewusstlos. Ich falle auf den Rücken und finde mich zwischen den Beinen des Bären wieder. Mein Kopf brummt, ich liege benommen da.

»Schnell, die Büchse!«, rufe ich. Nansen, wo ist er? Irgendwo hinter mir?

Ich sehe nur noch den Bären! Wie er seinen Rachen öffnet, die gelben Riesenzähne, sein Fell. Ich habe ihn in meiner Verzweiflung beim Fallen an der Gurgel gepackt, schreie aus Wut und halte ihn fest, was ihn sichtlich irritiert. Begriffsstutzig – ich bin ja kein Seehund, sondern ein fremdes Wesen, das er nicht kennt – sieht er mich an. Zähne und Augen glänzen.

»Nansen!«, schreie ich nochmals.

Nichts.

»Schieß! Wenn es nicht zu spät sein soll!«

Der Bär hebt eine Tatze und versetzt Suggen, der ihn jetzt angreifen will, einen Hieb. Heulend fliegt der Hund übers Eis. Da kommt unser zweiter Hund. Als ich ihn im Augenwinkel sehe, lasse ich das Raubtier los, wälze mich auf die Seite und ergreife mein Gewehr. Der Bär aber schleudert den Hund aus dem Weg und dreht sich mir zu – da fallen zwei Schüsse. Von Nansen abgefeuert. Der Bär liegt tot auf dem Eis. Ich weine vor Dankbarkeit und Glück. Nansen und den Hunden verdanke ich mein Leben.

Nansen hat sich beeilt, so gut er konnte, sagt er. Als er seine Flinte holen wollte, glitt sein Kajak ins Wasser. Ich lag also unter dem Bären und Nansens Gewehr im Kajak unter Wasser, sagt er. Schnell zog er alles aufs Eis. Mir kam es wie eine Ewigkeit vor.

Wenig später entdecken wir hinter einem Hügel zwei Bärenjunge, die offensichtlich auf ihre Mutter warten. Mir tun sie leid. Leider treffen wir sie nicht tödlich, und sie laufen weg. Die Verfolgung bleibt vergebens. Wir sehen sie in den nächsten Tagen immer wieder, wollen aber keine weiteren Patronen auf sie verschwenden. Im Stillen hoffe ich, dass sie überleben.

Ich bin also nochmals davongekommen. Nur einige weiße Streifen auf meiner rechten Wange und zwei Wundflecke an der rechten Hand werden bleiben: Wundmale eines arktischen Kriegers! Wir werden noch lang darüber scherzen.

Die Hunde sind unverletzt geblieben und dürfen jetzt vom Bärenfleisch fressen, so viel sie wollen. Auch Nansen und ich lassen uns das rohe Fleisch schmecken. Das Fett packen wir als Brennmaterial ein. Die Krallen der Tatze, mit der ich geschlagen worden bin, nehme ich als Andenken mit. Nansen steckt die Krallen der anderen Tatze in sein Gepäck.

Am 7. August endlich gehen wir an Land. Unser lang ersehntes Ziel ist erreicht. Endlich nach fünf Monaten schlafen wir auf festem Eis. Am Rand eines Gletschers. Trotzdem, unsere Reise muss weitergehen. Zuerst auf dem Wasserweg. Wir versuchen, je einen Schlitten auf ein Kajak zu legen und getrennt zu rudern. Es ist zu gefährlich! Also verbinden wir die Kajaks miteinander. Wie früher schon. Nur die Hunde können wir so nicht weiter mitnehmen. Es ist ausgeschlossen! Für mich kommt damit der traurigste Moment der ganzen Reise: Die Tiere, die mir kurz zuvor noch das Leben gerettet haben, müssen sterben. Nur weil sie zur Belastung werden, uns nicht

»Kaiphas«,
Nansens letzter Hund

mehr von Nutzen sind! Damit uns das Töten leichter fällt, nimmt Nansen meinen und ich seinen Hund. Sie folgen uns brav hinter zwei Hügel. Wir haben sie zu lieb gewonnen, um sie einfach abschlachten zu können. Das gilt für uns beide. Bald und fast gleichzeitig ertönen zwei Schüsse. Ich weine nicht, aber ich weiß jetzt: Treue und Tod gehören zusammen. Das Bild der toten Hunde und die Schüsse dazu werden mich ein Leben lang begleiten. Auch eine Ahnung davon: Wenn ich nicht den Egoismus aufbringe, mein Leben, mein Tun über alles andere zu stellen, wird es mir ergehen wie den Hunden.

Jetzt beginnt unsere Fahrt über das Eismeer. Bei Temperaturen um die 0 °C und Nordwestwind segeln wir auf offenem Fahrwasser von sechs Uhr früh bis sechs Uhr abends nach Süden. Später sechs bis sieben Stunden pro Tag. Wir kommen gut voran, segeln – ein nasses Vergnügen – in südliche Richtung, passieren vier kleine Inseln, die Nansen »Hvidtenland« tauft.

10. August. Unser Mittagsmahl essen wir auf unserem Katamaran sitzend: kaltes gekochtes Bärenfleisch und je

achtzig Gramm Brot. Abends dann stoßen wir auf mysteriöses Eis. Es ist derart in Bewegung, dass wir bleiben müssen. Sonderbar, denke ich: offenes Wasser mit flachem Fjordeis durchsetzt und kein Land in Sicht! Tags darauf ziehen wir eine Weile über flaches Eis. Als wir auf offenes Wasser treffen, das sich weit nach Süden und Südwesten erstreckt, fahren wir einen südlichen Kurs, immer am Rand des landfesten Eises entlang. Die Strömung aber arbeitet gegen uns – wieder einmal –, und wir mühen uns ab, um an Land zu kommen. Gilt es doch, einen sicheren Lagerplatz zu finden. Da sind eine Menge Bärenspuren, und es ist neblig, sodass wir nicht viel erkennen können. Doppelt vorsichtig setzen wir unseren Weg nach Süden fort.

Am 11. August taucht plötzlich der Kopf eines riesigen Walrosses auf. Es schnaubt und glotzt. Als ob es uns böse wäre.

»Sehen Sie sich den an«, meint Nansen.

»Gefährlich?«

»Ein so tüchtiger Kerl ist immer gefährlich.«

Das Ungetüm aber verschwindet wieder im Wasser. Kurz darauf ist es unmittelbar neben uns, richtet sich auf, schnaubt und zeigt seine ungeheuer großen Zähne. Das Tier taucht dann nochmals kurz unter und gleich wieder auf. Diesmal dicht neben meinem Kopf. Wir fürchten, das Ungeheuer könnte unser Boot zertrümmern. Der Katamaran ist ja so zerbrechlich! In meiner Angst jage ich dem Ungeheuer beim nächsten Auftauchen eine Kugel in den Kopf. Das Walross brüllt fürchterlich, verschwindet, wobei sich das Wasser rot färbt. Wir fahren erleichtert weiter und vergessen das Tier. Bis ich plötzlich einen Stoß unter dem Boden meines Kajaks spüre. Im nächsten Augenblick schon erscheint der Kopf mit den langen Zähnen

Johansen und Walrosse

so dicht bei mir, dass das Wasser ins Kajak spritzt. Ich bin fast ohnmächtig vor Angst. Diesmal schießt Nansen. Er trifft das angeschossene Walross wieder mitten ins Gesicht, in dem das Einschussloch meiner Kugel noch zu sehen ist.

Endlich schwimmt das tote Tier auf dem Wasser. Schnell schneiden wir ein wenig Speck und Fleisch heraus – der ganze Kadaver ist zu schwer – und lassen ihn absinken. Am Abend verkleinern wir unsere Schlitten, sodass sie auf je ein Kajak passen, und fertigen richtige Ruder an.

Anderntags verflüchtigt sich der Nebel, es kommt die alte, fast vergessene Welt in Sicht: von Südost bis Westnordwest nur Land. So viel Land! Mit Gletschern und blauen, jäh abstürzenden Bergen! Von einem Eishügel in der Nähe des Lagers starren wir auf das grandiose Panorama. Es ist nicht nur schön, so viel Land zu sehen, es ist wie eine erste Heimkehr. Wir Menschen sind Landwesen und brauchen festen Boden unter den Füßen, Landschaft, einen Horizont, Heimat. Die ganze Nacht über träume ich davon und dass Hilda dort auf mich wartet.

Seit wir unsere Schlitten verkleinert haben, kommen wir schneller voran, einzeln, jeder in seinem Kajak. Obwohl wir die Boote immer wieder ziehen müssen. Leider müssen wir uns bald danach eingestehen, dass wir eine Ostküste vor uns haben und damit die Heimkehr in diesem Jahr nicht mehr möglich ist. Am 16. August lagern wir erstmals auf schneefreier Erde, es ist nur ein Fleckchen, aber wir schlafen auf Granitsand. Was für ein Gefühl! Endlich wieder festes Land unter den Füßen zu haben. Da sind Moose und Blumen, Leben und Farben! Zur Orientierung hat Nansen unsere Flagge gehisst. Vielleicht auch zur Ehre der Heimat! Ich sehe lieber zum Himmel oder auf den Boden und immer wieder in die Ferne. Am Fuß eines nahen Gebirges liegt roter Schnee! Alles hier sieht so prächtig aus, dass wir einen Berghang hinaufklettern, um einen weiteren Blick zu haben. Mit dem fotografischen Apparat dokumentiert Nansen unsere Eroberung. Oder seine Heldentat? Ich kann damit nicht umgehen und begnüge mich mit den Bildern im Kopf.

Dann sind wir wieder auf offenem Wasser! Wir rudern auf ein Eiskap zu, das vor der Landmasse liegt. Wie sieht das Land dahinter aus? Wohin treibt uns das Schicksal? Befinden wir uns an der Westküste? Verläuft das Land nach Süden oder in nordwestliche Richtung? Wir müssten nach meinem Gefühl an einer Ostküste sein. Orientierung aber funktioniert nicht nach Gefühl. Nicht mehr. Auf der Eiskante, vor dem Land, schlagen wir unser Lager auf. Nansen nennt den Ort »Kap Brögger«. Einem anderen Platz gibt er den Namen »Kap Helland«. Als ob er mit der Taufe der Fremde Macht über diese Einöde gewinne. Ich kann mir die vielen Namen nicht einmal merken. Sie machen auch keinen Sinn: Kap Fligely! Mit Payer aber teilt Nansen offensichtlich die Leidenschaft für reale und virtuelle Orte. Mein Gedächtnis funktioniert anders als das ihre: In meiner Erinnerung haben Plätze mit dem Geschehenen zu tun: Wo wir die letzten Hunde getötet haben; wo das Walross auftauchte; wo ich mit dem Eisbären kämpfte.

Am 24. August sitzen wir wieder einmal fest. Eine ganze Woche lang kommen wir nicht vom Fleck. Und immer wieder bedrohen uns Bären und Walrösser. Wie lange könnten wir vom Fleisch der Bären leben? Wir versuchen uns auf den Winter einzustellen. Denn wir wissen beide, dass wir noch eine Polarnacht hier im Norden verbringen müssen, sicher die schlimmste von allen!

Erst als Wind und Eispressungen nachlassen, können wir weiterrudern, und bald sind wir eine gute Strecke über »Kap Uthos« hinaus, wie Nansen das Vorgebirge nennt. Es folgt eine Segelfahrt, bei der ich ein wenig seekrank bin und Angst habe, unser Boot könnte dem Wind nicht standhalten. Beide sind wir froh, als wir am Abend ins Zelt kriechen. Nansen macht noch einen Spaziergang über Land und kehrt aufgeregt zurück.

»Wollen Sie einen Bären schießen?«, fragt er trocken.

»Ja«, sage ich etwas benommen, »gern, darf ich?«

Wir kauern uns hinter den Kajaks nieder. Die Bärin kommt auf uns zu, und meine erste Kugel trifft sie tödlich. Hier gibt es zum Glück Lebensmittel in Hülle und Fülle, Treibholz, Süßwasser. Aber das Wetter wird schlechter, heftiger Wind kommt auf. Das Zelt bietet uns keinen ausreichenden Schutz mehr, und so ziehen wir in eine Steinhütte um, die wir mit allem gebaut haben, was wir vor Ort finden. Segel und Zelt isolieren das Dach, das Fell der Eisbärin den Boden. Unsere Steinhütte nennen wir »Höhle«. Sie ist so niedrig, dass ich gerade einmal darin sitzen kann, Nansen kann nur liegen. Die Enge macht zuerst Platzangst, nach Tagen schon sind unsere Knochen steif. Trotzdem wohnen wir einen ganzen Monat lang darin. Denn so lange bauen wir an der eigentlichen Winterhütte. Zwischendurch gehen wir auf die Jagd, wobei wir zwei Eisbären und Walrösser erbeuten: Vorräte für den Winter.

Es ist September 1895, die Winternacht kündigt sich an, und noch immer wissen wir nicht, wo genau wir uns befinden. Trotz all der von Nansen getauften Kaps, Landzungen, Gletscher haben wir keinerlei Kenntnisse über das Land dahinter. Wir bereiten uns notgedrungen auf die Überwinterung vor: auf einem winzigen Stück Land, auf dem wir unsere Hütte bauen.

Bald wachsen die Herbstwinde zu Stürmen an, und wir haben Mühe, an die feste Eiskante, hinter der unsere »Höhle« liegt, zurückzurudern, wenn wir von der Jagd kommen. Einmal werden wir von klagenden Lauten nahe an unserer Tür aufgeweckt.

»Bären«, sage ich zu Nansen. Und tatsächlich handelt es sich um drei Eisbären! Nansen trifft die Mutter mit einigen Kugeln. Die beiden Jungen aber laufen davon. Wir sehen sie noch auf einer kleinen Eisscholle auf dem Wasser treiben, wollen ihnen mit den Kajaks nachsetzen. Da entdecken wir ein totes Walross. Es schwimmt dicht neben dem Eis auf dem Wasser. Tatsächlich, es ist das Walross, das uns so große Angst gemacht hat! Wir ziehen es an Land. Jetzt erst besteigen wir unsere Kajaks, die von den Bären inzwischen übel zugerichtet worden sind. Sie sind aber noch brauchbar. Wir können die Bärenjungen einholen, aber sie springen ins Wasser, schwimmen Richtung Land davon. Nicht im Jagdfieber, aus Mitleid mit den Kleinen verfolge ich sie weiter. Nansen erlegt zuletzt das eine, ich das andere. Das Häuten und Zerlegen ist mühsam und dauert Tage. Auch das Walross macht viel Arbeit. Während Nansen an der zolldicken Haut herumsäbelt, sehe ich schon das nächste Tier: wieder ein gewaltiges Walross! Es schwimmt dicht an uns heran.

»Sehen Sie den Burschen da«, rufe ich Nansen zu.

»Hurra«, antwortet er, »die reine Bescherung.« Schuss folgt auf Schuss. Auch nach vier Treffern lebt das Tier weiter. Ich renne los, um Munition zu holen, erst nach der nächsten Kugel schwimmt es reglos im Wasser. Die Verarbeitung kostet weitere Tage und beschert uns Gesellschaft. Die Kadaver ziehen viele Möwen an: Stummelmöwen, Elfenbeinmöwen, Raubmöwen.

Die Fertigstellung unserer Winterwohnung zieht sich hin. Am Ende aber haben wir wieder Glück: Nansen entdeckt ein großes Stück Treibholz am Ufer unseres Landes, einen Stamm, den wir herbeischleppen und als Dachfirst einsetzen. Darüber werden die Walrosshäute gespannt.

Eines Morgens, auf dem Weg von der »Höhle« zur Hüttenbaustelle, beobachten wir einen Bären am Strand. Er zieht an einer Walrosshaut, die als Dachhaut gedacht, zum Aufweichen im Wasser lag. Wir rufen, gestikulieren. Als er sich dann den Abhang zur Hütte trollt, taucht ein weiterer Bär auf. Sein Schädel ragt aus dem Dach unseres Neubaus und beschnüffelt das kahle Holz. Alle drei Häute sind abgerissen. Während der zweite Bär nun aus der Ruine klettert, macht sich der erste wieder auf den Weg zum Strand. Nansen und ich teilen uns sofort auf. Ich erlege den Hüttenschänder, Nansen verfolgt den Dieb. Während ich mit dem Abhäuten beschäftigt bin, kommt Nansen zurück. Ich habe keinen Schuss gehört.

»Schade, dass Sie ihn nicht bekommen haben«, sage ich.

»Wie?«, fragt Nansen.

»Haben Sie geschossen?«

»Die Bestie verendet gerade.«

»Wo?«

»In einer Schneewehe hinten am Gletscher.«

Unser Fleischhaufen vor der »Höhle« wächst und wächst, die beschwerliche Arbeit am Dach aber fängt von vorne an. Wir erlegen weitere Walrösser und am 16. September einen Bären, den »Wasserbären«, der schwer zu bergen ist. Er ist – schon tot – ins Eis eingebrochen. Spät am Abend erst, es ist schon dunkel, kommen wir zur »Höhle« zurück. Zum Glück kann ich die drei Eisbären, die sich an unseren Vorräten zu schaffen machen, rechtzeitig erkennen, stoße einen leisen Pfiff aus, um Nansen, der vor mir geht, zu warnen. Die Tiere aber wittern uns und verschwinden, bevor wir in Schussweite sind. Wir sind froh darüber, haben wir doch Fleisch und Häute genug. Wenig später aber, als die Tiere zurückkommen, bleibt uns nichts anderes übrig, als zu schießen. Wieder einmal erwischen wir nur die Bärin. Die Jungen laufen davon, und wir sehen sie nicht wieder.

Verglichen mit unserer »Höhle« ist unsere Hütte ein Palast. Sie hat ein Guckloch nach Süden, mit Blick auf den Fjord, und sie ist in der Mitte hoch genug zum Stehen. Den Ausguck aber müssen wir bald schließen, um die Kälte abzuwehren. Damit ist die Hütte düster, Nansen aber meint, er könne den Winter über auch bei Tranlicht an seiner Reisebeschreibung arbeiten.

Am 28. September, dem Tag des Umzugs von der »Höhle« in die »Hütte«, ist schon wieder ein Räuber im

Lager. Ich schieße zuerst auf den Bären, der unsere Vorräte frisst. Nansen streckt ihn nieder. Dann setzen wir unsere Detailarbeit am neuen Quartier fort. Als Werkzeuge dienen uns dabei eine Schlittschuhkufe, ein Bärenspieß, eine kleine Axt und ein Schneeschuhstock mit einer Zwinge. Aus einem Walrossschulterblatt und einem Treibholzast haben wir einen Spaten angefertigt, aus einem Walrosszahn eine Hacke. Die Basis der Hütte, eine Steinmauer, war schnell errichtet; das Dach hingegen braucht Zeit. Aber erst der Schnee wird unsere Behausung zuletzt isolieren. Der Winter gibt ihr also einen letzten Rest von Behaglichkeit. Der Eingang ist mit Felsblöcken geschützt, Fleisch und Treibholz sind gehortet. Es ist schon richtig kalt, und wenn die Winde heulend von den Gletschern fallen, klingt in der Hütte jedes wärmende Wort wie eine Beschwörung. Wir liegen auf Bärenfellen und verlassen unseren »Palast« jetzt nur noch selten. Trotzdem leiden wir unter den eisigen Temperaturen. An manchen Tagen kommen wir gar nicht aus unserer Hütte, weil der Wind den Schnee im Laufe der Nacht so dicht auf unseren Eingang wirbelt und zusammenpresst, dass kein Hinauskommen ist. Vor allem Nansen, der größer ist als ich, hat Probleme damit, den verstopften Gang zur Türöffnung von innen aufzustemmen.

5 Eine lange Winternacht

So viel Trostlosigkeit: Blick auf die Winterhütte

»In einem alten Volkslied gibt es einen Kehrreim: ›Das Glück, das wendet sich oft.‹ Leb wohl, schöne Hoffnung. Wir müssen wohl eine weitere Polarnacht hier zubringen, und die wird fürchterlich.«

Hjalmar Johansen

»Johansen – einen zuverlässigeren Kameraden im Eismeer hat es niemals gegeben.«

Fridtjof Nansen

»Zu Hause wäre ich am Ende noch ein Menschenfeind geworden; deshalb bin ich froh, hier zu sein. Oh, hier hat man es so gut. Meist ist es kalt und dunkel, aber man ist frei! Wir kümmern uns nicht um die Dinge, von denen wir zu Hause abhängig waren.«

Hjalmar Johansen

Eisland: Im Winter wird alles eins. Das zugefrorene Polarmeer und die Küstenstriche versinken im Dunkel der Polarnacht.

»Während unserer Zeit in der Winterhütte und auch danach war Nansen ein anderer Mensch, umgänglich, nicht hochmütig, nicht egoistisch. Ich fühlte mich ebenbürtig.«

Hjalmar Johansen

» Sollten wir nicht damit anfangen, ›du‹
zueinander zu sagen? «

Fridtjof Nansen, Silvester 1895

» Johansen und Nansen waren in ihrem
Charakter so ähnlich wie verschieden. «

Reinhold Messner

» Es ist ein Wunder, dass sie sich nicht
erschossen haben. «

Thomas Ulrich

Auf »Schneeschuhen« im Eismeer

Nach Monaten im Winterlager geht die
Segelfahrt längs der Küste weiter.

»Gehen heute in südwestliche Richtung an der Küste entlang,
um auf kürzestem Wege nach Spitzbergen überzusetzen. Wir
vermuten, dass wir uns auf Gilles-Land befinden.«

Fridtjof Nansen

»Es geht in Richtung Meer, doch bis dorthin ist noch
ein langer Weg, und es dann bis nach Spitzbergen zu
überqueren kann schwierig genug werden.«

Hjalmar Johansen

Unsere dritte Polarnacht hat begonnen. Es hätte schlimmer kommen können! Trotzdem, es bleibt ein eintöniger, fast schon trauriger Alltag. Es ist zwar ein Trost zu wissen, dass genug Nahrung vor der Hütte liegt, zum Überleben aber gehört mehr als Tran, Fett und Fleisch. Das einseitige Essen, immerfort Fleisch, macht uns anfangs keine Probleme. Wir liegen immerzu im Schlafsack, dösen viel, schlafen tagsüber und nachts. Die Tranlampen brennen ununterbrochen, trotzdem bleibt es im Hütteninnern −7 °C kalt. Abwechselnd ist jeder für jeweils eine Woche Koch. Mahlzeiten gibt es am Morgen und am Abend. Zu Mittag essen wir nichts. Der diensthabende Koch ist für alles zuständig: für das Essen, für die Lampen, für Süß- und Salzwasser. Das wenige Salz von der *Fram* ist schon lange verbraucht. Die rigide Ordnung ist Teil unserer Überlebensstrategie.

Die Hütte verlassen wir nur selten. Der Wind bläst draußen durch unsere abgetragenen Kleider, und es friert uns so sehr, dass wir sofort in die Höhle zurückkriechen. Nur bei gutem Wetter und Nordlicht gehen wir wenigstens einmal kurz vor die Tür. Auch wenn der Mond am Himmel steht. Füchse laufen ständig um die Hütte herum. Wie Haustiere. Sie nagen am Fleisch, schleppen Kleinigkeiten davon: einmal eine Harpunenleine, dann ein Knäuel Angelschnur. Auch unser Thermometer haben sie fortgetragen. Es bleibt uns nur das Minimumthermometer, das wir an einem unserer Schlitten befestigt haben. Nansen hasst die »Viecher«. Ich will sie aber nicht schießen, auch weil unsere Patronen dafür zu kostbar sind. Ersetzen sie mir doch ein wenig die Hunde. Nansen aber erlegt zwei Füchse. Mit einem Schuss! Später einen weiteren. Nur weil er nicht verwinden kann, dass sie uns beklauen. Nicht etwa, weil er Fuchsfleisch gern isst.

Ich esse am liebsten Bärenfleisch! Dabei schmecken nicht alle Bären gleich: Der »Wasserbär« ist delikat, ebenso der »Fettbär«. Am besten schmecken die beiden »Kajakbären«. Aber auch der Schinken des »mageren Bären« ist besser als gedacht. Und erst die Jungbären! Besonders gekocht schmeckt ihr Fleisch ausgezeichnet. Einige ihrer Mägen haben wir mit Blut gefüllt, frieren lassen und später in der Pfanne gebraten: Bärenmagen – großartig! Das Beste aber ist das Gehirn! Geröstet. Eine Delikatesse!

Ab und zu werde ich von einem Stoß in den Rücken geweckt und aus allen Träumen gerissen. »Ruhe«, schimpft der Boss. Ich würde schnarchen, behauptet Nansen. Die Hütte ist innen weiß bereift. Weil die Wände so kalt sind, dass unsere Atemluft dort kondensiert und die Feuchtigkeit sofort gefriert.

Ich suche mir eine Seitenlage und döse weiter. Gut drei Jahre sind vergangen, seit ich Nansen in Kristiania angesprochen habe, eines Abends auf der Straße. Nansen war auf dem Heimweg. Er hatte gerade bei Archers mechanischer Werkstatt die *Fram* begutachtet. Es muss der 28. November 1892 gewesen sein. Diesen einen Moment, als er mir kurz in die Augen sah, werde ich nie vergessen: Nansen, einen Kopf größer als ich und hager, sah ernst aus. Aber er hörte mir zu. Als ich ihn um einen Platz auf der *Fram* bat, blieb er kurz stehen. Einen Augenblick lang schien sein strenges Äußeres zu strahlen. Mit seinem Bart und den blauen Augen kam er mir väterlich vor.

»Ich bin bereit, jede Aufgabe zu übernehmen«, sagte ich – oder so ähnlich. Über seine scharfen Gesichtszüge ging jetzt ein Hauch von Neugierde. Als ich dann noch meine Begeisterung fürs Skilaufen und Turnen erwähnte, nickte er. Wie ein König.

Diese Begegnung hat mein Leben verändert. Nach einem zweiten Bewerbungsschreiben und einer Nachfrage meinerseits kam fünf Monate später die endgültige Zusage aus Nansens Büro. Im letzten Moment hatte ich ein Expeditionsticket, den schlimmsten Posten auf dem Schiff ins Eismeer, ergattert und war glücklich. Ich betrachte das Ganze immer noch als Glücksfall. Auch jetzt, da es gilt, die schlimmste Winternacht durchzustehen, die man sich vorstellen kann. Nicht wegen Nansen, der arrogant und mürrisch sein kann, ich habe meine Bestimmung gefunden – dank ihm. In dieser langen Winternacht habe ich viel Zeit, über all das nachzudenken. Wie lange habe ich doch versucht, nach oben zu kommen? Mein Vater, ein Bauernsohn, der es mit seinem Leben ein Stück weit gebracht hatte, hat immer schon gedrängt: lerne! Der Wunsch meiner Eltern war es, dass ich in Staatsdienste träte. Ich sollte eine Offizierskarriere einschlagen. Ich schaffte das Abitur und ging dann nach Kristiania auf die Universität. Das Studentenleben aber tat mir nicht gut. Als Neunzehnjähriger und vom Land kommend, fand ich mich in der Stadt nicht zurecht. Ich kam auch mit dem Geld von zu Hause nicht aus und trank oft zu viel. Jedenfalls öfter, als ich studierte. Meine Sorgen und der Alkohol aber zogen mich nach unten und nicht nach oben, wohin ich sollte und wollte. Es war keine gute Zeit. Unser Land musste sich damals dem

Königreich Schweden gegenüber behaupten, und ich versuchte meine Bestimmung zu finden. Meine Identitätskrise ging also mit der norwegischen einher. Ich hatte mir selbst gegenüber immerzu ein schlechtes Gewissen.

Ich war zwar kein Trinker gewesen, aber auf dem besten Weg dahin. Vielleicht hat mich der Sport vor Schlimmerem bewahrt. Turnen und Skifahren sind die beiden Sportarten, in denen ich es ziemlich weit gebracht habe. Ich war ja relativ klein, untersetzt und sehr geschickt. Ein gemeinsames Ziel, die Freundschaft mit Clubkameraden und nicht zuletzt Anerkennung trugen mich bei Wettkämpfen oft über mein Können hinaus. Bei der Weltausstellung 1899 turnte ich sogar in Paris! Als bester Turner Norwegens. Als Sportler war ich natürlich auch von Mädchen umschwärmt und Hilda aus meinem Heimatort Skien war seit damals meine große Liebe. Ich hoffte, wir könnten eines Tages heiraten.

Als mein Vater, erst fünfzig Jahre alt, starb, brach ich das Studium ab. Ich fand zwar Arbeit, immer öfter aber auch Trost in Trinkgelagen. Denn mein Alltag war jetzt trist: Ich musste mir immer wieder Geld leihen, hatte ja keinen richtigen Beruf und damit wenig Zukunftsaussichten, und wie sollte ich Hilda halten? Auch die Feste und Huldigungen nach Sportfesten trugen nicht über die Krisen und Nöte hinweg. Das Problem mit dem Alkohol wuchs. Ein Gefühl der Untauglichkeit war es zuletzt, das ich nicht mehr loswerden konnte. Bis ich mit Nansen gen Norden aufbrach. Es war wie eine Befreiung.

Ich habe so viel von ihm gelernt! Vor allem weiß ich jetzt, was ich kann, was ich will, wo meine Zukunft liegt. Nansen ist zwar ein Tyrann, er ist aber so von mir abhängig wie ich von ihm. Ich habe seinerzeit zwar einen Vertrag unterschrieben, der mich verpflichtet, dem Expeditionsleiter für unbestimmte Zeit auf Treu und Glauben zu gehorchen, empfinde dieses Versprechen aber nicht als Last, sondern als Selbstverpflichtung. Ich soll mich für das Gelingen der »Forschungsreise« einsetzen. Nichts leichter als das! Ich werde auch nie über Nansens mangelnde Erfahrung reden, habe ich doch von ihm das Allerwichtigste für mein Leben gelernt: die Chance zu nutzen. Und hat er nicht vom Südpol gesprochen? Er wird die Expedition dorthin nicht ohne mich wagen. Da bin ich mir sicher. Denn auch er weiß inzwischen, was er an mir hat.

Unsere Expedition ist berühmt, Nansen in Norwegen ein Held, ich sein Partner! Meine bescheidene Kindheit, die Jahre, die ich mehr dem Sport als dem Studium gewidmet habe, vielleicht sogar meine Krisen kommen mir jetzt zugute. Nie privilegiert gewesen zu sein, hilft mir jetzt, schlimmste Situationen zu meistern. Nansen weiß so gut wie ich: Wir beide können nur gemeinsam überleben. Interessant, dass ihn diese Erkenntnis menschlicher macht: Er hört zwar nie richtig zu, ist immer noch von seiner Überlegenheit überzeugt, aber er weiß meine Ideen, Ausdauer und Überlebenskunst zu schätzen. Beide plagen uns auch Sehnsucht und Angst, mich aber tragen jetzt vor allem Visionen und Pläne, die Hoffnung auf eine bessere, glückliche Zukunft.

Draußen vor der Hütte zieht die Stille der Nacht über eine zeitlose Welt, in der ich die unwiederbringliche Vergangenheit hinter mir lassen kann. Auch die Einsamkeit. Draußen reflektiert das Weiß der Ebene die sternlose Nacht. Ein fahler Schimmer nur. Als ich kurz vor die Hütte trete, sehe ich im nächtlichen Blassblau einen bewegten

Schatten. »Hilda?«, frage ich. Es bleibt nur Reglosigkeit. Alle anderen Formen hier sind gefroren.

»Ist da jemand«, flüstere ich. Als hätte ich ihre Gestalt gesehen. Doch die Nacht hat ihre Stille zurück. Habe ich sie wirklich erwartet?

Alles schweigt. Nur in der Ferne, weit weg, höre ich das Meer. Bläst dort ein Sturm? Im aufgewirbelten Schnee wäre jetzt kein Vorankommen, denke ich. In der Hütte ist es ruhig. Vor bald einem Jahr haben wir uns auf den Weg zum Pol gemacht. Seit Monaten leben wir in Eis und Polarnacht. Ich habe es aufgegeben, auf einen Morgen zu warten, ich weiß ja nicht, wann er kommen wird. Wir werden aber weiter über das Eis und durch den Schnee laufen, im Zelt schlafen, und die Zeit wird wieder ablaufen. Im Traum liege ich dann auf dem Schlitten, auf der Haut eines getöteten Bären. Wir haben hinter einer Eisbarriere Schutz gefunden, der Wind bläst Schneestaub über uns hinweg. Dabei bildet sich eine Höhle, in der es zu schneien aufhört. Eisränder und Schneehauben sind jetzt wie Kristallschmuck. Im Traum erhebe ich mich über unseren Schneeschutz. Ich glaube wieder Hilda zu sehen. Mit Blick zum Pol.

Ich will mich nicht beklagen, nicht über die Kälte und nicht über die Dunkelheit. Schließlich wächst mir Stolz zu, wenn ich im Stillen an unsere Liebe denke. Es wäre ja lächerlich, ihr zu erzählen, wir hätten schrecklich gelitten. Wer soll sich irgendetwas darunter vorstellen?

Wenn es wärmer ist, taut und tropft es in unserer Hütte. Es regnet dann von der Decke auf uns herab. »Das Wetter!«, sagt Nansen. Bei Kälte frieren die Felle dann wieder an den Steinen fest. Die Häute verrotten so langsam. Wir rechnen nicht damit, dass wir sie nach sechs Monaten stetiger Verwesung noch gebrauchen können.

Für den kommenden Sommer nähen wir uns deshalb neue Anzüge. Jeder den seinen aus den Wolldecken. Ja, wir leben wie Steinzeitmenschen, und mir gefällt es. Hätten wir kein Gewehr, wir würden mit Keulen jagen. Dazu unser Aussehen: Haare und Bart wachsen wild, Gesicht und Hände sind rußig, voll Schorf und fettig. Wir sind nicht nur verwildert, wir sind Wilde geworden.

In der Silvesternacht baue ich auf dem Dach unserer Hütte eine Fuchsfalle. Wenig später schon hören wir den ersten Fuchs kommen. Ich halte den Atem an, und ein dumpfer Knall ist zu hören. Doch der Fuchs ist entwischt. Ich versuche es später mit anderen Methoden, aber keiner meiner Tricks funktioniert. Zuletzt gebe ich auf.

An diesem letzten Tag des alten Jahres bietet Nansen mir plötzlich das »Du« an. Ich bin überrascht und beschämt zugleich, weil ich als Gegenleistung kein Geschenk für meinen Freund habe. Ich will ihm dafür alles verzeihen, was er den Hunden und damit auch mir angetan hat. Mein Respekt für ihn wächst mit dem »Du«. Seit drei Jahren haben wir uns immer mit »Sie« angesprochen. Und plötzlich sagen wir Du zueinander. Nansen ist damit so verletzbar. Trotzdem, sein Umgang mit den Hunden geht mir nicht mehr aus dem Sinn.

Am Neujahrstag 1896 ist es −41,6 °C kalt. Ein Schneesturm geht über unsere Hütte hinweg. Der Wind kommt aus Südosten. Am 11. Januar haben wir Nordsturm, unmöglich, sich im Freien aufzuhalten. Zehn Tage später setzt die Dämmerung ein: Ein erster, schmaler heller Streifen ist am südlichen Horizont zu sehen. Es ist als würde sich das Licht bewegen.

Woche um Woche geht unser dröges Dasein dahin. Wie Ewigkeiten. Jeder lebt weiter in seiner Welt, wie für sich. Unser tägliches, wenn auch knappes Gesprächsthema bleibt die Heimat, nur noch die Heimat. Wann wird der Zeitpunkt gekommen sein, dass wir unsere Reise dorthin fortsetzen können? Wir planen, über das Eis nach Spitzbergen zu kommen, statt weiter an unserem Land entlang nach Süden zu ziehen. Ob eine so schwierige Querung möglich ist? Mit unserer rudimentären Ausrüstung. Wir unterhalten uns auch über die Drift der *Fram*. Ob sie vor uns zu Hause sein wird? Hoffentlich nicht, denn in Norwegen würde man uns sonst endgültig abschreiben. Zwischendurch reden wir auch von einer Reise zum Südpol: Nansens nächster großer Traum?

Im Februar hat Nansen wieder starke Rückenschmerzen. Zwei Wochen lang. Er muss Tag und Nacht still liegen. Es ist eine Qual, in der düsteren Hütte zu bleiben, während es draußen Tag für Tag heller wird. All meine Hoffnungen und Überlegungen drehen sich derweil um die bevorstehende Weiterreise. Bleiben können wir hier nicht, niemand würde uns finden. Bald müssen also Vorbereitungen getroffen werden. Wir wissen immer noch nicht, wo genau wir sind. Unsere nördliche Breite beträgt 81° 27', so viel ist klar. Die Längenbestimmung aber fehlt. Wir wähnen uns weit im Westen.

Ende Februar sehen wir die Sonne zum ersten Mal wieder. Durch dicke Schneewolken hindurch: im Nebelreißen ein Schauspiel der Formen und Farben. Unsere Hütte ist immer noch unter einem Schneehügel begraben. Zuerst planen wir die Weiterreise für März, im April dann ist der arktische Winter immer noch nicht vorbei und das Vorhaben nicht umsetzbar. Auch weil nicht ausreichend Speck – als Proviant und Brennmaterial – für die Weiterreise übrig ist. Wir kochen jetzt nur noch einmal pro Tag, die Lampen brennen nur, wenn wir Wasser und Tran schmelzen. Geschlafen wird im Dunkeln. Aber eines Morgens, ich will gerade aus der Hütte ins Freie kriechen, wartet die Beute gleich vor der Tür: ein Eisbär. Sofort nehme ich die Verfolgung auf und bin erstaunt, wie gut ich noch laufen kann. Und dies, obwohl wir uns den ganzen Winter über so gut wie nicht bewegt haben. Als ich das Tier nach einer langen Verfolgungsjagd endlich in Schussweite habe, ziele ich und schieße. Gefehlt. Erst meine letzte Kugel trifft. Ich lasse den Bären liegen und rufe Nansen. Aber er kommt mir schon entgegen. Er soll das Tier jetzt häuten, und ich will die Schlitten holen. Das prächtige Männchen kommt uns gerade recht. Wir brauchen Fett und Fleisch. Besonders freuen wir uns darüber, dass sich wieder Bären zeigen. Als ich aber an der Stelle zurück bin, wo ich den Bären geschossen habe, sehe ich weder Nansen noch einen Bären. Also folge ich Nansens Spuren. Bis ich ihn rufen höre.

»Johansen!«

»Was ist los?«

»Dein Bär war nicht tot!«

»Was!«

»Er lief davon.«

»Unmöglich.«

»Auf drei Beinen.«

Endlich trifft ihn Nansen tödlich. Nach einigen schlechten Schüssen auch von ihm.

Wir sind nur noch mit den Vorbereitungen für unseren Aufbruch nach Süden beschäftigt. Es gilt neue Anzüge zu nähen; die Kajaks auszubessern; die Segel müssen geflickt und ein neuer Schlafsack gefertigt werden.

Am 2. April wieder Lärm vor der Hütte. Ich vermute, der Unruhestifter sei ein Bär. Dann hören wir nichts mehr.

»Nur ein Fuchs«, meint Nansen.

Als ich aber aus der Hütte trete, sehe ich ein großes Tier. Es gräbt gerade die versteckten Walrosskadaver aus. Also doch ein Bär!

»Väterchen«, sagt Nansen leise und erlegt das Tier mit fünf Schüssen.

Auch noch im Mai sind wir mit dem Ordnen unserer Ausrüstung beschäftigt und schießen weitere Bären. Bevor wir die Hütte verlassen, schreibt Nansen einen kurzen Bericht über unsere Reise. Das Schriftstück über die »Expedition des Jahrhunderts«, wie der Chef sagt, schieben wir in eine kleine Messingröhre und hängen diese an den Firstbalken unserer Winterhütte. Endlich, am 19. Mai, brechen wir nach Süden auf. Höhle und Hütte, die harten Steinbetten, Knochen und Bärenfelle, Gletscher und Basaltberge – alles bleibt zurück. Aber ein komisches Gefühl beschleicht mich, als wir uns mit unseren schweren Schlitten Richtung Vorgebirge aufmachen. Mir ist, als verließe ich unsere gemeinsame Basis, eine Art Heimat. Müde und erschöpft erreichen wir am 21. Mai das Vorgebirge. Nansen besteigt einen Berg und berichtet, im Lager zurück, von einer großen offenen Wasserrinne und von zwei Eisinseln dahinter. Weiter südlich soll ein weiteres Vorgebirge liegen. Wegen des schlechten Wetters ziehen wir erst am 24. Mai weiter. Zuerst segelnd, dann zu Fuß am Südende der Insel, die wir »Gänse-Insel« nennen. Den restlichen Weg zum Lager tappen wir vorsichtig dahin.

Das Schlimmste sind jetzt die Nächte, das Liegen in ständig nassen Schlafsäcken. Schon am 2. Juni gehen unsere Fleischvorräte zu Ende. Für die Jagd aber fehlen uns jetzt Munition und Zeit. Einen Tag später besteigen wir den Gipfel der von uns getauften »Unwetterinsel«, und oben angekommen erwartet uns eine große Enttäuschung: Die Rinne vor uns ist zu. Nicht mehr offen! Wegen des Südweststurms. Also machen wir uns zu Fuß auf den Weg: über gefährlich dünnes Eis zum nächsten Vorgebirge. Wir erlegen ein Walross, legen genug Fleisch in die Kajaks und kommen rudernd eine große Strecke voran, Kurs auf ein paar niedrige Inseln im Süden haltend. Oft ist es jetzt so neblig, dass wir unsere Umgebung nicht wirklich sehen können. Nansen hat deshalb ein Ruder vorn am Kajak befestigt, ich eine Bambusstange. Daran hängen unsere Segel. Wir lassen uns vom Wind treiben, Schlitten und alle Habe auf den Kajaks. Gerastet wird selten, oft liegen zwölf und mehr Stunden zwischen unseren Mahlzeiten. Wir leben von Blutspeisen, die gut sättigen, aber scheußlich schmecken.

Nansen ist inzwischen ziemlich sicher, dass wir nicht auf Franz-Josef-Land sein können. Er wähnt uns auf einem Archipel weiter im Westen, der, wie er sagt, aus unzähligen Inseln besteht. Vielleicht entspringt diese Annahme aber wieder nur seinem Wunschdenken. Unser Weg über das offene Polarmeer nach Spitzbergen wäre ganz und gar unmöglich.

Das Land aber erstreckt sich weiter. Am 9. Juni ziehen wir an diesem Land entlang, und weiter in südliche Richtung. Dann segeln wir, und zwar mit einer so hohen Geschwindigkeit, dass es uns schwerfällt, auf unseren Schneeschuhen im Kajak aufrecht stehen zu bleiben. Als wir abends haltmachen, besteigen wir schnell noch einen Aussichtshügel. Von oben sehe ich, dass die Kajaks davontreiben. »Nicht möglich«, rufe ich. – Nansen hat die Kajaks doch mit einem Riemen aus einem Streifen roher Walrosshaut an einem ins Eis gestoßenen Skistock be-

Nansen und Johansen segeln auf ihren
Kajaks an Franz-Josef-Land entlang.

festigt! – Wir stürmen den Hang hinunter und stehen ratlos an der Küste. Der Wind hat abgeflaut, die Kajaks mit
all unserer Habe aber sind weg. Der Riemen ist gerissen.

»Himmel! Da treiben sie!«, rufe ich.

Sie sind schon eine ganze Strecke weit draußen.

»Hier meine Uhr!«, ruft mir Nansen zu.

Er wirft einige Kleidungsstücke ab und springt ins Eis-
wasser. Wenn er nur keinen Krampf bekommt, denke
ich. In diesem Augenblick beginnt Nansens Überlebenskampf. Denn der Wind weht die leichten Kajaks weiter
vom Eis weg, und die Kajaks treiben schneller, als Nansen schwimmen kann! In den Kleidern zu schwimmen ist
eine verteufelt schwere Sache. Nansen schwimmt um unser Leben. Mit den Kajaks treibt ja all unsere Überlebens-

hoffnung dahin. Alles, was wir besitzen, ist jetzt da draußen! Ein Griff in meine Hosentasche: Nicht einmal ein
Messer habe ich bei mir. Ob Nansen nun ertrinkt oder
ohne die Kajaks wiederkommt, ist ein und dasselbe.
Auch er weiß es. Nansen schwimmt mit der verzweifelten
Kraft von uns beiden, er schwimmt, auch um mein Leben. Einmal auf dem Rücken, dann wieder Brust.

Ich laufe verzweifelt am Eisrand hin und her, bete.
Nein, es ist uns nicht geholfen, wenn auch ich ins Wasser
gehe. Nansen muss die Kajaks erreichen. Als er den Booten näher kommt, verdoppelt er seine Anstrengungen.
Aber seine Glieder werden steif, gleich ist es aus, denke
ich. Ich kann nicht mehr hinsehen. Endlich, mit letzter
Kraft, kann Nansen eine Hand nach dem Schneeschuh
ausstrecken, der quer über die beiden Hecks gebunden
ist. An ihm zieht sich Nansen an die Kajaks heran. Gerettet? Nein, er hängt jetzt apathisch am Holz, schnaubt wie
ein Walross. Ist alles umsonst, zu spät? Sein Körper ist

Dramatische, ja todesintensive Momente gibt es häufig.

von der Kälte so steif, dass es ihm nicht mehr möglich ist, ins Boot zu klettern. Sein Körper ist völlig gefühllos. Wird er erfrieren? Ich sehe, wie er sich quält, wahnsinnig quält. Eine Ewigkeit vergeht, dann erst gelingt es ihm, ein Bein auf den Rand des Schlittens zu heben. Ruckartig arbeitet er sich weiter hinauf. Endlich ist er oben! Nansen aber kann in seinem Zustand die beiden zusammengebundenen Kajaks nicht rudern! Ich bin ratlos. Aber Nansen überwindet die Starre, Schlag auf Schlag, ganz langsam nähert er sich mit den Kajaks der Eiskante. Er schießt auch gleich noch unser Abendessen. Mit einem Schuss. Ich bin entsetzt! Glaube, Nansen habe den Verstand verloren. Endlich, als er am Eisrand ist, springe ich ihm bei, helfe ihm heraus. Er kann sich nicht mehr auf den Beinen halten. Also reiße ich ihm die Kleider herunter, stecke ihn in den Schlafsack, decke ihn mit allem, was ich zu fassen kriege, zu. Es dauert nicht lange, bis das Zelt steht, für Nansen aber scheint eine Ewigkeit zu vergehen – er bebt, zittert, wird matter und matter –, bis die Wärme in seinen Körper zurückkehrt. Endlich ein tiefer Seufzer von ihm. Ich bin erleichtert.

»Wie geht es dir?«, frage ich.

»Es ist so kalt«, antwortet Nansen mühsam. Er kann kaum sprechen. Bis dahin brachte er kein Wort heraus. Immer noch liegt er da: Das Gesicht bleich, das lange Haar und der Bart nass; Schaum vor dem Mund. Immer noch zittert der ganze Körper vor Kälte. Während ich unser Essen bereite, behalte ich den Schlafsack im Auge, lausche aufmerksam nach jedem Seufzer, nach jeder Bewegung von ihm. Erst als er seine natürliche Stimme wiedergefunden hat, gebe ich ihm alle trockenen Kleidungsstücke, die wir haben, packe ihn dann für die Nacht in den Schlafsack.

6 Ein neues Leben

Der »wilde« Nansen bei seinem Eintreffen auf
Kap Flora in Franz-Josef-Land

»Ich bin ungemein froh, dass ich der Erste bin, der Sie zu Ihrer Rückkehr
beglückwünschen kann.«

Frederick George Jackson

»Nansen lässt sich hinreichend bewundern, wenn er in gleichgültigem
Ton von unseren Erlebnissen berichtet.«

Hjalmar Johansen

Wie die Eisschollen im Polarmeer, birst für Johansen –
zurück in der Zivilisation – die Lebensgrundlage.

»Johansen war als ›zweiter Mann‹ der ideale Gefährte:
zum Dienen, Helfen und Wagen bereit.
Er hat sich untergeordnet – bis zur Selbstverleugnung. «

Reinhold Messner

»Ich habe auf dieser Tour sehr gelitten, doch schön war sie trotzdem.«

Hjalmar Johansen

Im Mai 1896 sind Nansen und Johansen auf
dem Weg nach Süden, auf dem Heimweg.

In der Arktis, am Rand des Eises
und des Todes, sind Nansen
und Johansen ebenbürtige Partner.

Auf der Kippe: Johansen
in Jacksons Hütte
in Franz-Josef-Land

»Ich habe alle seelischen und körperlichen Leiden auf Erden erlebt.
Nichts kann mich mehr überraschen geschweige denn, mir Schaden
zufügen. So gesehen bin ich obenauf. Ich bin ein Philosoph.«

Hjalmar Johansen

»Was mich betrifft, habe ich Aussicht auf eine schöne Lebens-
stellung. Eine gewisse Geldsumme habe ich mir schon verdient.«

Hjalmar Johansen

»Ich gehe davon aus, dass mir zu Hause Ruhm
zuteil wird, was mich sicherlich bewegen wird.«

Hjalmar Johansen

Am 14. Juni gehen wir an einer Stelle an Land, wo hundert und mehr Walrösser liegen. Nansen schießt zuerst zwei Junge. Wir stehen dann trotzdem mit leeren Händen da, weil die Mütter ihre Kleinen unter ihren Finnen mitnehmen. Wir versuchen es noch einmal: Diesmal zielen wir auf ein Muttertier und ihr Kleines. Wir haben Erfolg. Nun sind wir also wieder versorgt und können mit zusammengebundenen Kajaks weitersegeln. Endlich wieder mit genügend Nahrungsmitteln im Boot.

Eines Tages greift uns ein großes Walross an. Ich bin der Meinung, wir hätten es vertrieben, aber schon beginnt unser Boot zu sinken.

»Schnell an Land«, ruft Nansen, »die Bestie hat ein Loch in mein Kajak gerissen!« Ich kann die Situation retten. Nansen aber ist bis über die Knie nass und unser Schlafsack zum Auswringen, als wir festes Eis erreichen.

Am folgenden Tag, die Schäden sind ausgebessert, steigt Nansen auf einen nahen Hügel.

»Johansen«, ruft er, »ich höre Hunde bellen!«

»Wo?«

»Irgendwo im Landesinneren.«

Auch ich klettere jetzt zu Nansen auf den Hügel und lausche. Und tatsächlich, da ist etwas! Ich bin mir aber nicht sicher, ob es tatsächlich Hunde sind.

»Vielleicht ist es der Lärm nistender Vögel«, vermute ich.

»Nein, da sind Hunde.« Nansen ist sich sicher.

Wieder lauscht er angestrengt.

Wir beschließen, er soll nachsehen gehen. Ich halte die Stellung. Nansen zieht los – mit meinem Gewehr, einem Satz Schneeschuhen, dem Aluminiumfeldstecher und reichlich Patronen. Später hisse ich dann ein Hemd an einer Bambusstange, um meine Stellung zu markieren, lausche immer wieder in die Stille.

»Tatsächlich Hunde«, sage ich zu mir, »folglich sind auch Menschen in der Nähe.«

Menschen! Nach so langer Zeit. Unfassbar. Ich warte, während mein schwarzes Hemd im Wind flattert. Es ist vor dem Weiß des Eises gut sichtbar. Da, endlich, ist er! Ich sehe einen Punkt, der sich in meine Richtung bewegt.

»Nansen!«, rufe ich.

Ich glaube zuerst, er sei es. Doch dann erkenne ich, dass der Mann keine Schneeschuhe trägt. Ein fremder Mensch? Der erste Fremde seit drei Jahren! Ich hisse, so schnell ich kann, unsere Flagge. Als ob auch ich der gan-

Johansen im letzten Lager

zen Welt zeigen müsse, welcher Nation wir angehören. Ich höre den Fremden jetzt laut schnaufen, sehe, wie er immer wieder in den Schnee fällt, laufe ihm entgegen. Da steht ein Mann – mit sauberem Gesicht, guten Kleidern und bis zu den Hüften reichenden Stiefeln – und schwenkt seine Mütze. Als sei auch ich zivilisiert, hebe ich meinen alten, fettigen Hut.

»English?«, fragt er.

»No«, antworte ich.

Wir drücken uns die Hand. Dann sieht er mich mit staunendem Gesicht an. Ich verstehe die Sprache des Fremden nicht, versuche es zuerst mit Deutsch. Dann mit Französisch. Nichts. Es ist keine Unterhaltung möglich. Dennoch gibt es ein stillschweigendes Verständnis zwischen uns. Ich zeige ihm das Lager, unsere Schlitten, das Kochgeschirr. Herr Child, wie der Mann heißt, ist sehr neugierig. Er hat sich auf den Weg gemacht, nachdem er von Nansen gehört hat, dass ich an der Küste warte. Zwei weitere Männer kommen. Auch sie begrüßen mich herzlich und verwundert. Wieder Zeichensprache. Sie reicht aber nicht aus, um uns zu unterhalten. Wir warten, und es erscheint ein Finne namens Blomqvist. Ich erzähle ihm in kurzen Zügen die Geschichte unserer Expedition. Auch dass wir nicht wissen, wo wir uns befinden, weil unsere Uhren stehen geblieben sind.

Der Finne aber hat seine Muttersprache beinahe vergessen, da er zu lange unter Ausländern gelebt hat.

»Verstehe den Herrn nicht!«, sagt er nur.

»Erzählen Sie«, bitten die anderen. Sie gehören offensichtlich einer Expedition an.

Der Doktor dieser anderen Expedition aber, Dr. Koelitz, ist in Deutschland geboren, und mit ihm funktioniert die Unterhaltung zuletzt. Nun wird Portwein angeboten, alle nehmen ihre Mützen ab, um ein Hoch auf Norwegen auszubringen. Alle sehen wir dabei zu unserer Flagge hoch. Die Engländer helfen mir dann, unser Hab und Gut auf ihre Schlitten zu laden. Jeweils zu dritt ziehen sie einen Schlitten. Ich laufe auf den Schneeschuhen daneben her und rauche eine Pfeife. In den Pausen erzähle ich weiter von unserer Reise.

Wir erreichen das Lager der britischen Expedition, eine Siedlung, die aus einem Haus und vier kleineren Hütten besteht. Auch Nansen ist da. Er wird gerade fotografiert: in seiner ganzen Wildheit, mit all dem Schmutz. Jetzt lerne ich den Kopf der Expedition kennen: Mister Jackson. Dann hält mir jemand, wie zum Scherz, einen Spiegel vors Gesicht. Ich muss lachen, erkenne mich kaum wieder. Das anschließende warme Bad mit Seife, Handtüchern und sauberen Kleidern danach ist das Beste an diesem Wundertag.

Begegnung mit Mister Jackson in Kap Flora, Franz-Josef-Land

Nachdem Nansen mich zurückgelassen hatte und dem Hundegebell gefolgt war, ist er nach einiger Zeit auf Jackson gestoßen. Dieser runzelte die Stirn und öffnete seine Lippen.

»How do you do?«, sagte er ganz leise.

Als ob er Angst habe. Nansen trat vor.

»Ich bin Nansen!«, sagte er und wartete auf eine Reaktion.

Am liebsten hätte er Jackson umarmt! Der gepflegte Weltmann aber blieb unbewegt. Knappe Verneigung.

»English?«, fragte Jackson.

»Yes«, antwortete Nansen.

»Freut mich, Sie zu sehen«, erwiderte der Engländer darauf. »Wie viele Leute haben Sie bei sich?«

»Wir sind zu zweit.«

»Wollen Sie heute Abend mit mir speisen?«, fragte Jackson und sah Nansen von oben bis unten an.

So beginnen die unvergesslichen Tage in Jacksons Station »Elmwood« auf Kap Flora in Franz-Josef-Land. Nansen ist schon wieder ganz Aristokrat. Beim Essen sitzen wir auf richtigen Stühlen, Messer und Gabel in den Händen. Vor uns Butter, Brot, Zucker, Tee, Schokolade. Ich weiß zuerst nicht recht, wie ich mit diesem Luxus umgehen soll. Nansen fungiert als Dolmetscher. Es wird ein Schiff aus London erwartet, verstehe ich, und damit wird die Heimreise möglich. Die Jahre »in Nacht und Eis« gehen zu Ende.

Wenn Nansen in diesen Tagen von den verschiedenen Phasen des Rückmarschs erzählt, ist er schon ganz der Polarheld. Er berichtet, wie die Uhren stehen blieben, sodass keine zuverlässige Längenbestimmung mehr gemacht werden konnte; wie die Hunde, die er nicht getötet haben will, wegstarben; jeder Tod bremste den Schritt nach Süden; dann die Kanufahrt übers Eismeer; das Winterhaus aus Stein, Erde und Moos – das Dach aus Walrosshaut. Unglaublich, wie man mit den Lebensmitteln für hundert Tage 500 Tage lang haushalten kann! Nansens arktische Ballade klingt am Kamin in Jacksons Station wie ein Heldenlied, und je öfter er sie singt, umso mehr ist es das seine. Seinen Ruf als exakter Wissenschaftler hat er längst dem Mythos des Überlebenskünstlers geopfert und seine Beobachtungsgabe nennt er jetzt Instinkt. Nansen ist endlich der, der er immer schon sein wollte: der König der Arktis.

Sein Status hat aber nichts mit Gier zu tun! Denn weder in Grönland, bei seinem Wettlauf zum Nordpol noch bei seinem Traum vom Südpol geht es ihm um irgendwelche Bodenschätze, die er unter dem Meeresboden oder unter dem Eis vermutet. Nansen will nur seinen eigenen Ruhm mehren. Natürlich haben auch wir – ob gewollt oder ungewollt – Norwegens Anrecht auf Teile der Arktis gemehrt, dies aber nie als Leistung empfunden, höchstens als Abfallprodukt. Für Nansen selbst ist sein »Farest North« der Clou seines Lebens. Weder für seine Karriere als Wissenschaftler noch geopolitisch von Bedeutung, aber unübertrefflich.

»In Nacht und Eis« geht für ihn ein Abenteuer zu Ende, das nicht mehr erfunden, nicht getopt und nicht wiederholt werden kann.

Nansens Ruhm wird damit wachsen wie ein Kristall – auf den Bühnen der Welt, in der Stille seiner Schreibstube, in alle Ewigkeit. Ich, Johansen, es ist schon in Kap Flora zu spüren, war nur dabei. Der Ruhm gehört Nansen allein. Anfangs wird mein Leben darin gespiegelt, ich würde mich aber daran schneiden, würde sein Mythos zerbrechen. Muss ich also nochmals gebrochen werden?

Die Jackson-
Station auf
Kap Flora in
Franz-Josef-Land

Am Abend gibt es auf Kap Flora eine Überraschung: Jackson überreicht Nansen einen Blechkasten und eine Erklärung dazu. Es handelt sich um zwei Jahre alte Nachrichten: Als Jackson mit seiner Expedition in Europa abreiste, nahm er Briefe aus Norwegen mit. Für Nansen und die Männer an Bord der *Fram*. Es hätte ja sein können, dass die beiden Expeditionen einander begegnen. Für mich aber ist nichts dabei. Nur für mich nicht! Dieser Umstand stimmt mich traurig. Haben mich alle vergessen? Wenn nur das Schiff schon da wäre, das Nansen und mich nach Hause bringen soll.

Nansen ist in Jacksons Zimmer einquartiert, mir überlässt Dr. Koelitz seinen Platz. Was für ein Unterschied zu unserer Hütte! Die Zeit vergeht schnell. Wir werden verwöhnt, befragt und bedient. Bewunderung schlägt uns entgegen, ausnahmslos. Ich ahne, wie es zu Hause sein wird, und mache mich gleich ans Englischlernen. Unser Ruhm ist ja international. Dr. Koelitz sucht englische Witzblätter und übersetzt sie für mich ins Deutsche; Blomqvist treibt ein altes englisch-schwedisches Wörterbuch auf; auch Nansen ist mir behilflich.

»No ship, no home!«, sagen die Engländer.

Schlechte Eisverhältnisse, wie immer zwischen
Franz-Josef-Land und Spitzbergen. Für Nansen und
Johansen hätte es kein Übersetzen gegeben.

Langsam werde ich ungeduldig. Was, wenn das Schiff
wegen schlechter Eisverhältnisse nicht durchkommt?
Wir müssten noch einmal einen Winter bleiben! Unaus-
denkbar. Im Luxus ist eine Überwinterung noch weniger
erträglich als ohne alles.

»Sollten wir nicht doch noch nach Spitzbergen aufbrechen?«, fragt mich Nansen. Mit Entsetzen denke ich an

die Dunkelheit, die Kälte, die Entbehrungen im Eismeer zurück.

Nein, das Schiff ist die einzige Möglichkeit, wollen wir in diesem Jahr noch nach Hause! Wir überlebten in einer Höhle mit einem Schimmer von Hoffnung. Das Vorher lag ein Menschenleben zurück, das Nachher in einem späteren Dasein. Nein, Angst hatte ich nicht. Wovor auch? Die

Die *Fram*-Drift

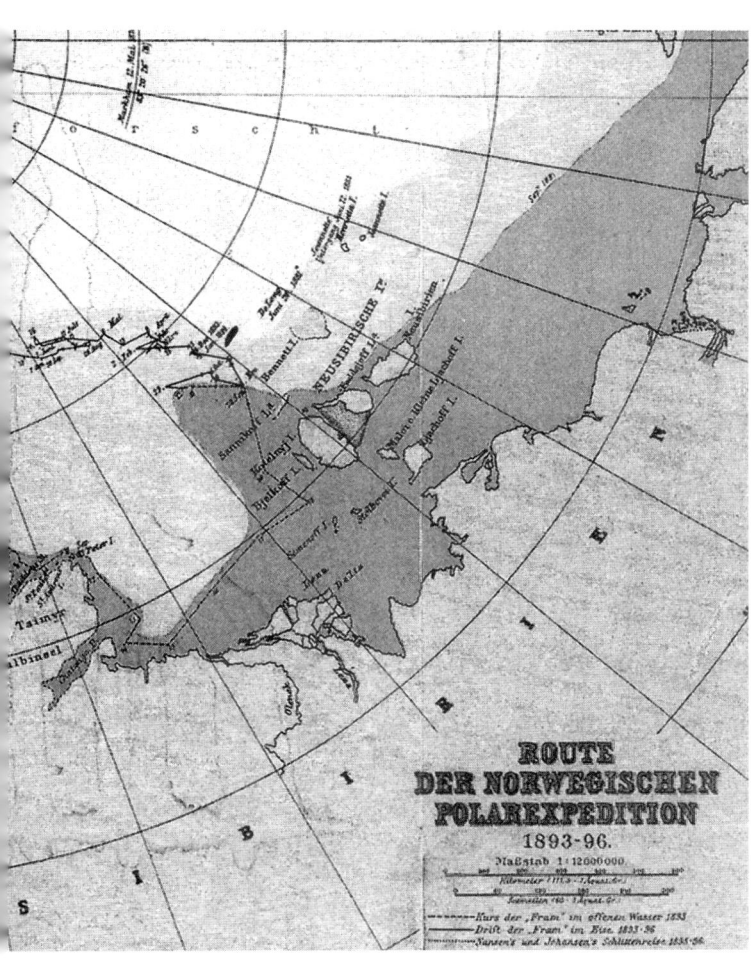

ROUTE
DER NORWEGISCHEN
POLAREXPEDITION
1893-96.

Maßstab 1:12000000.

------- Kurs der „Fram" im offenen Wasser 1893
———— Drift der „Fram" im Eise 1893-96
·········· Nansen's und Johansen's Schlittenreise 1895-96.

Sorgen und der Kummer der Menschen sind doch nichtig. An der Ewigkeit gemessen ein Nichts. Am schlimmsten war die Sehnsucht. Und dennoch, diese Winternacht hat mich gelehrt, seelische Schmerzen als die Meister meines Lebens anzunehmen.

Endlich ist die *Windward* da!

»Ist einer von euch aus Norwegen?«, ist meine erste Frage, als die Mannschaft vom Schiff die Jackson-Station betritt.

»Ja, ich«, sagt eine Stimme.

»Ich auch«, ruft ein anderer.

»Und da ist noch einer«, ertönt es aus der Ecke.

Sofort lebe ich auf. Ich unterhalte mich mit Männern, die viel unterwegs sind und es genauso genießen wie ich, in ihrer Muttersprache zu erzählen. Die *Windward* hat zwei Polarforscher für Jacksons Expedition mitgebracht, auch Rentiere und Schafe. Und die Nachricht, dass die *Fram* noch nicht in Norwegen zurück ist. Niemand hat etwas von ihr gehört. In Norwegen ist die Nachricht verbreitet, die *Fram* sei irgendwo im Eis zerschellt. Die Expeditionsmannschaft hingegen sei am Nordpol gewesen und inzwischen auf den Neusibirischen Inseln gestrandet.

Das Boot, das Nansen und mich dann an Bord holt, wird beinahe zwischen zwei Eisschollen zerdrückt. Kein gutes Omen. Wir werden von der Besatzung aber mit offenen Armen empfangen, und Kapitän Brown tut alles, um uns die Überfahrt möglichst gemütlich zu machen. Wir lassen jetzt das Eis, auf dem Nansen und ich die drei besten Jahre unseres Lebens zugebracht haben, hinter uns. Bald sehen wir Land am Horizont. Endlich! Im ersten norwegischen Hafen erkennt uns niemand. Im Telegrafenamt erst, wo Nansen Depeschen aufgibt, liest der Vorstand seinen Namen auf den Papieren. Er gratuliert verschüchtert und heißt uns in der Heimat willkommen, als sei er überrascht, dass wir noch leben. Nansens Frau, meine Mutter, die nächsten Angehörigen der *Fram*-Leute, der König und die Regierung werden verständigt. Aber erst Nansens Schriftstücke an die Presse – mehrere Tausend Worte, fünfzig Botschaften – verändern die Welt.

Überall Volksaufläufe, dieselbe Frage: »Kann es wahr sein? Ist Fridtjof Nansen wirklich zurück?« In jedem Hafen werden uns zu Ehren jetzt Feste gegeben. Mir aber ist oft, als störe ich dabei.

Überall frohe Gesichter. Alle wollen sie »ihn« in die Arme nehmen. Vor unserem Hotel ist es schwarz vor Köpfen, Flaggen werden gehisst, Musikkapellen spielen. Auch in Hammerfest, wo Nansens Frau und sein Sekretär zu uns stoßen. Dann, am 20. August, kommt die befreiende Nachricht von Sverdrup:

»Die *Fram* ist angekommen!« Mir ist schwindlig vor Glück.

Schon am nächsten Tag treffen wir unsere Kameraden in Tromsø. Was für ein Fest! Die *Fram* wirkt zwar etwas mitgenommen, doch ist sie unversehrt geblieben.

»Hurra, die *Fram*!«, tönt es von allen Seiten.

»Hurra!«, rufen die Krämer und winken, als sie auf ihren Booten zu uns übersetzen.

Wir sind wieder zusammen, alle strahlen vor Freude, und alle sind gesund.

»Willkommen!«

»Gut gemacht, meine Männer!«, meint Nansen nur, als er seinem Kapitän die Hand drückt. Dann wendet er sich ab und weint. Was für ein Wiedersehen! Nun erfahren wir, wie es den Kameraden in der letzten und längsten Polarnacht ergangen ist. Auch sie haben es nicht leicht gehabt.

Gleichzeitig mit uns ist die *Birgo* in den Hafen von Tromsø eingelaufen, Andrées Schiff, der mit dem Versuch gescheitert ist, im Ballon von Spitzbergen zum Pol zu kommen. Auch ihm und seiner Mannschaft wünscht Nansen Glück und gutes Gelingen im nächsten Jahr. Ja, der Wettlauf zum Nordpol ist in vollem Gange.

Ganz Norwegen feiert Nansens Erfolg. Ist das der Lohn für unsere Entbehrungen, frage ich mich? Wir dreizehn *Fram*-Leute sind im höchsten Norden gewesen, dort, wo noch nie ein Mensch gewesen war. Wie Wikinger haben wir der Eiswüste getrotzt. Wir alle! Aber nur ein Name ist in aller Munde, nur einer ist der Star – als Stellvertreter für uns alle.

Wieder daheim, hat Nansen also die Heldenrolle übernommen, ganz selbstverständlich. Als sei zuallererst dies seine Aufgabe. Er weiß nicht, dass er uns, seine zwölf Begleiter, damit in seinen Schatten stellt.

7 Wettlauf zum Nordpol

Robert Peary
in der Pose des
Polarhelden

»Die Masse fragt nur danach, wer am Pol gewesen ist.«

Hjalmar Johansen

Pearys »The North Pole«. Als ob
ein Gipfel zum Fahnenhissen
dort vorbereitet gewesen wäre.

Gekonnt hieven Inuits die
Schlitten über Pressure Riges.

Es ist das Chaos im Packeis, von der Drift verursacht,
das eine Reise zum Nordpol so beschwerlich macht.

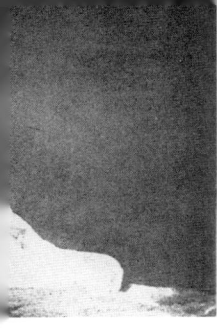

Die Auseinandersetzung zwischen Peary und Cook fand nicht am Nordpol statt, sondern in den Medien. Dort wurde der Streit auch entschieden.

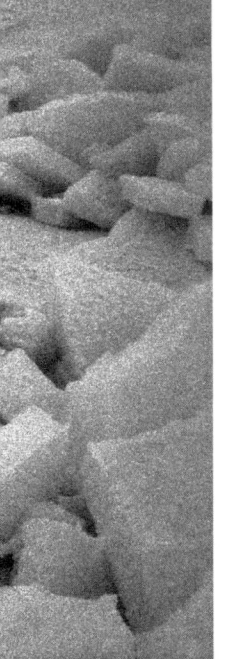

»Es war einzig Cook, der uns mit seiner Zuversicht und seiner Heilkunst alle lebendig wieder aus der Antarktis herausgebracht hat. Für mich gibt es keinen anderen Dr. Cook.«

Roald Amundsen

»Cook war ein Lügner und ein Gentleman, Peary war keines von beiden. Für mich waren beide in der Nähe des Pols, aber Cook ein Jahr früher ...«

Peter Freuchen

»Als wir den Hunden Namen gaben, haben wir Peary – und Cook natürlich – nicht ausgelassen.«

Roald Amundsen

Pearys Begleiter – Ooqueah, Ootah, Henson, Egingwah und Seegloo –
am 7. April 1909 an seinem »Pol«. Stars and Stripes gehisst!

»In den Jahren des ›Polfiebers‹ unterstützt Nansen Johansens
Versuch, wieder in die Arktis zu kommen. Nansen geht es nicht
mehr um den Pol, er sorgt sich um das Wohl seines Kameraden.«

Reinhold Messner

»Sei so gut, Johansen nach Spitzbergen zu helfen,
und begleiche die Rechnungen nach eigenem
Gutdünken bis zu 1000 Kronen auf meinen Namen.«

Fridtjof Nansen

Ein Mann auf der *Fram* hat mich mehr beeindruckt als der Chef: Otto Sverdrup, der Kapitän. 1888 hat er mit Nansen Grönland durchquert. Damals, im November 1888, als wir Studenten erfuhren, dass es Fridtjof Nansen gelungen ist, Grönland auf Skiern zu durchqueren, war das ein großes Fest. Ich war 21 Jahre alt und stolz auf uns Norweger, vor allem auf Nansen, der uns als Außerirdischer erschien. Ab diesem Zeitpunkt wurde er »der Wikinger« genannt. In Norwegen hat ihn die Presse mit dieser seiner ersten Heldentat im Eis zum Star gemacht. Bald schon war er weltweit berühmt.

Nansen war 1888 dabei, in Zoologie zu promovieren. Er hatte erfahren, dass der Schwede Adolf Nordenskiöld fünf Jahre zuvor hundert Kilometer weit ins grönländische Inlandeis vorgedrungen war. 1886 dann wollte der Amerikaner Robert Peary eine noch größere Distanz dort geschafft haben. Als Kind seiner Zeit wollte Nansen mehr; er plante Grönland vollständig zu durchqueren. Er musste den anderen zuvorkommen! Es ging ihm dabei nicht nur um die Eroberung des unerforschten Inneren von Grönland, für ihn stand das Abenteuer im Vordergrund, das Überleben in einer Wüste aus Eis und Schnee und der Ruhm, den es dabei zu holen galt. Der persönliche Ehrgeiz war seine Triebfeder und er ist es geblieben.

Nicht in erster Linie die Wissenschaft, wie er die Welt glauben lässt, die Eroberung um ihrer selbst willen treibt ihn bis heute an. Seine fünf Kameraden, die sich in Grönland ihm und dem Ungewissen ausgeliefert haben, nachdem sie alle Brücken hinter sich abgebrochen hatten, mussten – einmal auf dem Eis – dieselben Strapazen und Ängste ertragen wie ihr Chef. Berühmt ist nur er geworden. Die anderen blieben Helfer, Schlittenzieher, namenlose Gefährten. Ich weiß Bescheid. Auch ich bin von Nansens Gnaden fast bis zum Pol gekommen und zurück. Als zweiter Mann. Zusammen sind wir im Eismeer unterwegs gewesen, als Namenloser kam ich zurück. Nansen aber hat mich infiziert: Nicht nur mit dem Fieber nach Ruhm – fühle doch auch ich mich ein bisschen wie ein Wikinger der Neuzeit. Die letzten Rätsel der Erde – Südpol! Nordpol! – sind jetzt auch mein Ziel. Denn diese unsinnlichsten Punkte auf unserem Globus, vor die die Natur Barrieren aus Eis, je ein halbes Jahr Winter, Frost und Stürme geschoben hat, passen besser zu meinem Charakter als zu seinem. Ich setzte den Gefahren der Arktis ja keine Zahlen, sondern meinen Hausverstand und die Liebe zu den Hunden entgegen. Und wozu sonst hat mich Nansen gelehrt, mit Hunden umzugehen? Ich fühle mit ihnen, kann mich quälen wie sie. Und der Umgang mit den Hunden entscheidet über Erfolg oder Scheitern an den Polen. Nansen war, als Initiator und Expeditionsleiter des *Fram*-Experiments, folgerichtig die Nummer eins im Team, der große Held des Nordens aber ist ein schlechter Hundeführer. »In Nacht und Eis« hat es zwar keinen Unterschied zwischen uns gegeben, im Umgang mit den Hunden aber hat Nansen versagt. Mag Nansen seine Sonderrolle haben, zum Nordpol kommt er so nicht.

Seit Jahren folgt eine Expedition der anderen Richtung Pol. Keine erreicht das Ziel, und irgendwo im Eis liegen die Leichen all derer, die von ihren Polträumen nie zurückkehren werden. Ich aber fürchte weder Tod noch Scheitern, nur die Überheblichkeit derer, die sich die Pole zur Beute machen wollen: Die Tüftler des auslaufenden Jahrhunderts, die Lügenbarone und Blender. Sind sie nicht dabei, neue Maschinen zu schmieden? In Laboratorien werden allerlei Geräte erfunden, in Werkstätten neue Instrumente gebastelt. Wir stellten nur die angehäufte Erfahrung gegen die Gefahr. Der Widerstand aber, den der Pol uns entgegensetzte, war damit nicht zu brechen.

Unmittelbar nach der Rückkehr spürte ich noch etwas von dem Ruhm, der Nansen wie eine besondere Aura umgibt. Bei Festen und Ehrungen spiele ich neben ihm und Sverdrup zwar eine Nebenrolle, bin aber immer mit eingeladen. Wie selbstverständlich werde ich zum »Ritter Erster Klasse« geschlagen, später zum »Hauptmann« des Heeres ernannt. 1897, ein Jahr nach der Heimkehr dann, gehen alle meine Träume in Erfüllung: Während einer Reise nach Kopenhagen verlobe ich mich mit Hilda, wenig später heiraten wir. Bald nach der Hochzeit werde ich zum Oberleutnant ernannt, mein Dienstantritt gleichzeitig auf das Jahr 1894 rückdatiert, sodass auch die Jahre in der Arktis honoriert sind. Das gefällt natürlich nicht allen, ich aber bin überzeugt davon, die Ehre und das Geld verdient zu haben. Auch die Mittel, die Nansen persönlich zuschießt, weil ich in den Monaten unmittelbar nach der Expedition finanziell nicht über die Runden gekommen bin, empfinde ich nicht als Almosen. Nansen lobt mich in seinem ersten Bericht. In »Über das Polarmeer« nennt er mich einen »guten Kameraden« und in einer persönlichen Widmung grüßt er als »ergebener Freund«. Nein, Nansen wird mich nicht vergessen! Ich bin kein gewöhnlicher Wasserträger für ihn, wie andere meinen. Vielleicht braucht er mich bei seiner nächsten Expedition, denke ich. Jedenfalls hat er meine ganze Loyalität.

Bald aber hören die Empfänge auf, wir *Fram*-Leute sehen uns seltener, nur Nansen lebt sein Leben im Scheinwerferlicht der Öffentlichkeit weiter. Ich fühle die Distanz zu ihm nicht als Tadel, sondern als öffentliche Abwertung. Als sei ich der Proletarier und er der Aristokrat. Warum bin ich im Alltag plötzlich nicht mehr als seinesgleichen akzeptiert. Ist es wirklich so, wie meine Kameraden sagen: »Ausgenutzt und abgelegt«.

»Nicht weniger als fünf Expeditionen sind auf dem Weg zum Pol und du sitzt hier herum«, stänkert einer meiner Kollegen.

Was soll ich schon dazu sagen?

»Die Fahrten ins Innere Grönlands nicht mitgerechnet.«

»Mensch, der Pol und nichts als der Pol ist das Ziel der Zeit«, stichelt ein dritter meiner alten Trinkkameraden.

»Der Herzog der Abruzzen, Wellman, Cook, Peary, Fiala – alle wollen zum Nordpol«, sagt ein anderer.

»Ich weiß«, antworte ich.

»Dann wag's doch!«

»Womit?«, frage ich.

»Mit deinen geliebten Hunden natürlich!«

»Und wie komme ich zum Startpunkt?«

»Wie Nansen natürlich.«

»Das geht nur mit ihm!«

»Dass sich der ›Wikinger‹ hinterher wieder allen Ruhm allein nimmt! Nein, du bist der bessere Hundeführer, sagst du doch selbst.«

»Die Frage ist: Wie überzeuge ich die Menschen davon?«

»Hast du vom Erfolg der Italiener gehört?«

»Ja«, sage ich, »ein riskanter Marsch übers Packeis.«

»Cagni schaffte einen neuen Rekord.«

»Wie viel?«

»86° 33' Nord.«

»Auf dem Rückweg aber kam es beinahe zur Katastrophe.«

»Sie lebten nur noch von Hundefleisch.«

»Von 104 Tieren blieben nur sechs am Leben.«

»Ihr habt sie doch auch alle geschlachtet!«

»War nicht meine Idee«, sage ich und bestelle noch einmal Schnaps für alle.

»Cagni hat in hundert Tagen 750 Meilen auf dem Packeis zurückgelegt!«

»Nicht schlecht«, rufen wir im Chor.

»Großartig«, sage ich, »sie waren nur noch 200 Meilen vom Pol entfernt.«

»200 Meilen?«

»Nur 200 Meilen, Hjalmar!«

»Ich weiß, alles eine Hundefrage«, sage ich, um wenig später zuzugeben: »Leider auch eine Frage der Mittel.«

Ja, ich träume von einem neuen Aufbruch. So wie ich während der Winternacht in unserer Hütte von Hilda, Wohlstand und Ruhm geträumt habe. Inzwischen sind zwar all diese Träume wahr geworden, nach ein paar Jahren Alltag aber ist mir meine Bestimmung abhanden gekommen. Ist es so schwer, erjagtes Glück festzuhalten?, frage ich mich.

In diesen Jahren entdeckt Wellman die Graham-Bell-Insel. Fiala geht mit dreißig Ponys und 218 Hunden los; nach zehn Meilen Packeis hat er genug und kehrt um. Auch Peary kommt ohne Erfolg zurück. Wieder einmal.

Ich habe gehört, Robert E. Peary sei ein Fanatiker und ehrgeizig wie Nansen. Bis zu seinem dreißigsten Lebensjahr soll er das übliche Leben eines amerikanischen Marineingenieurs gelebt haben. Er befolgte also Kommandos: Fahrten, Vermessungen, Bürodienst. Dann Ferien, zwischendurch Kasinoabende, Tagungen. Gehaltsstufe? Weiß ich nicht. Jedenfalls folgte er einer amtlich geregelten Laufbahn. Genau das Leben, das mir nicht gelingt. Tausende schlagen eine solche Karriere ein, mir taugt sie nicht: Mit tausend Mann in Reih und Glied zu marschieren! Nein, nicht nach meinem Geschmack. Auch daheim immer der gleiche Trott. Abenteuer schmeckt anders, ganz anders. Mir ist, als hätte ich im Packeis das bürgerliche Leben abgestreift: »Lieber mit Trinkern in die Gosse als als Offizier nach Hause«, pfeife ich vor mich hin.

»Ich weiß, dass ich zum Pol käme«, sage ich mir im Stillen vor, »wenn ich nur die Chance hätte. Mit Hunden kann ich schließlich besser umgehen als Nansen.«

»Wenn du zögerst, ist es zu spät. Einer wird es schaffen.«

»Mir fehlen die Mittel, und meine Frau hat andere Träume: Haus, Ferien, Mode.«

»Die Zeitungen zahlen viel Geld.«

»Hinterher vielleicht und bei Erfolg.«

»Sie verheißen auch Ruhm.«

»Immer nur den Siegern.«

»Das Volk sitzt in der Arena und wartet auf die Siegesmeldung.«

»Oder auf die Tragödie.«

»Peary führt den Wettlauf zum Pol jetzt an.«

»Ich weiß, dieser Robert E. Peary aus Maine in den USA.«

Peary hat bei Vermessungen in Nicaragua seine ersten Auslandserfahrungen gemacht. Missmutig kam er aus den Tropen nach Washington zurück: ausgebrannt und von Moskitos zerstochen, an Leib und Seele krank, sein Hirn ein Ozean Langeweile.

Mir geht es umgekehrt. Zurück in Norwegen wiederholen sich meine Hundejahre. Nicht das Leben auf dem Packeis hat mich entmutigt, sondern das Leben hinterher. Wehmut, wenn ich ans Eis zurückdenke. Nach und nach aber habe ich von meinen damaligen Träumen Abschied genommen. So lebendig sie auch waren.

Mein Alltag ist nur noch grau. Ich weiß, ich muss etwas ändern, mein Leben läuft schief. Seit ein paar Jahren schon. Hilda will ein größeres Haus, Status ist ihr wichtig! Ich aber möchte nichts wie weg und schlage die Tage tot. Dreißig Jahre bin ich jetzt alt, sehe mich auf der Schattenseite, fühle nichts als Beklemmung, bin im bürgerlichen Leben gescheitert. Mein Dasein ist nur noch aus Haus, Familie und Schulden zusammengestoppelt. Immer öfter blättere ich verstohlen in Nansens Büchern und fühle mich ertappt: der Pol! Das Inlandeis Grönlands! Sehnsucht!

»Waren Sie nicht auch auf der *Fram*?«, fragt in der Buchhandlung eine Frauenstimme neben mir.

»Ja«, sage ich, »mit Nansen.«

Meine eigene Sprache verrät meine Nichtigkeit: Als wäre ich ohne Nansen nichts. Dabei habe ich ihm das Leben gerettet. Nein, er verschweigt das nicht, er erzählt ganz selbstverständlich davon. So, als wäre es seine Heldentat. Ich hingegen bin vergessen. Ohne ihn nichts mehr. Meine Unruhe hat kein Ziel gefunden. Grönland? Das Inlandeis von Süden nach Norden? Eine Strecke wie von London nach Algier – mehr als zwanzig Breitengrade! Niemand verstünde eine solche Idee! Und niemand gibt das Geld dafür? Für immer die gleichen Landschaftsbilder hat nicht einmal die Presse Verständnis.

Peary ging trotzdem nach Grönland. Von Nicaragua nach Grönland! Von den Tropen ins Eis! Sein Ausbruch führte ihn in die Eiswüste, und dieser Kontrast wurde sein Heilmittel. Ich falle derweil von einer Straßenseite auf die andere. Im Rausch. Warum gehe nicht auch ich in die entgegengesetzte Richtung? Umkehr! Aber wohin? Ich erwarte mir Anerkennung und Aufmerksamkeit von der Öffentlichkeit. Auch Liebe und Zuneigung von meiner Familie. Weil ich all das, was Peary noch tun will, schon getan habe. Mehr noch, ich trinke auf meinen Erfolg. Nansen wäre ohne mich doch nicht so weit gekommen. Ich ohne ihn jedenfalls weiter. Nur nicht ins Eismeer hinein. Dieser Widerspruch bringt mich noch um! Habe nicht auch ich das Recht auf einen Platz an der Sonne? Sicher, das Leben, das Nansen führt, ist kostspielig. Aber es rechnet sich auch. Sonst könnte er seinen Lebensstil nicht halten. Sein neues Haus in Lysaker hat hohe Fenster, Türme und Säulengänge – es sieht aus wie ein Schloss. Seine Vorträge, Bücher und Auftritte bringen nicht nur Applaus und Ruhm, sondern auch Geld. Viel Geld!

Mein eigenes Buch, *Nansen und ich 86° 12'*, 1898 erschienen, brachte nicht viel. Auch meine Vorträge finden kein großes Interesse. Die Expedition liegt wohl schon zu weit zurück, neue Polarreisen faszinieren die Leute. Nansen aber bleibt der Star. Auch, weil alle ihm zuarbeiten. Habe nicht auch ich ihn – allein schon mit meinem Buchtitel – über meine Leistung gestellt. Nur um seinen Ruhm für mich nutzen zu können?

Nansen hat Erfolg, er gehört zu den Privilegierten der Gesellschaft. Ich aber kann den hohen Lebensstandard, den Hilda voraussetzt, nicht mehr halten. Nansen hat mir anfangs mit Geld ausgeholfen. Immer wieder. Plötzlich aber ist da kein Verständnis mehr für meine Schulden.

Damit verliere ich endgültig den Boden unter den Füßen und Hilda geht mit den Kindern zu ihren Eltern zurück. Ich ziehe, nachdem mein Schwiegervater mich rausgeworfen hat, zu meiner Mutter. Ich fühle mich so elend wie nie zuvor: verraten, vernachlässigt, alleingelassen. Ein Gefühl der Untauglichkeit befällt mich, und jeder Gedanke an Nansen steigert dieses Gefühl. Meine Abhängigkeit von ihm ist erniedrigend. Am schlimmsten wird meine Situation, als Hilda die Scheidung will. Die Einsamkeit, die mich befällt, ist schwarz wie die Polarnacht.

Habe ich nicht gelernt, über dünnes Packeis zu gehen, Strapazen und monatelange Nacht zu ertragen? Zwischen Eisbergen im Kajak zu paddeln? Ja, in der Zivilisation aber bin ich lebensunfähig, verloren.

Warum nur zwingt man mich in diese totale Apathie? Zuerst verlor ich die Übersicht über meine Finanzen; dann die Kontrolle über mich selbst; nun lande ich auf der Straße. Meine Stellung ist längst verloren: unehrenhaft entlassen! Statt auf Expeditionen gehe ich mit alten Kollegen oder Sportkameraden auf Sauftour. Mir bleibt zuletzt nichts als das Prahlen über meine ehemaligen Heldentaten, ein Gefühl des Versagens, der leere Traum vom hohen Norden.

In diesen Jahren macht ein anderer Norweger von sich reden: Amundsen. Er ist als Obermaat auf der *Belgica* in der Antarktis gewesen. Zusammen mit einem Dr. Cook. Der Amerikaner ist Arzt und auch als Handwerker begabt, der Norweger lernfähig und mit dem Eis vertraut. Die beiden passen auf seltsame Weise zueinander. Beide sind neugierig, packen selbst mit an und lernen voneinander. Und beide können sich hervorragend vermarkten. Cook, ein unwiderstehlicher Windbeutel, und Amundsen, der Verschlossene, zwei unbe-

rechenbare Charaktere, die sich ein Leben lang unter-
stützen wollen.

»Wer hat den besseren Charakter?«, fragt einer meiner
Saufbrüder. »Nansen oder Sverdrup?«

»Was heißt hier Charakter? Alles menschliche Gehabe
ist im Blizzard ein Nichts.«

»Willst du damit sagen, das Gesetz der Wildnis ver-
kehrt schlecht in recht.«

»Umgekehrt ist es, sage ich euch, die Zivilisation dreht
das Böse in Gut.«

»Wie bei Nansen, willst du sagen!«

»Nein, Nansen ist okay, nur ein bisschen viel Egoist.
Und kein guter Logistiker. Mehr Schein als Sein.«

»Also nichts mehr mit Nordpol.«

»Eher nein.«

»Und wer schafft es?«

»Weiß nicht.«

»Cook oder Peary?«

»Ich setze auf den Jüngeren, auf Cook.«

»Und wir setzen auf die Norweger, auf Amundsen«,
rufen die anderen.

Schon mit vierzehn Jahren las Amundsen von den Entbehrungen des Polarforschers Sir John Franklin. Der Kapitän
und all seine Gefährten waren im Norden von Kanada
umgekommen. Wochenlang nur Knochen als Nahrung.
Zuletzt aßen sie ihre eigenen Lederschuhe. Amundsen, als
sein Bewunderer, wird der personifizierte Ehrgeiz: Ehrgeiz
trieb den verschlossenen Knaben, Ehrgeiz treibt den Mann
später. Nichts als Ehrgeiz. Ohne irgendwem von seinem
Vorhaben zu erzählen, beginnt er sein Training, schmeißt
sein Medizinstudium, geht auf Reisen. Mitten im Winter

durchwandert er einundzwanzigjährig die norwegische Hochebene. Als Erster. Dann reist er in die Antarktis, erwirbt sich alle Kenntnisse, die ein Polarforscher braucht. Die Wissenschaft interessiert ihn nicht, er will nur alles wissen: über das Eis, das Meer und die Luft. Amundsen ist zäh und methodisch zugleich. Auf den schwierigsten Meeren erlernt er die Kunst der Navigation. Bald weiß er auch mit Hunger, Frost und Skorbut umzugehen. Und mit den Konkurrenten! Er ist ein harter und schweigsamer Mann, all seine Kenntnisse und Erfahrungen behält er misstrauisch für sich. Er will nicht mit anderen Menschen teilen, glaubt keinem, vertraut niemandem. Amundsen vertraut nur sich selbst.

»Und er ist skrupellos in Gelddingen«, sagen meine Kameraden.

»Hat er seine Expedition mit der *Gjöa* nicht selbst finanziert?«, frage ich.

»Errafft hat er sich die Mittel«, erzählt man in Oslo, die Stadt, die in seiner Kindheit Kristiana hieß.

»Haben seine Brüder die Finger mit im Spiel?«

»So sagt man.«

»Also keine selbstständige Expedition.«

»Schon, seine Abreise aber war eine Flucht.«

»Es geht um eine schwierige Strecke«, sage ich.

»Die nordwestliche Durchfahrt.«

»Ein Unternehmen, an dem vor ihm alle gescheitert sind.«

»Und wenn er es schafft?«

»Ist er gerettet.«

»Wäre sein Erfolg größer als der deine?«

»Nansen und ich sind doch gescheitert.«

»Am Nordpol ja, aber nicht auf dem schwierigeren Weg nach Franz-Josef-Land.«

»Unsere Reise war etwas völlig anderes.«

»Könnte Amundsen es schaffen?«

»Entschlossen wie er ist, ja.«

»Auch den Südpol?«

»In der Antarktis sind schon andere.«

»Wie am Nordpol auch.«

»Wie überall inzwischen.«

Nach unserem *Fram*-Experiment ist das »Polfieber« ausgebrochen. Wie eine Seuche. Ich aber hänge im Haus herum, verteidige mein Nichtstun und spiele den Besserwisser.

»Wann, denkst du, beginnt der Wettlauf zum Südpol?«, werde ich gefragt.

»In einem Jahr vielleicht.«

»Wer?«

»Nansen hat einen Plan.«

»Ja, erzähl.«

»Ist geheim, darf nichts sagen!«

»Auch wenn du schweigst, Nansen lässt dich trotzdem hängen.«

»Abwarten.«

»Du glaubst doch nicht, dass er dir eine zweite Chance gibt.«

»Warum nicht?«

»Kein Expeditionschef nimmt einen potenziellen Konkurrenten auf eine zweite Reise mit.«

»Vielleicht doch.«

»Niemals.«

»Glaubt er vielleicht, ich könnte ihm den Wettlauf zum Nord- oder Südpol vermasseln?«

»Weil du selbst ...«

»Nein, umgekehrt, er weiß, dass ich weiß, wo der Fehler der Konkurrenten steckt.«

»Clever, und wo steckt der Fehler?«

»In der Transportmethode.«

»Nansens Trick?«

»Nansen baut auf die Hilfe und das Fleisch seiner Hunde.«

»Die Hunde sind also Transporthilfe und Futtermittel zugleich?«

»Ja, so war es bei uns – brutal, sage ich euch.«

»Warum zollst du dem Hundeschinder und Menschenfresser trotzdem so viel Respekt?«

»Wir sind gescheitert, aber nicht umgekommen, wie fast alle vor uns.«

»Ist euer Durchkommen Nansens Verdienst oder war es Glück?«

»Unser beider Verdienst«, räume ich ein.

»Vergiss aber nicht zu sagen, dass deine Loyalität ein Fehler war.«

»Warum das?«

»Wenn Nansen noch lebt, liegt das auch an dir.«

»Wenn ich noch lebe, verdanke ich dies seinem Einfall mit der *Fram*. Darüber hinaus sind wir beide Dilettanten.«

»Wie bitte!«

»Ich in der Zivilisation und Nansen in der Wildnis.«

»Deshalb dein Hundeleben?«

»Das ist nicht die Frage.«

Nansen hat inzwischen kein Monopol mehr auf arktische Sensationen. Die Idee, mit der *Fram* zum Pol vorzustoßen, war die seine – der Trumpf seines Lebens. Nur, ich hätte mir dabei einen besseren Hundeführer gewünscht. Zwischenzeitlich bestimmt die Neugier einer sensationshungrigen Zeitungsindustrie den Wettlauf zu den Polen. Der *New York Herald,* sonst immer die erste Adresse bei

Polgeschichten, hatte damals an Nansen kein Interesse. Sonst wäre unsere Story eine andere geworden. Die wahren Hintergründe zu unserer Schlittenreise hätten die ganze Welt erschüttert. Nansens Bücher wurden auch deshalb Bestseller, weil er dosiert preisgab, was interessiert. Inzwischen warten Reporter in den gottverlassensten Winkeln auf Heimkehr oder Tod der Protagonisten. Genau das, was die Polfahrer Tag für Tag auszuschalten suchen, das Abenteuer, ist ihr Brot. Wissenschaftliche Beobachtungen interessieren nicht, geht es den Redakteuren daheim doch um die populäre Darstellung der bestandenen Abenteuer. Bakteriologie, Geologie, Erdmagnetismus, Meerestiefe, Meteorologie, Plankton, Schweremessungen, atmosphärische Elektrizität, Radioaktivität, Potenzialgefälle der Atmosphäre, Ozeanografie, Ionisationskurve, Erdstrahlungen – das alles gehört in die Wissenschaft, aber es taugt nicht als Aufmacher auf der ersten Seite. Der Rohstoff großer Zeitungen sind menschliche Schicksale: Heldenlied oder Katastrophe. Den Leser interessiert nicht, wer und was dem Nächsten den nächsten Schritt erleichtert, der flinke Journalist erzählt von Rekord oder Scheitern. Am besten, vom Sterben dabei.

Manchmal, wenn ich nachts in meiner Kammer aufwache, von schlimmen Träumen geplagt, fahre ich hoch. Oft schreie ich laut auf, von Eisbären oder Walrossen verfolgt. Ich wähnte mich irgendwo im Eis, vielleicht bald schon am Pol. Wach aber weiß ich: Ich bin gefangen. In mir selbst: Ängste drücken mich nieder, jagen den Puls, treiben den Schweiß, verjagen den Schlaf. Zum Aufstehen am Morgen ist das Leben zu trostlos. Ich tagträume lieber von Peary am Nordpol. Zum sechsten Mal. Und ich träume mich immer wieder zurück: Die toten

Hunde winseln, das brechende Eis stockt. Immer weiter zurück! Nur Masken sehe ich, keine Gesichter, Gestalten, keine Menschen, aber alle weisen nach hinten. Als gäbe es im Morgen keinen Ausweg, nur noch diese meine Zerbrechlichkeit: Ich kann nichts!! Bin das Nichts.

Am Abend erst, in der Kneipe, werde ich die Albträume los. Einmal dem Pol am nächsten gewesen zu sein ist dann aber trotz all dem Schnaps ein magerer Trost. Auch weil Jahr für Jahr neue Rekorde gemeldet werden.

»Wie ist das, über eine dünne Eishaut zu gehen, die knistert?«

»Die Risse sind das Schlimme, sie hemmen den Marsch«, sage ich.

»Wartet man nicht, bis die Wasserrinnen vereisen?«

»Man müsste oft lange warten.«

»Man schleicht sich über den Abgrund?«

»Ja. Wellen unter der schlammigen Masse lassen das Eis beben und schwanken.«

»Und darunter gluckst das Meer.«

»Was sonst.«

»Und wenn man mit den Skiern durchbricht?«

»Glaubt man, es ist aus«, sage ich nach einer Weile, trinke und schweige.

»Ruhe«, bittet einer. Soll ich noch etwas sagen?

»Das Eis hier ist dünner«, lalle ich, als die anderen gehen, hefte meine Augen dann auf den glasigen Boden – ist da Eis? –, und während ich mich im Dunkel zu meinem Lager taste, schwankt meine ganze Welt. Um mich herum ist nichts als Abgrund.

Mit der Frage »*Dem Pol am nächsten*« wache ich auf. Wenn sich dieser Satz nur umkehren ließe. »Demnächst zum Pol!« Könnte ich nur einmal noch mit Nansen reden.

Er hat mir die beste Zeit meines Lebens geschenkt, mir dann aber meine Zukunft genommen. Meine Gedanken drehen sich den ganzen düsteren Tag über um den Pol, immer nur um den Pol.

Bis zum Einschlafen. Roald Amundsen ist ein Solitär, fällt mir ein. Anders als Nansen, der während all der Monate unserer Schlittenexpedition von mir abhängig geblieben ist, verfolgt Amundsen seinen Weg, als wäre er allein. Er ist nur aufs Ziel fixiert.

Tage später, in der Kneipe, immer wieder Amundsen.

»Moralisch ist Amundsen kein Vorbild«, beginnt einer die Unterhaltung. Die Kumpane sehen ihn an.

»Moral?«

Es klingt wie ein Vorwurf. Wir haben kein Geld fürs Theater. Spielen wir uns deshalb selbst etwas vor?

»Was heißt hier moralisch?«, frage ich.

»Es geht ihm nur um sich.«

»Wem nicht?«

»Amundsen aber kann nicht einmal darüber lächeln!«

»Ist euch die Pubertätsromantik des jungen Nansen lieber?«, frage ich.

Keine Antwort.

»›Arktische Forschungsreisen sollen meine Kreuzzüge sein!‹, sagte er selbst.«

Seine ganze Erbschaft hat Amundsen in eine Schaluppe, die *Gjöa,* gesteckt. Zuerst sogar gegen den Widerstand seiner Brüder. Er ließ das Boot seetauglich machen und mit einem Paraffinmotor ausstatten. Oskar II., König von Schweden-Norwegen, soll 10 000 Kronen beigesteuert haben. Trotzdem, Amundsen ist zuletzt zahlungsunfähig. Das wird zum Politikum: Denn Schweden will das besetzte Norwegen nicht hergeben, und Nansen ist der Sprecher der nationalen Unabhängigkeitsbestrebungen.

Im späten Frühjahr 1903 bricht Amundsen auf. Mit nur wenigen Mann an Bord der *Gjöa*. Er sucht die Nordwestpassage. So entflieht er im letzten Moment seinen Gläubigern! Hätten sie ihn festsetzen lassen? Wer weiß? Amundsen ist 31 Jahre alt, als er in das Insellabyrinth im Norden Kanadas einfährt. Binnen drei Jahren schafft er es, die Nordwestpassage zu durchfahren. Als die *Gjöa* am 20. November 1906 in Norwegens Hauptstadt zurück ist, ist er 34. Er wird ebenso stürmisch empfangen wie wir zehn Jahre zuvor, und er wird neben Fridtjof Nansen der zweite Held der Arktis. Es ist dann Nansen, inzwischen Botschafter des jungen, unabhängigen Norwegen in England, der Amundsen bei der Königlichen Geografischen Gesellschaft in London einführt: »Ein Norweger ist der Glückliche, der die Suche nach der Nordwestpassage abgeschlossen hat, Roald Amundsen. Sein Wille ist stark genug, um im Notfall zu sterben.«

So ähnlich steht es dann in der Zeitung. Alle reden jetzt von Amundsen, von nationaler Ehre und auch davon, dass die Heimat Männer nötig hat wie ihn und Nansen. Männer, die ihrem Vaterland bis zur Selbstaufopferung dienen. Heldenhaft genug, um zu suchen, zu finden und niemals aufzugeben.

»Was für ein Humbug«, schimpfe ich.

»Amundsen steht nur sich selbst gegenüber in der Verantwortung«, wird er verteidigt.

»Wie Nansen auch.«

»Vielleicht«, sage ich.

»Wie aber kann er dich vergessen?«

»Die beiden haben viel mehr Selbstwertgefühl als ich, das ist alles.«

»Aber nur, weil dir Nansen das deine genommen hat.«

»Amundsen wäre dabei noch radikaler gewesen.«

»Wie?«

»Der will alles für sich.«

»Wie ein Rebell?«

»Er will auch als Erster zum Nordpol und damit Nansen, seinen Förderer, in den Schatten stellen.«

»Eine böse Unterstellung.«

»Hat es Nansen mit dir nicht ähnlich gemacht?«

»Vielleicht sind die beiden nur gute Strategen, keine Rebellen.«

»Jedenfalls wissen beide, ihren Ruhm auf Kosten anderer zu mehren.«

»Amundsen kann nicht nur Iglus bauen. Er hat bei den Eskimos gelernt, mit Schlittenhunden umzugehen; er weiß, wie man die Kufen vereist, damit der Schlitten besser gleitet; auch wie man Fellkleider näht.«

»Alles Übungen für die Eroberung der Pole.«

»Wie seine jüngste Reise auch.«

»Er sagt es ja selbst: ›Das Endziel ist nicht das nördliche Polarmeer oder die unerforschte Eiswüste des antarktischen Kontinents.‹«

»Ja, sein Ziel ist der Pol, nichts als der Pol.«

»Aber welcher?«

»Das weiß er wohl selbst nicht.«

»Also beide Pole?«

»Er hat die Antarktis besucht, ist 1500 Kilometer weit auf Schneeschuhen und mit Hundegespannen durch polare Landschaften gezogen, hat sein Schiff einfrieren lassen, hat in Iglus gelebt.«

»Inzwischen ist meine Mutter gestorben«, murmle ich und mache mich davon. Weil ich mich schäme. Amundsen ist nur drei Jahre jünger als ich. Aber er wirkt wie ein Jüngling. Ich bin ein alter Mann. Selbstmitleid wird zum Selbstbetrug, wenn die anderen über sich hinauswachsen.

In den letzten zwanzig Jahren ist Peary dem einen Pol Schritt für Schritt näher gekommen. Siebenmal setzte er an, und siebenmal gibt er auf. Wer wird als Erster am Pol sein, bleibt die Rätselfrage. Wagt es vielleicht Nansen noch mal, fragen sich viele. Oder Cook, der wie Amundsen von den Eskimos gelernt hat? Er weiß, wie man in der Arktis überlebt. Zweifelt nicht, dass es zu schaffen ist! Wenn nicht Peary, dann eben ein anderer. Nansen? Ich erinnere mich an unsere Gespräche in der Hütte. Hegt er noch Ambitionen? Eher nicht. Bei einem Dinner in Washington, so wird kolportiert, soll er sich seinem Gastgeber zugeneigt und etwas lauter als nötig – auch Roosevelt saß dabei – verkündet haben: »Zurzeit ist Peary der beste Mann. Von denen, die den Pol erreichen wollen, ist er der am besten qualifizierte; vermutlich wird er es sein, dem es glückt.« Wird Nansens Lob zur Prophezeiung?

Roosevelt soll dankbar gewesen sein, der Zweck der Einladung war erreicht. Nansen, die höchste Autorität in arktischen Fragen, hatte sein Urteil gesprochen. Ja, Nansen gilt wirklich als Prophet. Er reist um die Welt, mahnt, fördert, hilft – und ich gehe im Norden Norwegens vor die Hunde.

Noch einmal, 1907, geschieht das Wunder. In Tromsø treffe ich mit einem schottischen Forscher zusammen, den ich auf seiner Expedition nach Spitzbergen begleiten soll. Keine Ahnung, dass Nansen im Hintergrund die Fäden gezogen hat. Er hat sogar 1000 Kronen für meine Passage bereitgestellt. In diesem Moment will ich nur weg. Auf und davon. Ich bleibe dann den Winter über in Spitzbergen, auch weil ich einen Winter wie den vorhergehenden, der so trist für mich gewesen ist, in Norwegen nicht zu überleben glaube. Und es geht weiter!

Ein Deutscher, Theodor Lerner, man nennt ihn den »Nebelfürst«, hat mich inzwischen engagiert, und wir überwintern gemeinsam in einer Hütte bei Kap Boheman. Es ist eine frustrierende und doch auch hilfreiche Zeit für mich. Weil ich all meine Fähigkeiten und Erfahrungen brauche, um mich und Lerner am Leben zu halten. So wachsen mir wieder Kraft und Lebensfreude zu. Die Einsamkeit dabei ist mir Hilfe und nicht Krankheit wie in den Jahren zuvor in der Heimat.

Im Frühjahr dann, beim Marsch über die Gletscher, rette ich wiederholt die Situation, meinem unseriösen und unfähigen Partner mehrmals das Leben. Am Ende trennen wir uns, ich gehe im Streit und ohne Bezahlung. Wenigstens habe ich mein Selbstvertrauen zurückgeholt.

Das Nordpolfieber aber steigt. Cook sei mit hundert Hunden unterwegs zum Pol, steht in der Zeitung. Peary rüste zum Gegenangriff. Amundsen mache die *Fram* startklar! Angeblich. Die Zeitungen haben die Nachrich-

Pearys Schiff *Roosevelt* in Kap Sheridan, September 1908

ten, die sie brauchen. Nur ich komme immer zu spät, denke ich. Inzwischen ist Ernest Henry Shackleton, der Rivale von Robert Falcon Scott, aus der Antarktis zurück. Sein Rekord heißt »Farest South!« 88° 23' Süd. Er war mit seiner *Nimrod*-Expedition fast am Südpol. Nur 180 Kilometer fehlten ihm zum Ziel, und schon ist er mit neuen Plänen beschäftigt. Nordpol? Zu spät. Nach vierzehn Monaten Schlittenreise wird Cooks Rückkehr vom Pol gemeldet. Die Zivilisation hat ihn nicht wieder, als seine Nachricht ankommt. Sie lautet: »Pol trotz fünfzig Grad Kälte und Schneesturm erreicht. Wettlauf gewonnen.« Ein Triumph! Wenig später dann der Vorwurf des Schwindels: Ein Skandal! Oder haben ihm Hunger, Frost und Erschöpfung das Bewusstsein getrübt? Weiß er überhaupt, wo genau er gewesen ist? Nach so viel Einsamkeit? Dann kommt Pearys Telegramm: »Stars and Stripes am Pol gehisst.« Dieser Satz wärmt die Herzen der Amerikaner. Eine letzte Schlacht wird geschlagen: in den Medien. Peary hat einen Vertrag mit der *New York Times*. Bennett vom *New York Herald,* mit seinem einträglichen Gespür für Geschichten, hat Wellman unter Vertrag, der zum Pol fliegen wollte. Wie zuvor Andrée. Bennett hat diesmal also auf den falschen Mann gesetzt. Immerhin aber auf die richtige Sache. Denn Amerika hat den Sieg errungen. Und zum Sieg passt immer der beste Mann. Peary aber ist der Mann der Konkurrenz. Also Cook gegen Peary? Es ist Frühjahr 1909. Peary ist noch immer nicht zurück. Von Kap Columbia in Kanada sind es 768 Kilometer bis zum Pol. 22 Mann und 133 Hunde standen beim Aufbruch bereit. Im März hat Peary seine eigene nördlichste Breite von 1906 passiert. Wie weiter?

Es ist jetzt hell und auch kalt genug! Das Jahr und das Eis sind gut. Vorwärts! Der Schnee darf nicht weich wer-

den. Er schickt die Hilfsschlitten zurück. Von 87° 48'
nördlicher Breite an ist Peary also sein einziger Zeuge.
Henson, ein Schwarzer, und die vier Eskimos, die ihn begleiten, können weder lesen noch navigieren. Die vierzig
Hunde – acht für jeden Schlitten – wissen auch nicht, wo
sie sind. Das Wetter ist freundlich, das Eis dick genug
und fest. 45 Grad Kälte. Zehn Stunden Fahrt, zwei Stunden Rast.

»Gib mir noch drei Tage dieses Wetter!«, schreibt
Peary am 89. Breitengrad in sein Diarium. Am 6. April
morgens macht er halt. Bartlett, sein Kapitän, hat ihn
fünf Tage vorher verlassen. Ist er wirklich in unmittel-
barer Nähe des Pols? Oder nur am Ziel all seiner Sehn-
sucht? Er lässt das Lager aufschlagen und macht erste
Messungen: 89° 57'. Stimmen Pearys Berechnungen?
Er ist zu erschöpft, um das Unglaubliche zu begreifen:
Sein brennendster Wunsch ist in Erfüllung gegangen, der
Pol in Sicht! Aber nicht zu sehen. Nur Eis! Unabsehbar
in allen Himmelsrichtungen nur Eis. Wo genau ist der
POL?

Pearys
Hundeschlitten-
Karawane
auf dem Weg
zum Pol

Peary in Camp Morris K. Jesup, 89° 57' Nord, 6. und 7. April 1909

»Endlich der Pol. Der Preis von drei Jahrhunderten. Mein Traum seit zwanzig Jahren, endlich mein. Ich kann es selbst nicht fassen. Es scheint alles so einfach und alltäglich«, schreibt er später nieder.

Nichts zu sehen, nichts zu greifen, nichts zu fassen. Nur gemessen: der Pol, 90° Nord. Ein Punkt, zuerst Traum, dann Ziel und jetzt nichts. Wenigstens nichts Fassliches. Also umarmt er den »Neger« Henson, seine vier Eskimos, streichelt die Hunde, ohne die er nicht einmal in die Nähe dieses Nichts gekommen wäre. Jetzt bleibt nur eine Richtung: Süden! Die Sonne geht weder auf noch unter. Sie kreist um die Stelle, auf der Peary steht. Peary will Beweise und muss den Pol, das Unfassbare, schnell noch erloten. Denn in der Tiefe des arktischen Ozeans liegt die einzige messbare Größe. Darüber spannt sich das driftende Packeis, das jede Beweisführung abwirft oder lächerlich macht.

Durch eine Wasserrinne hindurch lotet Peary bis zum Grund. Dann schreibt er seinen Schwindel fest: 2742 Meter Tiefe. Beweis oder Gegenbeweis?

In einem Kreis von zehn Meilen Radius rast er um die Stelle, die er schon aus kürzerer Entfernung nicht mehr erkennen kann. Henson und die Eskimos sind im Lager zurückgeblieben. Peary ist jetzt an seinem ganz privaten Pol, und er ist allein.

An seinem Pol aber ist nur Öde, so viel Gewöhnlichkeit! Und Pearys Lachen ist ein Weinen. Er weiß. Sein »Stars and Stripes am Pol gehisst!«, schreibt und telegrafiert Peary später, nach zwei Wochen Rückmarsch und acht Tage nach Cook. Der Pol selbst bleibt 1909 also unberührt. Die Grade zählen nicht, ein Ort ist keine Zahl.

Wetter und Eisverhältnisse bleiben auch beim Rückmarsch günstig. Wohlwollender noch sind die Männer, die Pearys Ergebnisse zu prüfen haben, berauscht zuletzt die ganze Welt, die einen neuen Helden hat. »Stars and Stripes am Pol gehisst!«, lautet sein Trick. Damit hat Peary den Pol zur Sache von 120 Millionen Amerikanern

Pearys Schlitten zurück an den Bergen von Kap Columbia, im Norden Kanadas

gemacht und gleichzeitig alle Fragen erstickt. Mister Roosevelt persönlich, politisch im Kommen, bittet die Geografischen Gesellschaften befreundeter Länder, Worte der Anerkennung für Peary zu finden. Denn in der Anerkennung von Pearys Tat spiegelt sich Amerika selbst.

»War Peary am Pol?«

Wie oft ich diese Frage höre.

»Vielleicht war er am Pol, vielleicht nicht.«

»Ein einziger Fehler in der Navigation, und sein Pol ist woanders.«

»Vielleicht war sein Pol da, wo er ihn brauchte.«

»War Cook am Pol?«

»Nein, denn seine Begleiter wollen in der Nähe Land gesehen haben.«

»Also keiner von beiden!«

»Peary war irgendwo in der Nähe des Pols.«

»So wie Shackleton in der Nähe des Südpols?«

»Vielleicht waren sie beide etwa gleich weit von ihrem Ziel entfernt.«

»Nansen und du wart doch auch in der Nähe.«

»Peary war sicher näher dran.«

»Wie nahe?«

»Was weiß ich.«

»Ein Schwindel also?«

»Wahrscheinlich nicht.«

»Was dann?«

»Er kann sich verrechnet haben, ohne Absicht.«

»Ohne etwas zu ahnen?«

»Nur sein Rückmarsch vom Pol reimt sich nicht.«

»Warum das?«

»Zu schnell.«

»Du kennst das Packeis?«

Auch mit den besten Hunden ist eine Geschwindigkeit, wie sie Peary beim Rückmarsch vorgibt, nicht zu schaffen.

»Auf der anderen Seite zwar, aber Packeis ist Packeis.«
»Du und Nansen habt für eine von Pearys Tagesetappen zwei Wochen gebraucht.«
»Ja.«
»Das ist doch Beweis genug.«
»Es ist nicht wichtig.«
»Was ist wichtig?«
»Admiral Peary genießt den Ruhm, als Erster am Pol gewesen zu sein.«
»An welchem Pol?«
»An seinem!«

Für mich sind diese Nachrichten wie Schrecken, Nordlicht in meinem Kopf. Immer noch. Als wäre der Pol auch meine Angelegenheit. Und jede dieser Fragen löst ein fernes fernes Echo in mir aus. Erlebe ich beim Hören der Nachrichten ja die Wirklichkeit mit. Weil ich meine Chance vertan habe. Meine Sehnsucht war leider zu schnell erschöpft, und so proklamiert ein alter Mann den Nordpol jetzt für sich. Der Triumph gehört ihm allein. Nach so vielen Versuchen und Pleiten der Sieg! Am Ende so viel Glück. Bei ebenso viel Unverschämtheit! Genau das ist es, was mir fehlt: Unverschämtheit. Den Eskimos in Grönland hat Peary den drittgrößten Meteoriten der Erde weggenommen. Trotzdem haben sie ihn bis in die Nähe des Nordpols gebracht. Beim siebten Versuch. Ein Vierteljahrhundert für einen Schwindel! Er hat das nationale Ansehen Amerikas, ja das Selbstbewusstsein der zivilisierten Welt dafür gestärkt. Mit seiner Chuzpe. Der weiße Mann und seine Moral haben schließlich gesiegt. Indem er Analphabeten und Hunden die ganze Plackerei überließ. Von der Vermessungsarbeit aber hielt er sie fern! Auch weil ihm diese arglosen Eskimos ihr »Know-how« schenkten. Dafür hat Peary einige von ihnen mitgenommen und später in Käfigen zur Schau gestellt. Mehr als Nansen und Amundsen hat mir Peary den Glauben geraubt. An das Edle ihrer Streberei: der Nordpol ist keine Kinderstube von Gutmenschen! Auf dem Weg dorthin geht es zu wie in einer Bande zehnjähriger Buben. Jeder will irgendwie

Pearys Begleiter im Lager auf dem Weg zum Pol

besser sein. Es ist Teil meiner Blamage, ich weiß, dass sich zuletzt niemand erkenntlich zeigt für Bescheidenheit und Loyalität. Es ist aber bei Gott auch kein Spaß, auf Dauer in einer Welt zu leben, die einen ganz vergisst. Wie viele Selbstmorde geschehen aus »unbekannten« Motiven? Nur weil diese Welt falsch oder leer ist. Vielleicht auch nur, weil die Sieger nicht auf ihren Schatten achten. Das allein und nicht der Pol ist der leere Fleck.

Also Peary oder Cook? »Einer der beiden muss gewinnen?«, sagt eine Stimme, und eine Hand stellt ein Bier neben mich auf die Theke.

Meine Hände zittern. Ich will dazu nichts sagen. Ich rede nur noch mit mir selbst.

Zwischen den beiden stehen nicht nur Zeitungen, denke ich. Auch unlauterer Wettbewerb. Wo aber fängt dieser an, wenn Menschen auf die Vorräte anderer, Eskimohilfe und Hunde angewiesen sind?

»Den Pearys und Cooks geht es nur um den öffentlichen Jubel.«

»Ja«, sage ich, »alles schön und gut, mich aber quälen die Hintergründe.«

»Peary hat nichts als ein Bedürfnis erfüllt.«

»Nach einem Nordpolentdecker, ja.«

»Was man dir übrig gelassen hat, ist Abschätzigkeit.«

»Mein guter Ruf ist schon lange dahin.«

»Ob Cook an den Sieg glaubt, den Peary errungen hat?«

»Umgekehrt jedenfalls nicht. Peary ist ehrlich genug, dies auch zu sagen.«

»Cook aber ist loyal. Er sagt, er erkenne jede Nordpolentdeckung an.«

»Sonst müsste er ja auch an der eigenen zweifeln.«

»Cook sagt, er habe seine amerikanische Flagge und eine Urkunde am Nordpol zurückgelassen.«

»Peary hat seine Fahne nach Hause gebracht.«

»Als Beweis?«

»Nein, als Symbol des Sieges.«

»Die Fahne am Pol wäre Beweis genug?«

»Peary aber hat nichts von Cook dort gefunden.«

»Weil das Eis treibt.«

»Also gibt es keine sicheren Beweise.«

»Nein, für keinen von beiden.«

»Inzwischen lautet die Frage: Wer hat den Nordpol nicht entdeckt.«

»Wer soll sich da noch auskennen?«

»Die Wissenschaft vielleicht.«

»Die Wissenschaft? War sie dabei, oder liest sie auch nur, was in den Zeitungen steht?«

»Sie gibt Gutachten ab.«

»Über Erfundenes, Erdichtetes und Entstelltes!«

»Landschaftsbilder sind doch nachprüfbar.«

»Nur, wenn es sie wirklich gibt.«

»Du denkst an Petermann-Land?«

»Nein, ich mache weder Cook noch Payer einen Vorwurf. Wir alle sehen manchmal blauen Dunst.«

»Und die Beschaffenheit des Eises?«

»Das Packeis hat schon Jules Verne beschrieben. Muss es deshalb erfunden sein?«

»Also nochmals: Peary oder Cook?«

»Pearys Fahne zählt so wenig wie Cooks Fahne.«

»Cook hat zwei Polzeugen: Itukisut und Avila.«

»Pearys Einwand: Die Eskimos lügen.«

»Warum schenkt er dann Cooks Begleitern Glauben, wenn sie kolportieren, Cook habe keine große Entfernung auf dem Eis in nördlicher Richtung zurückgelegt.«

»Dass Eskimos lügen, behaupten Peary und Cook.«

»Beide zu ihrem Vorteil.«

»Die Frage bleibt: Peary oder Cook?«

»Solange sich die Heroen beschimpfen und einander ihre Moral an den Kopf werfen, ist Kinderstunde. Die Gemeinheiten hören erst auf, wenn du draußen bist, nicht mehr dazugehörst«

»Und ihre Ideale?«

»Damit und mit diesem Nordpol will ich nichts mehr zu tun haben.«

»Also auf zum Südpol!«

Nordpol erreicht!, gleichgültig von wem, der Fortschritt liegt jetzt am Südpol.

Das Problem ist die Hybris der Polhelden, denke ich auf dem Heimweg: dieses Gefühl von Überlegenheit gegenüber der Natur und eine völlige Blindheit ihren Mitläufern gegenüber. Was weiß Peary von den Eskimos, Cook von seiner Frau, Amundsen von seinen Kameraden, Nansen von mir? Nichts wissen sie, und noch weniger wollen sie es wissen. Den Parasiten unserer Zeit ist der Stolz in den Kopf gestiegen, bessere Zeitgenossen zu sein. Das ist es, was meine Welt nach »Nacht und Eis« in Unordnung gebracht hat. Sie aber, als Eroberer der Pole und der Herzen, müssen sich um das Leid in ihrer Nachbarschaft ja nicht kümmern. Beweist der edle Mensch seine Überlegenheit doch, indem er sie idealisiert. Ist es Idealismus, sich beim Anblick des Untergangs mit dem Überlegenheitsgefühl des Heroen zu trösten? Pol! So unabwendbar er einst meine Phantasie füllte, so leer ist mir diese Sache geworden. Die zivilisierte Welt ist unmenschlicher als das Packeis, der Mensch in den Städten herzloser als ein Walross in arktischer Nacht.

8 Wettlauf zum Südpol

Roald Amundsen in
seinen Polkleidern

»Stubberud brach die Spitze seines unter seinem Schlitten festge-
bundenen Ersatzschneeschuhs ab, und Johansens Schlitten wurde durch
das unaufhörliche Aufprallen an die harten Schneewehen beschädigt.
Glücklicherweise war Johansen so schlau gewesen, eine kleine Hickory-
stange mitzunehmen, und diese leistete nun zum Verspleißen des
Bruchs außerordentlich gute Dienste.«

Kristian Prestrud

»Die beiden ersten Schlitten kamen um vier Uhr nachmittags an,
der nächste um sechs. Zwei weitere folgten um halb sieben. Der letzte
kam nicht vor halb eins in der Nacht – Gott weiß, was sie unterwegs
getrieben haben.«

Roald Amundsen

Scotts Expeditionsschiff *Terra Nova* im McMurdo-Sund

Winterhütten in McMurdo an der neuseeländischen Seite der Antarktis

Treibeis nördlich vom Rossmeer

»Um Ihrer Expedition willen muss ich mich von meinem seit Langem gehegten Plan verabschieden, der die Erfüllung meines Lebens hätte sein sollen!«

Fridtjof Nansen an Roald Amundsen

Wild, Shackleton (im dunklen Pullover), Marshall und Adams (von links nach rechts)

»Was es wirklich hieß, mich von den Gedanken, die ich so lange verfolgt und die in mir Wurzeln geschlagen hatten, zu trennen, wurde mir erst später bewusst ...«

Fridtjof Nansen an Roald Amundsen

Amundsen bei Framheim

In Scotts Winterhütte

Amundsen (in der Mitte sitzend) und Johansen (ganz links sitzend), sein Gegenspieler, in der Südpol-Mannschaft

»Johansens Benehmen an Bord war von Beginn an alles andere als angenehm gewesen. Da er mir während der Überwinterung in einer bestimmten Angelegenheit die Gefolgschaft verweigerte, habe ich ihn von der Expedition zum Pol ausschließen müssen. Das machte alles natürlich noch schlimmer. Nachdem wir hier angekommen waren, betrank er sich, begann Streitereien mit seinen Kameraden und hinderte sie an der Arbeit.«

Roald Amundsen an Fridtjof Nansen

Am 10. November 1908 stellt Roald Amundsen der Geografischen Gesellschaft in Kristiania sein neues Projekt vor: Mit der *Fram* über das Nordpolarmeer zum Pol driften – »das ist mein Plan«. Im Unterschied zu Nansen aber will Amundsen das Schiff weiter östlich ins Eis bringen. Er wird also nicht an der sibirischen Küste entlangsegeln, sondern von Osten über die Beringstraße in die Arktis vordringen: von Norwegen aus – um Kap Horn herum und über den Pazifischen Ozean in die Meerenge zwischen Alaska und Sibirien – der längste Weg zum Pol. Diese »Nordpolexpedition« sollte später zwar zur »Südpolexpedition« werden, nach seinem Erfolg in der Nordwestpassage aber lag für Amundsen der Nordpol als Ziel nahe. Alle Welt glaubte damals, der Südpol gehöre so oder so den Briten. Von Anfang an. Der Nordpol seit Nansen hingegen mehr den Norwegern.

1909 siegt die Meldung, der Amerikaner Robert Peary habe den Nordpol erreicht. Amundsen ist nicht überrascht. Er hätte zwar lieber Cook als Sieger gesehen und zweifelt Pearys Daten an, aber die Amerikaner glauben Peary. Also polt Amundsen um. Stillschweigend macht er jetzt den Südpol zu seinem Ziel. Das britische Weltreich wird es verkraften, Shackleton ist gerade gescheitert.

Seit 1906, seit Amundsen aus der Arktis zurück ist, denkt er sowohl an Arktis als auch an Antarktis. Die *Fram* aber, die er von Nansen für beide dieser Reisen ha-

Ernest Shackleton

ben will, ist tabu. Spielt Nansen doch selbst mit dem Gedanken, den Südpol zu erobern. Immer noch. Ich weiß, die beiden haben darüber gesprochen, als Nansen sich von Amundsen über die *Belgica*-Expedition an der antarktischen Halbinsel berichten ließ. Nansen hörte Amundsen damals aufmerksam zu.

»Das Innere der Antarktis ist wie Grönland«, erklärte Amundsen.

»Ein Eisschild?«

»Ja, eher flach.«

»Etwas für Skiläufer?«

»Jedenfalls nicht zerrissen wie das nördliche Packeis.«

Nansen, elf Jahre älter als Amundsen, weiß, dass seine Zeit abläuft. Der Jüngere ist inzwischen besser als er. Sowohl als Skiläufer als auch als Hundeführer. Amundsen weiß es ebenfalls. Ob ihm Nansen die *Fram* für eine Überfahrt in die Antarktis überlassen würde? Zur Eroberung des Südpols! Kaum. Dennoch bittet er um das Schiff. Amundsen lügt: Er wolle, Nansens Drift wiederholend, zum Nordpol. Jedenfalls klingt die Anfrage so:

»Es mag Ihnen aufdringlich erscheinen, doch Sie werden die Frage entschuldigen, da Sie wissen, wie sehr mich die Sache interessiert. Haben Sie bereits eine Entscheidung getroffen bezüglich der Fahrt, über die wir sprachen, als ich im Februar in London war? Ich würde mich Ihnen lieber anschließen und könnte Ihnen nützlich sein; doch wenn Sie Ihre Pläne nicht in die Tat umsetzen können, würde ich sehr gern an meinem Plan festhalten, genauer gesagt, an Ihrem ursprünglichen Plan, nämlich vor Herbst durch die Beringstraße und über den Pol zu fahren.«

Fridtjof Nansen, in politischem Dienst und unabkömmlich, übergibt dem Jüngeren das Schiff:

»Wenn ich zunächst meine Expedition durchgeführt und Ihnen danach die *Fram* überlassen hätte, wäre, wie ich Ihnen damals sagte, Ihre Fahrt zu lange hinausgeschoben worden. Und zudem, dachte ich letzten Endes, würde Ihre Fahrt über das Nördliche Polarmeer von größerer wissenschaftlicher Bedeutung sein als meine Entdeckung des Südpols und als die Vermessungen, die ich dort hätte durchführen können und die genauso gut jemand anders würde machen können. Und so gab ich blutenden Herzens den Plan auf, den ich so lange gehegt hatte und der mein Lebenswerk gekrönt hätte. Ich tat das zugunsten Ihrer Fahrt, das schien mir richtiger zu sein und Norwegen größeren Gewinn zu bringen. Sie sind jünger und haben ein großes Lebenswerk noch vor sich, während ich mir auch andere Aufgaben suchen kann.«

Hat sich Nansen wirklich gegen seine Träume entschieden? Oder ist der Südpol seine Lebenslüge? Und will Amundsen die *Fram* wirklich zum Nordpol steuern? Oder wollte er schon 1908, von allem Anfang an, zum Südpol?

Nansen später an Amundsen: »Ja, so war es; doch was es mich kostete, mich von meinen lang gehegten Plänen, die in mir Wurzeln geschlagen hatten, loszureißen, habe ich später erst gemerkt, obwohl ich Sie das, wie ich hoffe, niemals habe spüren lassen.«

Amundsen an Nansen: »Ich möchte Anfang 1910 mit der *Fram* auslaufen, und zwar ausgerüstet für sieben Jahre und mit einer guten Mannschaft. Ich werde Kurs um Kap Hoorn nach San Francisco nehmen, dort Kohle und Proviant einlagern. Von da geht es nach Point Barrow, der nördlichsten Gebirgsspitze Amerikas, von wo wir die letzten Nachrichten in die Heimat schicken, ehe wir zur eigentlichen Reise auslaufen. Ich will Point Barrow mit einer möglichst kleinen Mannschaft verlassen. Wir werden Kurs halten in Richtung Nord-Nordwest und den günstigsten Ausgangspunkt für einen Vorstoß nach Norden suchen. Wenn wir den gefunden haben, werden wir versuchen, so weit wie möglich zu kommen, und uns auf eine vier bis fünf Jahre lange Fahrt im eingefrorenen Schiff über das Polarmeer einrichten ... sobald das Schiff im Eis festliegt, beginnen die Forschungen, die einige bis jetzt unerforschte Geheimnisse aufklären sollen.«

Der Bezwinger der Nordwestpassage meidet die Nordostpassage? Warum? Weil er an der südlichsten Landspitze Amerikas entscheiden will, wohin er das Schiff steuert. Weiter nach Süden oder um die halbe Erde nach Norden. Amundsen ist kein Falschspieler. Er ist ein Taktiker. Dazu kommt seine exakte Vorausplanung: Ausrüstung, Proviant, Motivation der Mannschaft – alles ist auf Jahre ausgelegt und der Pol immer im Kopf. Amundsens Ehrgeiz besteht zudem darin, keine Fehler zu machen. Auch wenn dafür alle anderen, sogar der König und Nansen, hinters Licht geführt werden müssen. Sein Trumpf sticht am Ende in jedem Spiel.

Der Wettlauf zum Pol wird zuletzt auf dem Eis entschieden. Zuerst aber gilt es an den Startpunkt zu kommen. Die Widerstände dabei sind oft größer als bei der Expedition selbst: Intrigen, Geldsorgen, auch die Politik. Amundsen will mit den besten Leuten aufbrechen. Geradewegs zum Pol. Es dürfen nur wirklich erfahrene Männer teilnehmen. Und sie müssen gut mit den Hunden umgehen können. Wie ich! 1909 ist es endlich gewiss: Nansen hat mir einen Platz in Amundsens Expeditionsmannschaft verschafft. Weil Nansen von meinem Zustand weiß oder weil er selbst mich nicht mehr mitnehmen kann?

»Ist die *Fram* etwa die Gegenleistung für meine Teilnahme?«, frage ich mich. Offensichtlich, denn Amundsen hätte sicher Erkundigungen über mich eingeholt, wenn er Nansen keinen Gefallen schuldig gewesen wäre. Ich bin als »Mann an Nansens Seite« doch auch ein potenzieller Rivale für Amundsen. Wie es Nansen selbst auch gewesen wäre. Nansen jedenfalls hat mich nicht vergessen, und das macht mich stolz. Er rettet mir mit seinem Deal – die *Fram* für Johansens Teilnahme – ein zweites Mal das Leben. Aus welchem Grund sonst ein so hoher Einsatz: Amundsens Expedition wird also mit mir auslaufen. Wohin auch immer. Immer wieder versuche ich mir das Gespräch der beiden vorzustellen:

»Sie kriegen die *Fram*, wenn Johansen mitkommt.«

»Ein guter Mann?«, fragt Amundsen.

»Ein exzellenter Mann. Vielleicht etwas heruntergekommen, aber loyal, für jede Arbeit zu haben und stark wie ein Bär.«

»Ich werde ihn mir ansehen.«

»Ungesehen.«

»Ich lege großen Wert auf meine Leute.«

»Ich weiß.«

»Und deshalb pflege ich sie selbst auszuwählen.«

»Ich habe Johansen auch selbst ausgewählt.«

»Vor fünfzehn Jahren!«

»Auch jetzt.«

»Ungeprüft?«

»Ich kenne meinen Johansen.«

»Ich aber nicht.«

»Frederik Hjalmar Johansen ist immer noch ein anerkannter Fachmann in Polfragen, auch wenn er es selbst nicht mehr so empfinden mag. Wiederholt ist er im hohen Norden gewesen: 1907 mit Lerner, 1908 mit Hoel und 1909 wieder mit Isachsen – und als Hundeführer bleibt er unübertroffen. Es ist mein größtmögliches Entgegenkommen«, fügt Nansen hinzu.

»Ich bitte um Bedenkzeit.«

»Ich bleibe dabei: die *Fram* nur mit Johansen.«

»Entschuldigen Sie, ich mag kein Entweder-Oder.«

»Ich erwarte nur ein Und: also die *Fram* und Johansen.«

»Also ja, Johansen und die *Fram*.«

»Sie werden Freude mit beiden haben.«

Oft frage ich mich jetzt, warum sich Nansen und Amundsen nicht in den Streit um Cook und Peary einmischen. Natürlich nicht in der Öffentlichkeit. Aber in der Szene. Bei ihren Gesprächen gibt es sicher Gelegenheit dazu. Die erfahrensten Eisfahrer können doch nicht einfach still sein, wenn die ganze Welt über den Nordpol streitet. Wie die beiden darüber reden, mag befremden. Nur weil sie wissen, dass sie in der Öffentlichkeit schweigen müssen:

»Cook wird als Schwindler bezeichnet«, sagt Nansen.

»Alles Lüge und Verleumdung«, verteidigt ihn Amundsen.

»Cook macht Fehler über Fehler.«

»Weil er sein Material der Universität in Kopenhagen vorgelegt hat?«

»Auch. Seine Notizen sind doch vage.«

»Aber er hat Beweise.«

»Nicht genug.«

»Wir werden sehen.«

»Er hat den Pol nicht erreicht.«

»Auch Pearys ›Stars and Stripes am Pol gehisst‹ ist kein Beweis«, betont Amundsen.

»Aber ganz Amerika ist für Peary.«

»Vielleicht auch, weil Roosevelt selbst sich auf Peary verlassen hat.«

»Es geht in dieser Sache ja nicht mehr um den Pol allein.«

»Worum dann?«

»Um den Krieg zwischen zwei Zeitungen. Wer sonst provoziert all die Verdächtigungen und Bosheiten.«

»Unwahrscheinlich, dass Peary am Pol war.«

»Auch mir erscheint seine Reise nicht möglich. Jedenfalls nicht nachvollziehbar.«

»Zu alt, meinen Sie?«

Wasserrinne im nördlichen Polarmeer: ein
wesentliches Hindernis bei jeder Polfahrt

»Eher zu schnell«, meint Nansen, der das Polarmeer kennt wie niemand sonst.

»So schnell wie Peary kann niemand übers Packeis nach Hause fahren?«

»Jedenfalls nicht mit Hundeschlitten.«

»Ist nicht auch Cooks Bericht haarsträubend?«, fragt Nansen.

»Ist es möglich, genügend Nahrungsmittel für Mensch und Tier für eine Umkehrreise vom Festland zum Pol mitzunehmen? Das bleibt doch die entscheidende Frage.«

»Nein, seine Eskimos sagen ja auch, sie seien nie außer Sichtweite zum Festland gewesen.«

»Vielleicht aber hat Cook bewusst Land erfunden – Crocker- und Bradley-Land –, nur weil er weiß, dass die Eingeborenen nie außer Landsicht sein wollen«, verteidigt Amundsen seinen Freund Cook.

»Die Eskimos sind gegen Cook«, weiß Nansen.

»Wie sie uneingeschränkt für Peary sind. Weil er sie manipuliert.«

»Und schamlos ausnützt.«

»Warum, glauben Sie, wollte Peary am Pol keine Zeugen dabeihaben? Und warum hat er in Polnähe plötzlich Tagesetappen von siebzig Kilometer geschafft? Auf schwerem Packeis! Die Rückreise in sechzehn Tagen.«

»Unmöglich!«, sagt auch Nansen.

»Unmöglich auch, auf der Rückreise die auf der Hinreise angelegten Depots wiederzufinden! Wochen später.«

»Haben also beide ihr Wunschdenken als Tatsache verkauft?«

»Fälschungen oder nicht – es sind die Zeitungen, die jetzt manipulieren, die Polforschung hat eine ungeheure Popularität erreicht. Und Peary weiß sie zu nutzen.«

»Ich will mich öffentlich nicht dazu äußern«, sagt Nansen.

»Ich auch nicht, wir sollten dieses Vier-Augen-Gespräch unter uns lassen.«

»Das denke auch ich.«

Niemand ist in Pearys angegebenem Tempo je wieder mit Hundeschlitten übers Packeis gerast. Das ist Gegenbeweis genug, seine Reise zum Nordpol lohnt sich trotzdem.

Ernest Shackleton, der Rivale von Robert Falcon Scott, hat den Wettlauf zum Südpol bisher getrieben, und Amundsen hat die Shackleton-Expedition (1906–1909) aufmerksam verfolgt. Er traut dem irischen Haudegen zu, als Erster am Südpol zu sein. Würde also Shackleton es schaffen, bliebe Amundsen immer noch der Nordpol. Scheitert Shackleton, wären beide Optionen offen. Amundsen schätzt Shackleton, bewundert seine Leistungen.

Roald Amundsen sitzt 1909 in einer doppelten Zwickmühle, und er ist gleichzeitig in Zugzwang: Wenn er sein Prestige als Entdecker aufrechterhalten will, muss er bald wieder irgendeinen aufsehenerregenden Erfolg erzielen. Nur deshalb entschließt er sich zum Handstreich: Er kündigt an, in der Beringstraße wissenschaftliche Ziele zu verfolgen, plant aber in Wirklichkeit den Marsch zum Südpol. Weil der Nordpol als entdeckt gilt. Denn er ist auch von New York abhängig! Dort sitzen die Zeitungsbarone, die erst aus dem Abenteuer einen medialen Erfolg machen können. Von Nansen braucht er die *Fram*, von den Geografischen Gesellschaften in London und Amerika die Anerkennung als Polarforscher.

Nur das eine weiß Amundsen genau: Es lohnt sich nicht, Zweiter zu werden. Auch deshalb hat er beide Pole im Blick. Amundsen weiß, dass sein Lavieren nicht beliebt macht. Ihm aber geht es nicht um Streicheleinheiten, auch nicht um Freunde. Er will den Sieg und den Ruhm. Sein egomanisches Auftreten lässt keinen Zweifel daran. Dass Popularität ihren Preis hat, akzeptiert er. Als Entdecker ist man Erster oder gar nichts. Große Entdecker lassen alle anderen hinter sich, kommen vor allen anderen ans Ziel und sind schneller zu Hause zurück als ihre Konkurrenten. Amundsen respektiert diese Regeln, wie er auch die Naturgesetze respektiert. Die Einsamkeit ist also Teil seines Lebens geworden. Ja, Amundsen ist ein einsamer Mann, ein Solitär, und er will endlich aus dem Schatten Nansens heraustreten. Das könnte er mit dem Nordpol, den sein Vorbild nicht erreicht hat, zwar besser, den Südpol-Erfolg aber muss er mit niemandem teilen, seit Shackleton gescheitert ist!

Vierzehn Jahre sind vergangen, seit ich von der Expedition über das Nordpolarmeer zurückgekehrt bin. Jetzt bin ich wieder unterwegs. Die *Fram*, für eine Drift im Eis konzipiert und nicht für lange Segelfahrten über das offene Meer, schlingert oft. Die Überfahrt von Norwegen bis an den Rand der Antarktis dauert fast fünf Monate. Inzwischen sind wir aufgeklärt worden und mit Amundsen solidarisch. Also zum Südpol! Ich bin froh, mit Amundsen unterwegs zu sein. Mit dieser Antarktisexpedition erfüllt sich ein alter Wunsch auch von mir. Er basiert auf einer Idee, die Nansen während der Überwinterung auf Franz-Josef-Land geboren hat. Ursprünglich sollte ich ja mit ihm zum Südpol. Also Schicksal! Denn Nansens Plan, mit mir als Expeditionsteilnehmer der erste Mann am Südpol zu sein, ist mit Amundsens Expedition obsolet, ich aber bin trotzdem dabei. Und glück-

lich darüber. Auch weil alle auf der *Fram* mir Respekt
entgegenbringen. Bin ich doch neben Amundsen der Star
der Mannschaft. Nein, die Menschen haben meine Ver-
dienste nicht vergessen! Als Teil der norwegischen Polar-
geschichte, die mit Nansen begonnen hat, ist mit mir
auch ein Teil seines Geistes unterwegs zum Pol.

Als wir in der Walfischbucht ankommen, gilt es, ein
Winterquartier einzurichten und Depots anzulegen.
Amundsen will seinen Angriff auf den Pol im November
beginnen. Wie die Engländer unter der Führung von
Scott auch, die im McMurdo-Sund lagern. Über ein Zu-
sammentreffen zwischen uns und den Engländern, am
4. Februar 1911, schreibt einer von ihnen, Priestley:
»Heute haben wir Abschied von den Norwegern genommen – doch wir haben sie noch nicht vergessen! Jeder
von ihnen machte einen ausgezeichneten Eindruck. Jeder
war eine harte und an Entbehrungen gewöhnte Persönlichkeit. Dabei waren sie alle so gemütvoll, freundlich
und hatten viel Humor, sodass man ihnen nicht gram sein

Die *Fram* am antarktischen Eisschelf

kann, selbst wenn man sie als Konkurrenten betrachtet... Es ist mir ganz besonders aufgefallen, dass sie es vollkommen unterließen, uns um Informationen zu fragen, die ihnen hätten nützlich sein können. Die Nachrichten, die wir bringen, werden dem Hauptquartier so wenig angenehm sein wie uns selbst. Die Welt wird sicher mit größtem Interesse dem Wettlauf zum Südpol folgen, der sich im nächsten Sommer abspielen wird. Die Aussichten sind unsicher, denn auf beiden Seiten will man alle Energie aufwenden, um in diesem Wettstreit zu bestehen... Die Norweger befinden sich in einem Winterquartier, das an einer recht gefährlichen Stelle liegt. In der Walfischbai bricht das Eis sehr schnell ab, und sie liegen direkt vor einer Stelle, wo es ziemlich schwach erscheint. Andererseits haben sie deutliche Vorteile für sich: Wenn sie gut durch den Winter kommen, verfügen sie über eine große Zahl von Hunden, ihre Willenskraft ist sicherlich genau so stark wie die unsere, und obendrein besitzen sie große Erfahrung im Reisen durch Schnee und Eis; ja, man kann sagen, dass es in dieser Hinsicht kaum ein Volk auf der ganzen Erde gibt, das sie übertreffen könnte... Wer wird zuerst am Südpol ankommen? Eines fühle ich vollkommen sicher: dass unsere Expedition sich niemals geschlagen geben und die letzten Kräfte aufbieten wird, um das Ziel zu erreichen. Aus diesem Gefühl heraus vermute ich, dass nächstes Jahr beide Gruppen am Pol ankommen werden – nur, welche zuerst ankommen wird, das ist die große Frage.«

Scott, erstaunt darüber, dass seine Leute Amundsen und uns Norweger wirklich in der Walfischbucht angetroffen haben, bleibt gelassen, wenigstens nach außen hin. Sein Rivale ist ja Shackleton, nicht Amundsen. Rivalität aber

Kapitän Robert Falcon Scott (1868 – 1912), Südpolforscher, der zwei Antarktisexpeditionen leitete

Das Schiff *Discovery*, das Scott bei seiner ersten Südpolfahrt mit Shackleton benutzte.

kommt trotzdem auf, als spontanes Gefühl in der Mannschaft: Eine natürliche Reaktion der Empörung, mit der die Engländer auf die unangenehme Nachricht reagieren, wir Norweger hätten sie betrogen.

Scott weiß: Amundsen ist ungefähr hundert Kilometer dichter am Pol als er, und er hat 110 Hunde auf das Eis bringen können. Trotzdem will der Engländer mit den Vorbereitungen wie geplant fortfahren. So als ob wir Norweger nicht da wären. Vorwärts, zur Ehre des Vaterlandes! – so lautet beider Expeditionen Parole.

Amundsen seinerseits macht sich über die Konkurrenz mehr Gedanken als Scott. Vor den Engländern aber ließ er sich nichts anmerken. Erst ein halbes Jahr später, im antarktischen Frühling, schreibt er: »Möchte wissen, wie weit Scott heute ist!« Für Ponys ist es sicher noch zu kalt. Dem endgültigen Abmarsch gehen auf beiden Seiten mühselige Vorbereitungen voraus: Vorratslager müssen eingerichtet werden, und mehrere Monate ohne Sonne zehren an Körper und Geist. Der Polarwinter wird hart.

Am 10. Februar 1911 beginnt Amundsen seine Depot- und Probemärsche über die Eisbarriere. Mensch und Tier sollen geschult, aufeinander eingespielt und trainiert werden. Auch das Wetter und die Umgebung sollen der Mannschaft vertraut werden. Bis zum 11. April dauern unsere Märsche. Eines unserer Gespanne stellt dabei einen Rekord auf: hundert Kilometer Tagesleistung! Drei Vorratslager sind zuletzt angelegt: auf 80°, 81° und 82° Süd. Das südlichste Depot ist damit keine tausend Kilometer vom Pol entfernt.

»Framheim«, unsere Winterhütte – Messe, Lager, ein größeres Holzhaus mit Arbeitsplatz, Speisekammer, Badezimmer und Beobachtungsposten –, ist inzwischen

Die Norweger in ihrem Winterquartier Framheim

wohnlich eingerichtet. Ringsum stehen acht Hundehütten. Die gut gefütterten Tiere aber übernachten meist im Freien. Unser Winterquartier – dazu eine kleinere Hütte sowie Schneehütten mit Verbindungszelten – bietet Platz genug für alle. Mir ist jetzt schon klar, dass auch Amundsen nicht halten wird, was sein Ruf verspricht. Er hat seine Hunde gleich zu Beginn überfordert. Die letzte Depotfahrt hat acht Hunde das Leben gekostet, ein Fiasko. Seine Hunde sind jetzt schon die schlechtesten, sie lassen sich auch von der Peitsche nicht beeindrucken und legen sich einfach hin, wenn sie müde sind. Sein Ton scheint sie zu lähmen. Zudem benutzt auch er sie als Hundeverpflegung. Die schwächsten sollen den starken als Futter dienen. Damit die Mannschaft das Gewicht der Schlitten reduzieren und die Marschgeschwindigkeit erhöhen kann. Sein »Hund frisst Hund«, eine Art Kannibalismus der

Tiere, gefällt mir so wenig wie damals bei Nansen. Wir Männer sollen die Hunde ausbeuten und uns selbst schonen. Ich wage es also, Amundsen in diesem Punkt zu widersprechen. Als Einziger.

»Mit Nansen ist alles besser gewesen«, sage ich.

Als spräche Fridtjof Nansen aus mir, betone ich, dass auch Teile der Ausrüstung von Grund auf geändert werden müssen. Ein Sakrileg! Amundsen weiß zwar, dass ich recht habe, lässt die Zelte, Schlafsäcke und Schuhe umarbeiten, würdigt mich aber keines Blickes mehr. Für ihn bin ich damit ein Meuterer, dazu wie ein Schatten Nansens, das Kuckucksei im eigenen Nest.

Zwölf Tonnen Vorräte sind bis auf 380 Kilometer südwärts, zwischen dem 80. und dem 82. Breitengrad, auf drei Depots verteilt: Hundenahrung; für drei Monate Proviant; 110 Liter Brennstoff, genug für 200 Tage. Bevor die Sonne hinter dem Horizont verschwindet, will Amundsen eine weitere Tonne Frischfleisch zum ersten Depot bringen lassen. Seehundfleisch für die Hunde. Ich habe das Kommando über die kleine Crew. Amundsen bleibt diesmal mit Lindström in Framheim zurück. Auf der Heimfahrt im Nebel geraten wir in ein Eisspaltenlabyrinth, zwei Leithunde brechen auf einer Schneebrücke ein, das Geschirr reißt, und die Tiere stürzen in den Abgrund. Zwei Tage brauchen wir, um aus dem Gelände herauszufinden. Amundsen ist mürrisch, als wir zurück sind. Ist er nie zufrieden? Er ignoriert mich. Er denkt wohl zu viel an Scott und seine Motorschlitten und zu wenig an uns, seine Leute. Ihn treibt nur die eine Sorge an: Sind die Engländer schon weiter?

Nein, die Engländer folgen keinem exakten Plan. Scott setzt auf Improvisation. Ihm fehlen Amundsens Talent und Erfahrung. Auch die Kompromisslosigkeit des Nor wegers. So gründlich wie der unsere ist noch kein Angriff auf den Pol vorbereitet worden. Der Weg bis zum 80. Breitengrad ist mit Wimpelstangen und Schneepyramiden markiert, Meile für Meile. Scott weiß nur, was er in Shackletons Bericht gelesen hat und dass er diesen seinen wahren Rivalen übertreffen muss. Amundsen ist zwar da, aber nicht sein Maßstab. Gegen Shackleton will Scott alles nur Erdenkliche – Mensch, Tier und Technik – einsetzen. Den Wettlauf inszeniert er zuletzt aber gegen die Natur, eine für den Menschen unberechenbare Natur. Amundsen respektiert den Pol als *terra incognita*, Scott führt Krieg: mit Ponys, Hunden und Motorschlitten gegen Eis und Kälte, Spalten und Unendlichkeit. Aber die Antarktis ist kein Sportplatz. Trotzdem – Scott will sich hier an Shackleton messen – gilt es, den Rivalen zu überbieten und den Pol zu erreichen, den Shackleton 1909 verfehlt hat.

Zum Vergleich: Scott brauchte vier Wochen bis zum 79. Breitengrad, wo er das sogenannte Eintonnen-Depot

Robert
Falcon Scott
in seiner
Winterhütte

anlegen ließ. Wir erreichten den 80. Breitengrad in fünf Tagen, und nach zwei weiteren Tagen waren wir in Framheim zurück.

Wir Norweger sind ein Team, die englische Mannschaft gleicht einem enttäuschten Haufen verlorener Gestalten. Ihr Chef ist mürrisch und nervös. Wie unserer auch. Amundsen aber will nur als Erster zum Pol, Scotts Herausforderung heißt Shackleton, und der ist weit weg. Die Engländer haben Angst – ihr Pol ist zu weit entfernt! Wir freuen uns auf das Frühjahr, wenn es endlich losgehen soll.

Ende April 1911 geht die Sonne für beide Expeditionen unter. Für vier Monate. Wir Norweger wissen, was zu tun ist. Die Ausrüstung wird nachgearbeitet, Pläne werden besprochen. Oft Schweigen. Die Stille ist für mich nicht deprimierend, im Gegenteil. Unser Ziel ist der Pol, den wir um jeden Preis erreichen müssen. Dafür muss alles andere zurücktreten. Zwischendurch träume ich von der Reise über das Eis. In der kalten Jahreszeit erwachen ja auch die Bilder der Nordpolreise wieder. In einer Art Vorausvollzug oder im Traum sitze ich auf einem Schlitten, und alles geht sehr schnell. In voller Fahrt setzen wir über gefährliche Risse, um Haaresbreite an Spalten vorbei, in denen Schlitten auch verschwinden könnten – öfters erlebe ich sogar das Ende unserer Südpolfahrt und erwache.

In Framheim sieht es jetzt aus wie in einer großen Werkstatt. Monatelang wird herumgewerkelt, werden bessere Lösungen gesucht. Zuerst muss das Schuhwerk umgearbeitet werden. Die riesigen Skistiefel sind in der Kälte zu steif. Den ganzen Winter über wird unermüdlich an der Ausrüstung gearbeitet und gejagt: Seehunde! Amundsen setzt auf Frischfleisch.

Wann kann es endlich losgehen? Im September, bei −55 °C, ist es für den Abmarsch noch zu kalt! Männer und Hunde können solche Temperaturen auf Dauer nicht aushalten. Das Licht ist fahl, der Boden rau, die Reibung zwischen Schnee und Schlitten enorm. Amundsens Logistik ist simpel: Er will die Polmannschaft zwar so klein wie möglich halten, den Aufbruch aber so früh wie möglich wagen. Beim Start aber alle Kräfte nutzen.

Gegen Ende des polaren Winters wird Amundsen ungeduldig.
»Wegen der Engländer?«
»Ja. Wenn wir nicht die Ersten werden, hätten wir ebenso gut zu Hause bleiben können«, antwortet er gereizt.
Er glaubt sogar Motorschlitten zu hören. Wird er verrückt, frage ich mich öfter. Ich muss zugeben, Amundsen versteht es glänzend, Abläufe, wie er sie in der Natur beobachtet hat, zu nutzen und seine Männer zu manipulieren. Auch genießt er die kameradschaftliche Stimmung auf Framheim. Als habe er meine kritischen Worte vergessen, bin auch ich wieder als Ratgeber gefragt.
Bald aber zweifelt der Chef wieder an allem. Er zieht sich aus der Gemeinschaft zurück. Als stecke er in einer persönlichen Krise. Der Ausweg: Aufbruch zum Pol! Ich habe zwar immer wieder vor einem verfrühten Aufbruch gewarnt, kann Amundsen von seinen Experimenten aber nicht abhalten. Umgekehrt wissen die Engländer in ihrem Lager auf Kap Evans, dass Amundsens Chancen besser sind als ihre. Wir sind schließlich sechzig Meilen näher am Pol und setzen auf nur ein Transportmittel: Hunde. Robert Falcon Scott hat nur Shackletons Pläne und kopiert dessen Transportmethoden, obwohl sie nicht funk-

tioniert haben. Er möchte aber, dass seine Expedition ihre Arbeit durchführt, als existiere Amundsen nicht. Statt alle Kräfte auf den Südpol zu fokussieren, sollen einzelne Abteilungen wissenschaftliche Erkundungsfahrten durchführen. Westwärts und ostwärts. Als sei ihm die Fahne am Pol zu wenig. Scott will also einen unbekannten Kontinent erkunden, nicht nur südwärts marschieren wie Amundsen. Oder zweifelt er von Anfang an daran, den Pol als Erster erreichen zu können? Seine Männer ahnen jetzt etwas von seiner Verwirrung und Einsamkeit. Und mit der Distanz zum Chef schwindet das Gefühl der Gemeinsamkeit. Amundsen hingegen versteht es, den Zusammenhalt der Mannschaft zu fördern. Er schaut auf das Wohl seiner Männer. Von wenigen Tagen abgesehen, gibt sich unser Chef liebenswürdig. Er rechnet mit hundert Tagen für seine Polfahrt. Amundsen hat dafür neben Hassel offensichtlich auch mich in seine Planung miteinbezogen. Zum Hauptversorgungsdepot auf dem 80. Breitengrad sollen zwei weitere kommen: eines auf dem 85. und ein letztes auf dem 87. Grad. Neun Männer sollen vom Hauptdepot dann Richtung Süden aufbrechen. Am 85er- und 87er-Depot sollen dann jeweils zwei Mann mit ihren Schlitten umkehren, nur fünf sollen den Vorstoß bis zum 90. Breitengrad fortsetzen. Mitte Januar 1912 will er zurück sein. Bis zu diesem Zeitpunkt verspüre ich eine starke Loyalität gegenüber unserem Chef. Ich bin dem gemeinsamen Projekt ja auch verpflichtet. Nur, mir gegenüber benimmt sich Amundsen jetzt sonderbar. Als befürchte er, meine Erfahrung könne seine Autorität untergraben. Stört ihn mein Ruf als Polfahrer? Oder fürchtet er immer noch Nansens Schatten? Vielleicht ist alles nur Einbildung von mir, aber ich werde skeptisch. Doch, ich soll am Pol dabei sein, sagt Amundsen. Wenn das kein

Vertrauensbeweis ist! Hatte ich doch auch die Logistik mit ihm ausgeheckt. In Amundsens Kabine. Ich darf also mit, bis zum Pol vorstoßen! Kein Zweifel mehr: Wieder stehe ich dem Chef ganz nah. Wie früher bei der Robbenjagd, während der Depot-Touren. Und ich bin stolz auf das Vertrauen, das Amundsen mir entgegenbringt. Er überlässt mir wieder und wiederholt die Führungsrolle. Vielleicht auch, weil ich der Älteste und Erfahrenste bin. Oder weil die Kameraden in mir eine Art stellvertretenden Expeditionsleiter sehen.

Scott legt seinen endgültigen Plan am 10. September vor: ein halbes Jahr für die Eroberung des Südpols! Ein Chaos beim Aufbruch. Mitte März erst will er mit seiner Mannschaft vom Pol zurück sein. Zu spät? Der Zeitpunkt ist gefährlich nah am einbrechenden Polarwinter.

Am 8. September brechen wir zu acht auf. Mit sieben Schlitten und 86 Hunden. In den ersten beiden Tagen kommen wir gut voran. Die Hunde laufen wie ausgelassen. Tagesleistung: 28 Kilometer. In der Nacht zum dritten Tag aber fällt die Temperatur auf −56 °C. Weiter! Nochmals 28 Kilometer! Der Atem gefriert Menschen und Hunden im Gesicht. Amundsen weiß jetzt, dass wir zu früh gestartet sind, will es mir gegenüber aber nicht zugeben. Noch nicht. Noch ist ihm in seiner Eskimokleidung ja warm. Und die Hunde?

Alle Männer tragen Anoraks aus Wolfsfell und Unterzeug aus Rentierfell. Die Nacht aber wird grausam. Keiner schläft. Am frühen Morgen, man hat Mühe, die Gespanne startklar zu bekommen, haben die Hunde Frostbeulen an den Pfoten, und unsere Anzüge sind hart gefroren, die Stiefel Eisklumpen. Es ist der fünfte Tag seit

Schlitten, Hunde und Männer bei der Abfahrt

dem Aufbruch, und Amundsen fährt weiter, peitscht seine Huskys voran. Seine Männer schütteln den Kopf. Ich merke, er steht unter Druck. Nach sieben Kilometern endlich gibt er auf. Amundsen hat sich entschlossen, zum Lager zurückzukehren. Die Stimmung des Chefs ist mies.

Wieder einmal habe ich recht behalten. Es ist zu früh für den Marsch Richtung Pol! Auch Amundsen, der alles aufs Spiel gesetzt hat, weiß, wie schnell alles verloren sein kann, will aber keine Ratschläge. Vor allem nicht von mir. Bei 55 bis 56 °C Frost fahren wir zurück. Amundsen immer voraus, in miserabler Laune. Der Nordwestwind bläst ihm ins Gesicht, die Spur ist oft verwischt. Aber auch Hunde und Männer hinter ihm leiden. Ich leide besonders mit Prestrud und dessen Hunde. Ihre Pfoten sind geschwollen, viele haben Frostbeulen, auch Prestruds Zehen erfrieren. Die Kolonne ist in einem elenden Zustand. Bald bleiben die ersten Hunde liegen und erfrieren. Vor Erschöpfung. Andere sind so schwach, dass sie auf die Schlitten gesetzt und transportiert werden müssen. Amundsen befiehlt durchzufahren. Ohne Halt? Bis nach Framheim? 72 Kilometer weit! Ist er in Panik? Amundsen sitzt auf dem Schlitten und hastet mit den kräftigsten Hunden davon, verschwindet hinter dem Horizont. Wir anderen versuchen zu folgen. Auch uns treibt jetzt Angst, von Mitgefühl und Kälte aber gelähmt versuche ich, den Rest der Expedition zusammenzuhalten. Vergebens. Alles läuft schief. Denn jeder denkt nur noch an sich selbst. Stubberud aber gibt bald auf, weil seine Hunde nicht mehr können. Er setzt sich auf den Schlitten, kaut den letzten Zwieback und wartet. Da taucht Bjaaland auf. Er läuft seinem Gespann voran. Stubberud schließt sich ihm an. Keiner will oder kann sich um den maroden Prestrud kümmern, alles hetzt weiter.

Inzwischen sind Amundsen, Wisting und Hanssen wohl schon in Framheim, rechne ich aus. Zwei Stunden später werden Bjaaland und Stubberud da sein. Wenig später taucht Hassel dort auf und berichtet, dass Prestrud und ich weit zurückliegen müssen. Wir sind ohne Heizmaterial, ohne Nahrung, ohne Primuskocher und ohne Schutz. Man müsse zurückfahren, uns helfen: »Wenn sich das Wetter verschlechtert, sind die beiden verloren.«

Der Chef schweigt. Er kann sich nicht entschließen, uns entgegenzufahren. »Ein erfahrener Polfahrer kann ein Lager aufschlagen«, sagt er nur. Alle starren ihn an, aber Amundsen schweigt. Bei dieser Kälte will keiner freiwillig wieder hinaus in den Sturm. Lässt man uns also im Stich?

Als die Expedition am Morgen in wilder Hatz aufbrach, wusste ich, dass Prestrud mit den schwächsten

Kälte, Weite, Trostlosigkeit: Mitten im Schelfeis der Antarktis

Hunden nicht folgen kann. Ich fühlte mich verantwortlich für ihn und wartete. Prestruds Gespann wurde dann zunehmend schwächer. Also versuchte ich den vor mir laufenden Hassel zu erreichen. Sechs Stunden brauchte ich, um ihn einzuholen, und forderte ihn auf, mit mir auf Prestrud zu warten. Aber Hassel lehnte ab. Er gab mir sein Zelt und hetzte weiter. Während ich dann auf Prestrud wartete, erfror ich schier.

Nur weil es gilt, sein Leben zu retten, halte ich durch. Nach zwei Stunden taumelt Prestrud daher, unterkühlt, seine Füße schmerzen. Sturmböen und das Zwielicht des Abends lassen die Umgebung mehr und mehr schrumpfen. Dazu schlimmste Frostbeulen! Er will sich in den Schnee legen und sterben. Nur noch sterben. Ich treibe ihn hoch, weiter!, Stunde um Stunde, eine Ewigkeit lang. Es sind nicht nur Hunger und Kälte, die uns fertigmachen! Das Gefühl, von Amundsen im Stich gelassen und dem Tod ausgeliefert zu sein, schmerzt mehr. Ein Freilager würde der Kamerad nicht überleben.

Eine halbe Stunde nach Mitternacht erreiche ich Framheim. Mit dem halb toten Prestrud auf dem Schlitten. Nur Lindström erwartet uns. Er hält heiße Schokolade bereit. Die anderen schlafen schon? Ja, die Polarmannschaft ist vollzählig zurück. Meine Enttäuschung ist so groß, dass ich mich gleich mit Amundsen, der in seiner Koje liegt, duellieren will. Jetzt sofort! Er aber rührt sich nicht. Am Morgen dann, am Frühstückstisch, fragt er so nebenbei, warum wir denn so spät zurückgekommen seien. Er fragt nicht Prestrud, er sieht mich an. Ich schreie ihn an, explodiere schier. Als brülle ein zweites Ich alles aus mir heraus:

»Dies ist keine Expedition, sondern Chaos!«

»Jeder hat seine Hunde«, antwortet Amundsen.

»Das ist keine Entschuldigung, es ist Panikmache!«, drohe ich ihm mit der Faust.

Und da gilt es, einiges mehr zu klären!

Aber der Chef sieht mich nicht mehr an und geht. Amundsens Gesicht wird hart.

»Ist es hier üblich, dass der Chef vor seinen Leuten davonrennt?«, frage ich noch.

Das Unverzeihliche ist, dass ich den Chef vor allen anderen kritisiere. Für Amundsen ist das Meuterei. Er wird ein Exempel statuieren, seinen Gegenspieler ausschalten, ahne ich jetzt. Vorerst aber zieht er sich nur zurück. Alle am Tisch wissen, dass ich recht habe. Aber keiner spricht es aus, niemand springt mir bei. Unsere Rivalität, bisher eine Sache nur zwischen dem Chef und mir, geht jetzt alle etwas an. Erst nachdem Amundsen sich in Einzelgesprächen der Loyalität aller anderen versichert hat – keiner wagt es, sich gegen ihn zu stellen –, teilt er mir seine Entscheidung mit:

»Für das Gelingen der Expedition ist es das einzig Richtige, Sie von der Fahrt zum Südpol auszuschließen.« Es ist seine Rache, und ich bekomme sie schriftlich. Ich soll dafür unter Prestruds Kommando eine Expedition nach König-Eduard-VII.-Land unternehmen. Amundsen hat mich damit nicht nur gedemütigt, er hat mir, seinem Rivalen, damit alle Autorität genommen. Und das endgültig.

Amundsen opfert mich also und geht so aus der Niederlage als Sieger hervor.

»Unser Zusammenhalt stand auf dem Spiel«, verteidigt Amundsen seine Entscheidung. Ja, unsere Einmütigkeit findet ein trauriges Ende.

»Aber doch nicht, weil ich mich um die anderen kümmere«, sage ich.

»Meine Sache«, antwortet Amundsen schroff.

»Sie sind doch auf und davon.«

»Ich weiß, wann es gefährlich ist und wo nicht.«

»Die Situation war mehr als kritisch.«

»Keine Widerrede.«

»Ich spreche nur Tatsachen aus.«

»Und ich dulde keine Kritik.«

»Und was, wenn Prestrud umgekommen wäre?«

»Er ist nicht umgekommen.«

»Weil ich mich um ihn und sein Gespann gekümmert habe.«

»Wichtigtuerei!«

»Bitte?«

»Ein vorzeitiges Ende unserer Expedition werde ich zu verhindern wissen«, sagt er im Weggehen.

»Mit weiteren Fehlentscheidungen?«, rufe ich hinter ihm her. Wie zum Trotz.

Amundsen ist gekränkt, weil er als Chef versagt hat. Nein, er ist wirklich nicht der Mann, für den ich ihn gehalten habe. Soll er seine Expedition leiten, den Südpol erreichen und glänzen. Für mich hat sein Name allen Glanz verloren. Amundsen, dem die Führung der Expedition um ein Haar zu entgleiten drohte, hat also alles wieder fest in der Hand: Er verkleinert seine Crew – sind fünf Männer genug? –, überzeugt Stubberud, mit mir und Prestrud zu gehen, versichert sich wieder und wieder der Loyalität seiner Leute. Mir bleibt nichts anders übrig, als mich zu fügen. Ich bin ins Abseits gestellt und gleichzeitig die Garantie dafür, dass Norwegen als erste Nation das Land östlich der Rosseisbarriere betreten wird. Amundsen rechnet meine Polerfahrung nämlich fest in sein Erfolgsmodell ein. Für den Fall, dass er den Südpol nicht erreicht, garantiere ich den Ersatzerfolg, der dann auch ganz ihm gehört, weil ich als Meuterer ja nicht mehr zähle. Er hat mich aussortiert. Weil er mich als Provokation empfindet. Gleichzeitig braucht er meine Fähigkeiten. Also nutzt er mich aus.

In den nun folgenden Wochen redet der Boss kein Wort mehr mit mir. Amundsen tut so, als gehöre ich nicht mehr zur Expedition. Am 15. Oktober will er aufbrechen. Die Huskys haben sich erholt, die Stiefel sind verbessert. Die Polmannschaft ist startbereit. Ob es wieder ein Fiasko wird? Wie beim letzten Mal. Amundsen tritt auf mich zu, verabschiedet sich stumm. Mit einem Handschlag. Ich wünsche ihm Glück und gehe in die Hütte, um die Erniedrigung vor den anderen verbergen zu können. Bin ich in Ungnade gefallen, nur weil ich ihm die Wahrheit gesagt habe? Auch damit bin ich ihm von Nutzen gewesen, will ihm auch weiter von Nutzen sein. Unsere Wege aber haben sich getrennt. Endgültig. Seine Schlitten sind abgefahren, verschwinden am Horizont im Süden.

Amundsen, Bjaaland, Wisting, Hassel und Hanssen sind jetzt auf dem Weg zum Pol. Amundsen kann seiner kleinen, willensstarken Mannschaft vertrauen. Eine bessere Crew gibt es nicht! Zum Glück. Denn bald schon zieht ein kräftiger Sturm auf, auch Nebel. Die Schlitten kommen vom markierten Weg ab, geraten in ein Spaltenfeld. Roald Amundsen sitzt Rücken an Rücken mit Wisting auf einem der Hundeschlitten, als plötzlich eine Schneebrücke unter ihnen wegbricht. Ganz plötzlich scheint alles am Ende zu sein, wie durch ein Wunder aber springt der Schlitten nach vorn, auf das feste Eis. Gerettet! Glücklicherweise sind alle noch da.

Am 22. Oktober kommt es wieder zu einem dramatischen Zwischenfall: Bjaalands Schlitten – weiter hinten in der Kolonne – versinkt plötzlich in einer tiefen Spalte.

Er bleibt zwar hängen, und Bjaaland selbst kann sich im letzten Augenblick retten, aber die Hunde, die Ausrüstung! Jetzt tut schnelle Hilfe not.

»Schnell, ein Bergseil!«, ruft einer.

Ein Mann wird in die Spalte hinabgelassen. Am Seil hängend gilt es, alle Verschnürungen zu lösen, die Ladung Stück für Stück nach oben zu befördern und schließlich den Schlitten selbst zu bergen. Ein gefährliches Manöver bei beißender Kälte: Es gelingt. Amundsen und seine Leute sind schnell, die Hunde schaffen täglich 36 Kilometer. Mit achtundvierzig Huskys, zwölf für jeden Schlitten, stürmen die Norweger weiter südwärts.

Scott in seiner Station weiß jetzt nicht, dass Amundsen bereits auf dem Weg zum Pol ist. Am 24. Oktober beginnen die Engländer ihren Marsch zum Südpol. Während Amundsen am 80. Breitengrad pausiert. Scotts Expedition liegt gegenüber Amundsen nicht nur eine Woche zurück, auch ihr Boss ist nicht dabei. Scott selbst will erst eine Woche später folgen. Mit Pferden und einigen Hundeschlitten ziehen die Engländer gen Süden: Aber ihre Motorschlitten müssen unbrauchbar zurückbleiben. Die norwegische Expedition ist jetzt schon 270 Kilometer näher am Pol. Scott hat sich entschlossen, so zu tun, als existiere Amundsen nicht: »Jeder Versuch, mich auf das Wettrennen einzulassen, würde meine Pläne zerstören. Und abgesehen davon: Wir sind nicht zu einem Rennen ausgezogen«, schreibt er in sein Tagebuch.

Scott, der den Transport des Gepäcks mit Hundeschlitten auch deshalb skeptisch sieht, weil er weder mit Hunden noch mit Skiern richtig umgehen kann, vermittelt wenig Mut. Und seine Leute, die vermuten, dass die Norweger bessere Aussichten auf das Erreichen des Pols haben als sie selbst, sind ständig deprimiert. Entschei-

Scotts Hütte am Kap Evans am Ende des zweiten Winters

Scotts Polarabteilung auf dem Marsch. Die Engländer müssen selbst ziehen, nachdem zuletzt alle ihre Transporthilfen versagen.

dend für den Erfolg einer so schwierigen Reise sind die Transportmittel sowie die Moral der Mannschaft. Scott versucht sie mit Pathos zu füttern. Seine Leute aber glauben den falschen Worten nicht:

»Mit dem Dreck, den wir haben, wird es ganz schön schwer werden, und wir werden hart arbeiten müssen«, schreibt Oates an seine Mutter. Und weiter: »Ich habe eine tiefe Abneigung gegen Scott. Wenn wir nicht die britische Expedition wären und die Norweger schlagen müssten, würde ich die Sache hinschmeißen. Scott ist mir gegenüber immer höflich, und es heißt, dass ich mich gut mit ihm verstehe; Tatsache aber ist, dass er nicht redlich ist; zuerst kommt immer er, die anderen dürfen folgen, und wenn er aus einem herausgeholt hat, was er will, wird man abgeschoben.«

Beide, Scott und Amundsen, sind eigenbrötlerisch, selbstsüchtig, jeder ein Dickschädel. Kaum zu vermeiden, dass zwischen solchen Männern und ihren besten Leuten Spannungen aufkommen. Während für Scott das Abenteuer Pflicht ist, liebt Amundsen das Leben in Eis und Schnee. Wie oft hat er sich allein durchgekämpft? Scott dagegen ist ängstlich, unentschlossen und unsicher. So wie ich unserem Chef im praktischen Leben überlegen bin, können auch ein paar der Engländer größere physische Belastungen aushalten und besser mit den Hunden umgehen als Scott. Auch fehlt ihm das sichere Gespür für den sensiblen zwischenmenschlichen Bereich.

Das Wechselspiel Mann/Hund kenne ich. Bei der Nansen-Expedition habe ich alles darüber gelernt: das heikle Verhältnis zwischen der Zugkraft der Hunde und dem Schlittengewicht; die Unterlage, auf der die Schlitten gleiten; die ideale Geschwindigkeit. Das alles ist nur vor Ort zu lernen. Wichtig ist immer, dass die Schlitten bei einem Marsch wie zum Pol nicht zu schwer sind. Das gilt auch für die Schlitten selbst. Amundsen hat meine Einwände zwar zurückgewiesen, die Hundeschlitten nach den Depot-Touren aber trotzdem umbauen lassen. Ihr Eigengewicht musste reduziert werden.

Ich bin der älteste Expeditionsteilnehmer und habe die meiste Erfahrung. Meine Verbannung ist also ungerecht und entwürdigend. Nicht, weil Amundsen mich dem Kommando Prestruds, der jünger ist, unterstellt, nein, weil diese Expedition ohne mich nicht mehr stattfände. Wäre Prestrud umgekommen, Amundsen hätte wohl oder übel abbrechen müssen. Amundsen sieht älter aus, als er ist, ob er schon deshalb niemanden an seiner Seite duldet? Nun wirft er mir also Meuterei vor! Alles nur, um von seinem Versagen abzulenken! Vielleicht auch, weil er von meiner Stärke und Ausdauer weiß. Ich bin zwar loyal wie die anderen auch, eine Loyalität aber, die auf blindem Gehorsam und nicht auf Überzeugung beruht, ist mir zuwider. Damit habe ich mir seinen Groll zugezogen. Amundsens Groll aber ist auch gegen Fridtjof Nansen gerichtet. Nur seinetwegen bin ich ja Mitglied in Amundsens Expeditionsmannschaft. Hat doch Nansen Amundsen die *Fram* nur aus Loyalität mir gegenüber überlassen. So großartig es wäre, als Erster am Südpol zu stehen, denke ich, so unmöglich ist es mir, Amundsens Verstocktheit zu ertragen. Wie gern würde auch ich den Ruhm der noch jungen Nation in die Welt hinaustragen, nicht aber für Amundsens Norwegen. Meist teilten die anderen meine Meinung, aber hier gilt nur die Sicht des Chefs, und das ist meine Tragik. Prestrud verfügt über keine Polarerfahrung. Sein militärischer Rang liegt unter meinem. Er ist krank. Und ich soll ihm unterstellt sein?

Wieder unterwegs im Eis. Wie 1895

Man hat mich also zum Sündenbock der Expedition gemacht, weil ich sie gerettet habe. Sogar die Kameraden haben mir den Rücken gekehrt, Prestrud, dessen Rettung so hart erkämpft war, mit eingeschlossen. Dieses menschliche Versagen enttäuscht mich mehr als der Verlust des Südpols. Isoliert, wie ich bin, möchte ich später wenigstens Nansen die Tatsachen erklären. Ja, mich würde interessieren, was der dazu sagt.

»Wenn die Zeit gekommen ist, werde ich ihn von den tatsächlichen Umständen in Kenntnis setzen«, schreibe ich in mein Taschenbuch. Habe ich wirklich gesagt, Amundsen tauge nicht zum Leiter unserer Südpolexpedition? In meiner Wut sei es zu einer Schlägerei zwischen mir und Roald Amundsen gekommen, sagen die Kameraden. War ich so außer mir, dass ich mich nicht mehr daran erinnere? Und wer hat den Anfang gemacht? Amundsen vielleicht. Draußen im Windfang, als er meine Beleidigungen mit anhören musste. Ich hätte ihn umbringen können. Alle anderen haben damals auch Kritik an Amundsen geübt. In diesem einen Moment. Allerdings nicht mehr, als ich von der Südpolexpedition ausgeschlossen wurde. Die »Rauferei«, aus der ich als Sieger hervorging, hat Amundsen auch verdrängt. Und mir hat sie nur Unglück gebracht. Denn alle meine Kameraden wichen mir zuletzt aus. Als ich sie brauchte, stand keiner mehr hinter mir. Nur die Hunde, die armen Teufel, liebten mich. Sogar Prestrud schwieg. Ich hatte die Konsequenzen also allein zu tragen, ich wurde zum Meuterer gestempelt. Trotzdem, die Loyalität zu Amundsen bleibt bis zuletzt stärker als meine Wut.

Ich werde also eine Forschungsreise gen Osten antreten. Unter der Leitung von Kristian Prestrud. Zur König-Eduard-VII.-Halbinsel.

Das alles, obwohl mein Pol weg ist. Nein, ich wollte Amundsen nie die Führung streitig machen. Ich war Teilnehmer, nie Anführer. Amundsen aber wusste, dass er das Gerechtigkeitsgefühl der Gruppe verletzt hatte. Deshalb musste er mich entsorgen.

Auch weil ich die Wahrheit gesagt habe.

Amundsen dazu: »Es darf keine Kritik geben. Und wenn sie von einem alten Polfahrer wie ihm kommt, ist sie doppelt gefährlich.«

9 Unsere Schlittenreise

Abreise zum Pol. In Framheim
bleibt Leere zurück.

»Ich erinnere mich noch sehr genau jenes Mittagessens. An demselben
Tisch, wo wir nun seit vielen Monaten zu acht gesessen hatten, saßen
jetzt nur noch drei: Johansen, Stubberud und ich. Wir hatten allerdings
mehr Platz, aber der dadurch erlangte Vorteil vermochte kein Gefühl
der Befriedigung bei uns hervorzurufen. Wir fühlten eine unaussprech-
liche Leere, und die Gedanken zogen beständig denen nach, die abgereist
waren.«

Kristian Prestrud

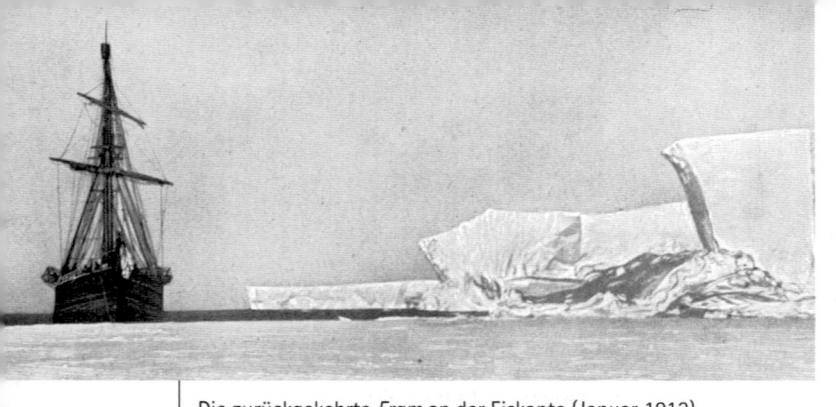

Die zurückgekehrte *Fram* an der Eiskante (Januar 1912)

Zu dritt in der antarktischen Wildnis

Wetterbeobachtung
gehörte zur Aufgabe
jeder Expedition.

Fahrt zum Pol: Aufenthalt bei einer Schneewarte,
die als Orientierungshilfe für die Rückreise dient.

»Selbstverständlich war es für mich, den Anfänger, eine große Beruhi-
gung, einen Mann wie Johansen bei mir zu haben, der in allem, was zum
Bereich Schlittenreisen gehört, eine so vieljährige Erfahrung hatte.«

Kristian Prestrud

»Johansen hatte zu seinem Trost eine Unterhaltungsbeilage aus der
Abendpost, deren Überschrift, wenn ich mich recht erinnere, ›Die rote
und die weiße Rose‹ lautete. Leider war die Geschichte des Schicksals
der beiden Rosen sehr bald zu Ende, aber Johansen wusste sich,
durch frühere Erfahrungen klug gemacht, zu helfen: Er fing einfach
wieder von vorn an.«

Kristian Prestrud

Stubberud und Johansen bei der Lotung der Meerestiefe auf dem Eis

»So kamen wir an und pflanzten unsere Fahne am geografischen Südpol auf. Gott sei gedankt!«

Roald Amundsen

»Ich bin also nicht zum Pol gekommen. Ich hatte es mir natürlich gewünscht und fühlte mich auch dazu imstande; meine Kameraden waren derselben Ansicht. Darüber ist ein Streit entstanden.«

Hjalmar Johansen

»Kameradschaft war für Johansen keine Floskel. Hilfsbereitschaft stellte er selbstverständlich höher als Gehorsam. Also half er in der Not und stellte damit den Expeditionsleiter bloß: ein Sakrileg!«

Reinhold Messner

Die Norweger am Südpol

Als sich die Südabteilung am 20. Oktober 1911 auf den Weg machte – Helmer Hanssen wie stets voraus –, sah ich den immer kleiner werdenden Punkten mit gemischten Gefühlen nach. Die Karawane verschwindet aus meinem Blickfeld, nicht aber aus meinen Gedanken. Ob und wann wir diese fünf Männer wiedersehen werden? Zurück bleiben Prestrud, Stubberud, Lindström als Koch und ich. Und all mein Frust. Drei Dinge sind uns aufgetragen worden: Wir sollen König-Eduard-VII.-Land erforschen, eine Karte der Walfischbucht erstellen sowie die nächste Umgebung erkunden. Und natürlich Framheim in Ordnung halten. Mitte Januar sollen wir in Framheim zurück sein. Zunächst aber ist das Wetter schlecht, und wir schaufeln unaufhörlich Schnee. Vor allem, um die Hundezelte und den Zugang zu unserer unterirdischen Wohnung freizuhalten.

Beim Aufbruch, am 8. November, sind wir drei Mann. Auf zwei Schlitten sind Proviant und Brennstoff für sechs Wochen geladen. Sechzehn Hunde stehen uns zur Verfügung. Wie Amundsen und seine Männer laufen auch wir auf Skiern und lassen uns, an die Schlitten gehakt, von den Hunden ziehen.

Amundsen lässt an jedem Breitengrad besonders große Türme aus geschnittenen Schneeblöcken aufstellen. Jeder zwei Meter hoch. Dazwischen, alle neun Kilometer, kleinere. Er will so den Rückweg sichern und die Proviantdepots markieren. 150 Wegmarken sind es bis zum Pol.

Innen steckt in jedem der Schneetürme ein Stück Papier, auf dem die Nummer und die geografische Lage des Signals verzeichnet sind. Bis 85° 5' Nord – sie sind beinahe 600 Kilometer weit gekommen – geht alles glatt. Amundsen lässt da und dort auch Hundekadaver zurück, weil man die ältesten Tiere, wenn sie nicht mehr gut ziehen, töten muss. Die Tiere gehorchen Hanssen, der vorausfährt, aufs Wort.

Scotts Karawane ist schwerfällig, auch weil die Engländer schlechte Skiläufer sind. Ihre Kleidung, eine wetterfeste Jacke zum Beispiel, mit anzuknöpfender Kapuze, ein Glanzstück der britischen Marine, bietet im Schneesturm wenig Schutz. Wie Amundsen mich, so kanzelt Scott seinen Oates ab, wenn etwas falsch läuft oder jemand ihn einholt. Das lässt Oates fluchen: »Wenn Scott nicht zum Pol kommt, hat er es verdient.«

Amundsen ist radikal, aber er versteht sein Handwerk; Scott hingegen macht alles falsch.

Stubberud ist zuverlässig und leistungsfähig. Auch Prestrud gefällt mir, obwohl er keine Erfahrung mit Schlittenreisen hat. Ich hätte mir keine besseren Reisegenossen wünschen können. Prestrud übernimmt die Rolle des Vorläufers. Stubberud und ich führen die beiden Schlitten. In acht Stunden legen wir 35 Kilometer zurück. Bis zum Lager auf 80° südlicher Breite sind die Schlitten leicht beladen, und die sommerlichen Temperaturen erleichtern unser Vorankommen. Mitte November dann marschieren wir vier Tage lang Richtung Osten, wobei das Gelände beständig eine wellenförmige Oberfläche aufweist. Vor, hinter und neben uns nichts als ebene Schneeflächen, endlos weit auch der Himmel. Sollen wir weitergehen? Stubberud glaubt, dass das König-Eduard-

VII.-Land nur eine »Fata Morgana« sei. Ich gebe die Hoffnung nicht auf. Wir beschließen, Kurs nach Norden zu nehmen, bewältigen zwischen 31 und 37 Kilometer pro Tag. Ins Ungewisse marschieren? Als aber Stubberuds Schneeschuhe brechen und ein Schlitten beschädigt wird, werden wir langsamer. Die Zeit verfliegt.

Am 21. November 1911 ist Amundsen schon 460 Kilometer weiter südlich als Scott. Die Norweger überwinden eine wild zerklüftete Eisbarriere, während Scott weiter der Route Shackletons folgt, ein Weg durchs Gebirge und über Eisströme, bis auf das Eiskap hinauf. Amundsen muss seinen Weg im unbekannten Gelände zwar erst finden, bewältigt den Aufstieg aber gekonnt: mit allen Hunden. Oben erst lässt er alle Tiere bis auf achtzehn töten. 24 Huskys werden erschossen, ihre Felle abgezogen und

Amundsen mit
seiner Expedition
beim Aufstieg
zum Polplateau

die Kadaver an die restlichen achtzehn Artgenossen als Frischfleisch verfüttert. Zuvor aber haben die Männer die besten Stücke davon für sich selbst herausgeschnitten. Das Hundefleisch schmeckt ihnen ausgezeichnet. Wie Amundsen lässt auch Scott Depots anlegen, nicht aber genau auf jedem Breitengrad! Auch markiert er sie nicht so auffällig. Den Engländern geht es auch sonst schlecht.

Am 23. November, nach 550 zurückgelegten Kilometern, tauchen Möwen vor uns auf. Im Norden steht ein Wasserhimmel.

»Das Meer kann nicht mehr weit sein!«, sagt einer von uns dreien.

Himmel und Schnee aber verschwimmen in der niedrig stehenden Sonne. Auch habe ich kein Zeitgefühl mehr. Seit ich ins Eis zurückgekehrt bin, geht es mir gut. Diese Stille! Diese Einsamkeit.

»Wie vor fünfzehn Jahren mit Fridtjof Nansen im Nordpolarmeer«, sage ich zu den anderen.

Wieder habe ich das Vertrauen der Hunde gewonnen, sie ziehen großartig. Warum aber ist mir daheim alles entglitten? Meine Frau und die vier Kinder, meine Familie also, auch meine Stellung? Zur Selbstkritik aber nicht fähig, erfüllt mich plötzlich Bitterkeit. Versteht mich denn niemand? Es sind immer die anderen, die mir Steine in den Weg legen! Nur meine Hunde halten zu mir, denke ich. Als wäre es leichter, mit Hunden zu sprechen als mit Menschen. Wie damals am Nordpol, wie bei der Rettung von Prestrud. Prestruds Hunde waren erschöpft, einige verendet, sodass sein Gespann zurückfallen musste. Auch er selbst war angeschlagen, brauchte Hilfe. Auf Skiern und mit einem Seil an meinen Schlitten gebunden, konnte ich ihn eine Weile mitziehen. Aber Amundsen wartete nicht, niemand wartete auf uns. Wir litten erbärmlich: Erfrierungen an Händen und Füßen! Prestrud wäre erfroren, wenn ich nicht geholfen hätte. Und deshalb, weil ich auf Prestrud gewartet und Amundsens Rücksichtslosigkeit dann auch noch angesprochen habe, bin ich aus der Polmannschaft ausgeschlossen worden! Zum Teufel mit diesem Chef! Er hat das oberste Gebot einer Polarexpedition missachtet: die Mannschaft zusammenhalten!

»Der Schwächste der Gruppe gibt das Tempo vor«, lautet zwar seine Regel, warten aber kann er nicht. In der Realität sind wir ihm keinen Gedanken wert. Ich war der Einzige, der auf Prestrud gewartet hat, und bin der Einzige, der dafür abgestraft wird. Von diesem Heuchler. Was für eine Ungerechtigkeit!

Nansen fällt mir ein. Als ich ihn damals halb erfroren bat, ein Zelt aufzuschlagen, lief er weiter. »Herrgott, wir sind doch keine Weiber!«, fauchte er nur. Wie jetzt Amundsen. Wie viel Unmenschlichkeit! Wie oft habe ich die Zähne zusammengebissen und bin meinen Chefs gefolgt! Nur weil die Helden auf der Flucht vor sich selbst waren. Zu oft? Trotzdem, beide – Amundsen und Nansen – haben meinen ganzen Respekt. Ich habe für Nansen monatelang zwei schwere Schlitten geführt, habe Amundsens Expedition gerettet, während der Chef vor der tödlichen Kälte floh. Was hätte der Expeditionsleiter wohl getan, wäre Prestrud nicht nachgekommen? Den Südpol erobert. An Leichen vorbei?

Prestrud ist ein versierter Navigator und Skiläufer. Er vertraut mir und meinen Erfahrungen. Im Eis gilt es doch, sich den Problemen zu stellen, wie sie gerade auftauchen. Ausweichen kann man ihnen nur selten. Alles ist ja nur vorübergehend. Geduld zählt also mehr als Raserei. Eine solche Reise ist immer gefährlich, und deswegen tasten wir uns nur Schritt für Schritt vorwärts. Plötzlich offenes Wasser! Es reicht bis dicht an die Eisplatte heran. Das Meer darunter dehnt sich als schwarze Fläche bis zum Horizont. Am nächsten Tag finden wir eine kleine zugefrorene Bucht. Wir gehen auf Seehundjagd und erbeuten vier Tiere.

»Ich versinke!«, höre ich Stubberud plötzlich rufen. Tatsächlich, er ist verschwunden! Zum Glück hat er das Gletscherseil ums Handgelenk geschlungen, und wir können ihn bergen. Mit den erbeuteten Seehunden erreichen wir dann das Zelt, wo uns die hungrigen Hunde schon erwarten. Das übrige Fleisch kommt in ein Vorratslager. Für alle Fälle. Der Geburtstag der Königin Maud bringt dann schlechtes Wetter. Trotzdem wird gefeiert: »Ihre Majestät, die Königin, sie lebe hoch!«

Am 28. November, das Wetter ist immer noch schlecht, brechen wir wieder auf. Ein eingeschneites Lager aber aus dem Schnee zu graben und in Fahrt zu kommen ist mühsam. Der Wind bläst uns ins Gesicht, schlechte Sicht.

»Halt!«, schreit Stubberud plötzlich.

Die Hälfte seiner Hunde hängt an den Zugleinen tief in einer Spalte. Vorsicht! Wegen der vielen Spalten erreichen wir auf einer Halbinsel ein gutes Stück landeinwärts »Kap Colbeck« sehr spät. Scott hat den Ort so getauft. Er liegt 77° 32' Süd. Am 1. Dezember sehen wir die Umrisse zweier Gipfel, die genau mit Scotts Beschreibung übereinstimmen. Er hat sie im Jahr 1902 gesehen. Von seinem Schiff, der *Discovery*, aus. Drum herum bildet der Horizont mit dem Himmel eine einzige weiße Masse. Grenzlinien gibt es hier selten. Prestrud sieht fast gar nichts. Er leidet unter einem Anflug von Schneeblindheit. Später, bei besseren Wetterverhältnissen, besteigen wir dann einen 500 Meter hohen Gipfel. Zelt und Hunde bleiben

Johansen (links) und Stubberud auf dem Scott-Felsen

zurück. Vom höchsten Punkt aus sehen wir das Unglaubliche: An den nächstliegenden Gipfeln treten kahle Felsen hervor – die ersten, die wir seit einem Jahr zu Gesicht bekommen! Ich komme mir vor wie ein Seemann, der nach eintöniger Fahrt endlich wieder Land erblickt. König-Eduard-VII.-Land ist tief unter Schnee und Eis begraben, aber wir wissen jetzt, dass es auf festem Grund liegt. Wir finden auch Pflanzen – Moose vor allem –, Sturmschwalben und ihre Nester. Plötzlich ist der Himmel brandrot. Um die Sonne entsteht ein breiter Hof, ein Schneesturm setzt ein. Droht Gefahr? So schnell wie möglich machen wir uns auf den Rückweg. Wir folgen unseren Spuren und erreichen unser Zelt. Am 9. Dezember treten wir den Rückweg an. Wir müssen, denn der Proviant wird knapp. Am 13. Dezember erreichen wir unser Winterquartier. Trotz Nebel. Nur empfängt uns niemand vor der Tür. Lindström liegt drinnen und ist schneeblind.

»Wie das?«

»Mir sind die Hunde durchgegangen, und ich konnte sie erst nach achtzehn Kilometern einholen!«

»Eingefangen?«

»Ja, aber als ich heimkam, konnte ich nichts mehr sehen. Nicht einmal, wie viel Uhr es ist. Es muss sechs Uhr morgens gewesen sein«, erzählt er.

Dank unserer Pflege ist der Koch bald wieder gesund. Wir rasten, füllen unsere Vorräte auf, flicken einiges an der Ausrüstung, überprüfen unsere Uhren und sind am 18. Dezember erneut zum Aufbruch bereit. Es fällt nicht schwer, das Haus zu verlassen, in dem mich Amundsen beleidigt hat. Dazu tropft es unaufhörlich von der Decke, was sogar Lindström rasend macht. Wir sind froh, ostwärts zur Walfischbucht aufzubrechen. Zu unserem zweiten Auftrag. Wir folgen der Bucht 49 Kilometer ostwärts und kehren einen Tag vor Weihnachten nach Framheim zurück. Was für eine Freude! Feststimmung kommt auf. Lindström hat das »Haus« in unserer Abwesenheit saniert. Es ist jetzt 24 Stunden am Tag hell. Das Festmahl am Christtag: Möwenfleisch.

In einer achttägigen Schlittenreise gehen wir anschließend unserer dritten Aufgabe nach. Wir untersuchen die südwestliche Ecke der Walfischbucht. Die feste Eisplatte ist jetzt in viele kleine, von Wasserarmen durchzogene dreißig Meter hohe Inseln zerteilt. Schon am 11. Januar sind wir auf dem Rückweg zur Winterhütte: Ich voraus, Prestrud und Stubberud hinter mir.

»Was schaust du so angespannt?«, fragt Prestrud.

»Ich meine, ich sehe ein Schiff.«

»Wohl nur ein Eisberg.«

Ich ziehe mein Fernrohr heraus.

»Willst du die *Fram* betrachten?«, fragt Prestrud spöttisch.

»Jawohl, genau das will ich«, antworte ich.

Die Kameraden stehen jetzt gespannt neben mir.

»Ja, bei Gott, es ist die *Fram*!«, rufe ich wie von Sinnen.

Nachdem wir die restlichen 25 Kilometer zurückgelegt und Framheim erreicht haben, ist niemand zu sehen. Prestrud geht ins Haus und findet Lindström am Herd.

»Die *Fram* ist gekommen!«, sagt er jubelnd.

»Ich weiß«, entgegnet Prestrud.

»Sei doch so nett und gib mir ein Glas Wasser.«

Er hat noch nicht ausgetrunken, als Lindström vor eine Koje tritt, und jetzt fliegen die Wolldecken in hohem Bogen heraus und hinterher ein paar Kerle.

»Hallo!«, sagt eine bekannte Stimme. Es ist Leutnant Ojertsen! Begierig fragen wir ihn nach Nachrichten von der Welt draußen. Nachdem unser Wissensdurst gestillt ist, gehen wir zum Schiff und blicken der Reihe nach in lächelnde Gesichter. Alle mit wallenden Bärten. Jetzt werden wir mit Fragen bestürmt. Prestrud kann sich nur schwer Gehör verschaffen, um so allen zugleich vom vergangenen Jahr zu berichten.

»In wenigen Tagen werden unser Führer und seine Begleiter vom Pol zurück sein«, sagt er stolz.

Auch in den Briefen von zu Hause stehen nur gute Nachrichten. Begierig lesen wir die Zeitungen, die sie mitgebracht haben, und Mitte Januar kehrt die Südabteilung tatsächlich erfolgreich zurück. Bald schon sind wir wieder unterwegs: auf dem Seeweg nach Norden, in die Heimat.

Amundsen war also als Erster am Südpol! Er scheint mir aber auch damit nicht zufrieden! Amundsen hat den Sieg, aber keine Genugtuung. Nur die Einsicht, dass er am fal-

schen Pol war. Als wäre sein olympischer Ehrgeiz immer
noch nicht gestillt! In seinem Notizbuch steht: »Ich kann
nicht sagen, dass ich am Ziel meines Lebens bin. Ich will
aufrichtig sein und geradeheraus erklären, dass wohl
noch nie ein Mensch in so völligem Gegensatz zum Ziel
seines Lebens stand wie ich. Der Nordpol hat es mir von
Jugend auf angetan. Und nun war ich am Südpol!«

Mit dem gleichen Blick, mit dem er Monate zuvor nach
Süden gespäht hat, blickt er jetzt nach Norden. Kalt, ehrgeizig, ohne Pardon. Denn Tun ist Tun, ganz gleich, was
getan wird: Ein neuer Rekord, noch mehr Ruhm ist alles,
was ihn antreibt. Hunde und Menschen interessieren ihn
nicht. Es folgen 300 Ansprachen in 200 Städten; 300
Termine in 400 Reisetagen! Durch Bahnhöfe, Hotels und
Vortragssäle führt diese Reise. Unerbittlich sein Urteil.
»Das Glück ist Wagnis, wer wagt, gewinnt«, sagt Amundsen. Oder verliert – wie ich. Als sei das Schicksal gewal-
tiger noch als dieser Mensch.

Natürlich beneide ich Amundsen um seinen Erfolg.
Vor allem, weil ich weiß, dass auch ich gekonnt hätte,
was er getan hat. Er hatte nur das Geld und all die Helfer dazu. All meine Erwartungen wegen seines Verhaltens

mir gegenüber aber gehen ins Leere. Er entschuldigt sich nicht. Umgekehrt, er dreht den Spieß um. Es sei zu spät, mich zu entschuldigen. Weil alle Auseinandersetzungen mit mir nur Verzögerungen zur Folge gehabt hätten, bin ich ein Meuterer. Nicht Warner oder Rebell. Amundsen reagiert eiskalt. War je das Gelingen des Unternehmens infrage gestellt? Ja, wegen mir!

Amundsen bleibt also auch nach der Expedition ein Meister der Intrige. Er überlässt nichts dem Zufall. Alle Möglichkeiten hat er in Rechnung gestellt, auch dass ich jetzt rebelliere. Ausgeschlossen, dass mir noch jemand glaubt, sagt Amundsen. Wer seine Tagebuchnotizen liest, glaubt ihm. Plan und Ausführung sind bei ihm eins. Auf nahezu unbegreifliche Weise! Seine »meisterhaft vorbereitete und vorzüglich geleitete Polarexpedition« ist aber Propaganda. Das Unternehmen stand mehrmals auf der Kippe. Beinahe wäre Amundsen als Führer abgelöst worden. Von mir! Aber eben nur beinahe.

»Wer den Südpol erobern will«, denke ich, »muss nicht nur Geld oder Charisma haben, sondern in den Schlitten steigen und losfahren. Mein Fehler ist das Mitfühlen. Amundsen ist erfolgreich, weil herzlos.« Ich weiß: Auch ich hätte es gekonnt!

Deshalb also hat er mich entsorgt. Nachdem er mein Know-how ausgebeutet hatte. Er hat mich wie einen unbrauchbaren Hund zurückgelassen, ohne dass es mir gelungen wäre, ihm meinen Teil des Erfolgs wegzuschnappen. Was mein Ende bedeutet. Weil beide, Nansen und Amundsen, sich jetzt zusammentun. Nicht gegen mich als ihresgleichen. Die gleiche Notwendigkeit, das gleiche Image knüpft die Ungleichen zusammen. Keiner der beiden ist gewillt, den Erfolg zu teilen. Jeder bleibt mit seinem Erfolg, seinem erreichten Ziel, seinem Pol unverwechselbar. Wem der Erfolg sonst noch zu verdanken ist, interessiert die beiden nicht. Auch nicht ihre Fans und niemanden sonst. Denn sie und nur sie haben die Idee zu ihren Expeditionen gehabt, den Ablauf bestimmt, die Erfolge ausgewertet. Nach Jahrzehnten härtester methodischer Polarforschung sind sie berühmt. Ich bin es nicht. Ist auch okay so. Ein halbes Jahr vor Nansens Einladung auf die *Fram* habe ich vom Pol noch nichts gewusst. Außer, dass es dort kalt ist. Vom Südpol, dass er auf der anderen Seite der Erde liegt. »Und plötzlich will er sich einen Teil der Ehre krallen, dieser Johansen«, sagt Amundsen. »Als mein Handlanger?« Was für eine Anmaßung!

Mir stünde sogar der größere Teil zu, trösten mich die Saufbrüder. Das ist es aber nicht, was ich brauche. Ich möchte rehabilitiert werden, denn unzuverlässig, wie Amundsen sagt, und weibisch, wie Nansen mich genannt hat, bin ich nicht. Diese kindische Großmannssucht, der ich kurz verfiel, haben andere mir anerzogen: Jugendfreunde, Kameraden, meine Frau. Dabei ließ es Hilda dann bewenden. Sie förderte mich nicht, gab mir keine Möglichkeiten zu neuen Taten. Freilich erschwerte auch ich selbst mir weitere Möglichkeiten. Und niemand hätte mir die Mittel gegeben, meine Expedition auf die Beine zu stellen.

Anders Amundsen. Gewissenhaft bis zur Pedanterie, weiß er von Anfang an wie er sein Image steuert. Prinzip ist Prinzip. Er will jede Situation im Voraus bedenken, Zufälle ausschalten. Damit erzwingt er sein Glück. Er lächelt zwar nie, gibt den unverträglich finsteren, pathologisch selbstsüchtigen Idealisten und will wie Nansen den Ruhm für sich allein haben. Seine Leistungen, seine Erfolge haben Amundsen hart und hochfahrend gemacht, mürrisch und launisch dazu. Liebenswert war er nie, den Rest der Welt hält er für verächtlich, mich hasst er. Ich kenne niemanden, den er liebt. Sein bedingungsloser Glaube an den Erfolg und seine Autorität sind seine Panzer. Sie machen ihn starr. Auch Nansen ist getragen von rasendem Ehrgeiz, herrisch und skrupellos, aber beweglicher in seinem Führungsstil. Mit beiden teilte ich Ängste und Zweifel auf dem Weg zum Pol, zum Ruhm. Am Ende bleibt mir nur das Versagen und Vergessenwerden. Denn hinterher ist es jeweils nur ein Pol und ein Leiter, der alles entscheidet, das Wagnis gibt es dann nicht mehr. Ich habe es also umsonst mitgetragen. Mir bliebe ein Lächeln, das mir aber nicht gelingen will. Es sind drei Faktoren, die zum Gelingen der Expedition beigetragen haben: die Auswahl der Nahrungsmittel, die Hunde und die Skier. In allen drei Punkten ist meine Erfahrung größer als die Amundsens. Vielleicht hätte ich das nie zeigen sollen. So aber hat Amundsen den Erfolg und ich das Nachsehen.

Amundsen hat sich den Südpol genommen, Peary und Cook streiten sich um den Erfolg am Nordpol, obwohl keiner von beiden dort gewesen sein kann. Warum sagt Nansen nichts dazu? Er muss merken, was gespielt wird, er kennt sich aus. Oder wartet er auf eine Nachricht von Scott? Hat er sich nicht mit Scotts Frau in Paris getroffen? Gehört der Erfolg am Ende den Briten? Scott, dieser Fanatiker der Sachlichkeit, ist nicht irgendein Kapitän der englischen Marine, er hat Protegés! Und er ist ein Weltmeister der Pflichterfüllung, im kollektiven Bewusstsein der Briten deshalb tiefer verankert als Amundsen in Norwegen. Und die englische Flagge am Südpol ist mehr wert als die norwegische auf dem Mond. Scott wollte zwar nur vollenden, was Shackleton begonnen hatte, aber in diesem Willen war nichts Irdisches mehr, nur noch Fanatismus. Er folgt zuletzt der Verwegenheit Shackletons in die Unermesslichkeit des Zufalls, ein Abenteuer, aber keines, das kalkuliert wäre wie ein Geschäft. Scott lernt erst in der Antarktis Skilaufen. Von Hunden hält er nicht viel. Dass ihm der Norweger Amundsen den Ruhm streitig macht, weil er sein Winterquartier um 110 Kilometer näher zum Pol postiert hat als er das seine, erschreckt Scott weniger als die Angst, Shackleton zu unterliegen. Nicht auszudenken, diese Schmach! Geht es doch beiden um die Ehre ihres Landes!

Dreißig Leute sind sie, zuletzt verlieren sie einander: die Weite unendlich, das Licht unheimlich, der Frost entsetzlich! Ihre Einsamkeit ist jetzt das Alltägliche. Ihnen geht es wie mir.

Als die Suchmannschaft Monate später die Eisleichen findet, wird Gewissheit, was alle geahnt haben: Scott und seine vier Polgefährten haben den Wahnsinn nicht überlebt. Das Tagebuch aber, das Scott hinterlässt, wird bis zum Ende der Menschheit überleben. Nur ein einziges Mal taucht darin jedoch der Name Amundsen auf. Von Anfang aber, lag der Schatten von »Farest South« auf Scotts Expedition. Zuerst sind wie bei »Shack« Automobilschlitten stecken geblieben, dann die sibirischen Ponys, zuletzt die Hunde. Schließlich marschierten nur mehr fünf Menschen durch die weiße Wüste. Den schweren Schlitten im Kreuz. Erst am 30. Dezember ist der 87. Breitengrad erreicht, Shackletons Umkehrpunkt – viel zu spät! Aber Scott gibt nicht auf. »Wir müssen es schaffen, koste es, was es wolle!« Der Showdown gilt seinem Rivalen

»Shack«. Scott, Bowers, Oates, Wilson und Evans ziehen weiter in Richtung Südpol.

Am 14. Januar sind es noch siebzig Kilometer bis zum Ziel. Dann der Jubel: »Nur noch lumpige fünfzig Kilometer.«

Schon sehen sie im Geiste das letzte Geheimnis der Erde vor sich.

»Gehobene Stimmung.«

Wie gut ich mir das alles vorstellen kann.

»Nur noch ein Tag, und das Ziel ist erreicht, Shackleton endgültig besiegt«, fiebert Scott dem Pol entgegen.

Und plötzlich sieht Bowers diesen einen dunklen Punkt. Mitten im unendlichen Schneefeld. Zuerst ist da nur eine Vermutung, nein, keine Spiegelung, sie wird zur furchtbaren Tatsache: eine schwarze Fahne, ein leerer Schlitten, ein Zelt – Spuren eines verlassenen Lagerplatzes –, drum herum Abdrücke von Schlittenkufen und Hundepfoten. Amundsen! Amundsen ist ihnen zuvorgekommen! Unfassbar, der Beweis seines Erfolgs bedeutet ihre Niederlage: Alles umsonst. Denn der Erste ist alles und der Zweite nichts.

»All die Qual – wofür?«, schreibt Scott in sein Tagebuch. Ein Brief in Amundsens Zelt enthält auch noch die Bitte, beigelegtes Schreiben – die Siegesmeldung! – an König Haakon von Norwegen zu befördern! Für den Fall, dass die Norweger den Rückmarsch nicht überleben. Scott nimmt es mit. Er tut seine Pflicht und wird so vor der Welt Zeuge für Amundsens Erfolg. Über seinen Tod hinaus. Die englische Flagge, der Union Jack, flattert jetzt neben Amundsens Siegeszeichen. Ein kleiner Trost für die zu spät Gekommenen.

Scott graut es vor dem Rückweg. Er weiß, dass sie zu weit gegangen sind. Es ist auch zu spät im Jahr und der

Der Winter ist ohne Schutz in der Antarktis nicht überlebbar.

Zusammenbruch nahe. In der eigenen Spur gehen sie zurück. Wochenlang. Auf dieser ruhmlosen Heimkehr schwindet zuerst die Neugier, dann die Sehnsucht, zuletzt die Kraft. Ihre Depots mit Nahrung, Kleidung und ein paar Gallonen Petroleum sind schlecht markiert und im Schneetreiben oft schwer zu finden. Dazu kommt der Winter. Furchtbar! Das Wetter wird schlechter, dann kommt Sturm auf, ständig strengster Frost. Die ermüdeten Körper können kaum noch, trotzdem schleppt Wilson sechzehn Kilogramm seltener Gesteinsproben auf seinem Schlitten mit. In winterlicher Kälte, Frost, Schnee und Wind beginnt ihr Untergang: Noch vor den Beinen beginnt der Verstand zu versagen; Evans wird wahnsinnig und bleibt zurück. Er stirbt am 17. Februar; mit abgefrorenen Beinen bricht dann Oates zusammen; seinen Freunden mehr Last als Hilfe, verschwindet er im Orkan. Jeder hat zehn Morphiumtabletten ausgehändigt bekommen, um sein Ende beschleunigen zu können.

Scott dazu: »Gott steh uns bei! Diesen Anstrengungen sind wir nicht mehr gewachsen. Unser Spiel geht tragisch aus.«

Die drei Letzten schleppen sich fort. Durch Sturm, eine endlose, eisige Wüste, die eigene Hoffnungslosigkeit. Nur noch der Selbsterhaltungsinstinkt zwingt sie voran. Von Enttäuschung zu Enttäuschung. Am 21. März, nur noch zwanzig Kilometer vom großen Depot, wo eine Tonne Überlebensmittel liegen, entfernt, beginnt ihr Sterben. Zu viel Wind, sie können ihr Zelt nicht mehr verlassen. Der Proviant schwindet, der Brennstoff ist zu Ende, der letzte Funken Hoffnung mit ihm. Bei vierzig Grad unter null erlischt jeder Überlebenswille: Tod durch Hunger oder Frost. Der Sterbende kann es nicht mehr unterscheiden.

Von all dem wird man später einmal lesen: wenn die Briefe der Sterbenden gefunden sind und in der Zeitung auszugsweise veröffentlicht werden. Vor allem weil Robert Falcon Scott seine einsamen Augenblicke im atemnahen Tod in seinem Tagebuch festgehalten hat. Es findet weltweit Bewunderung. Ich stelle mir vor, wie der Orkan auf die dünnen Zeltwände drückt, wie er sie aufbläht. Wie ihre Stimmen versagen. Schweigen zuletzt! Ein Mensch nur atmet noch in dieser weißen Wüste. Mit erstarrenden Fingern schreibt Kapitän Scott seine Schrecken auf – nein, es sind Botschaften. Er schreibt Briefe an ihre Angehörigen, an die Nation, an die ganze Menschheit. Briefe voller Pathos! Als habe die Nähe des Todes alles Kleinliche von ihm genommen. Im Vergänglichen ist jetzt Ewigkeit. Stunden vor seinem Tod noch steht er zu seinem Entschluss, zu dieser letzten Reise aufgebrochen zu sein. Denn es sei viel besser aufzubrechen, als aus Bequemlichkeit daheimzubleiben. Scott schreibt vom Heldentum seiner Kameraden, beschwört ihre Größe im Augenblick des Untergangs und tröstet als Sterbender ihre Hinterbliebenen. Voll Stolz lobt er den »Geist der Tapferkeit« und die »Kraft im Erdulden«, die der »englischen Rasse« gemäß sei.

»Um Gottes willen, sorgt für unsere Hinterbliebenen!« und »Schickt dies Tagebuch meiner Frau!« sind seine letzten Sätze. In der Gewissheit des Todes ist das Wort »Frau« ausgestrichen und darüber das Wort »Witwe« gesetzt worden.

Monatelang blieb diese Katastrophe unaufgeklärt. Als wäre sie für immer im Eis eingefroren. Erst am 29. Oktober, im antarktischen Frühling, brach dann eine Suchexpedition auf, um die Toten oder wenigstens eine Botschaft von ihnen zu finden. Am 12. November 1912 stand man vor einem Zelt mit drei Leichen. Erfroren in ihren Schlafsäcken: Scott, Wilson und Bowers. Man schichtet den Helden ein Grabmal aus Eis. Ihre Tagebücher, Fotografien und Briefe, Dokumente einer Leidensfähigkeit ohnegleichen, beweisen, dass auch der andere – Amundsen – das Unerreichbare geschafft hat. Die Botschaft vom »Sieg über den Südpol« erreicht die Menschheit also ein zweites Mal. Als Widerspiel der schlimmstmöglichen Katastrophe. Amundsens Aufstieg ins Jenseitige basiert also auf dem Untergang Scotts. Sein Sieg über die unbesiegbare Natur erhebt ihn über das Leben als Tragödie. Amundsens Polgeschichte, ein Bericht, so sachlich und kühl wie der Eroberer selbst, liest sich dagegen wie ein Understatement. Wie die Hunde sukzessive getötet werden, Vorrat angelegt und die Tagesleistung angesetzt wird, beschreibt der Chef im Detail. Drei Tage für einen Breitengrad! Dann das erste große Hindernis: die Barriere des transantarktischen Gebirgszugs. Am 17. November beginnt der Aufstieg mit 42 Hunden. Einmal auf dem Hochplateau, sollen 24 von ihnen getötet und die Reise mit achtzehn Hunden – je sechs vor den drei Schlitten – fortgesetzt werden. Alles eine Frage des Kalküls: Je weniger Hunde, desto weniger Futter muss mitgenommen werden.

Nein, die Tiere waren nicht Amundsens Freunde. Trotzdem überließ er die unangenehme Aufgabe, sie zu töten, den Kameraden. Auf der Hochfläche, 3200 Meter über dem Meer, wird das Wetter schlecht, aber am 8. Dezember schon überschreitet die Expedition die Breite, die Shackleton zwei Jahre zuvor – einige Hundert Kilometer weiter westlich – erreicht hatte: 88° 23' Süd.

Ohne Neid würdigt Amundsen die Leistung Shackletons, den er bewundert:

Shackleton, »Shack« oder »Boss« genannt,
auf dem Schiff in der Antarktis

Shackletons Grab in Südgeorgien. Er starb
bei seiner vierten Antarktis-Expedition.

»Mut und Willenskraft können wahre Wunder wir-
ken, kein Mensch vereinigt diese beiden Eigenschaften
besser als Shackleton.« Aber auch sein Rekord war damit
gebrochen, die norwegische Fahne unterwegs zum Pol!
Amundsen, ausnahmsweise von Emotionen getragen:
»Wir waren jetzt weiter südlich, als jemals zuvor ein
Mensch gekommen war. Kein einziger Augenblick auf
der ganzen Fahrt hat mich so ergriffen wie dieser. Die

Tränen traten mir in die Augen. Obwohl ich versuchte, mich zu beherrschen, konnte ich sie doch nicht zurückhalten. Die flatternde Fahne hatte eine zauberhafte Macht, die stärker schien als meine Willenskraft. Zum Glück war ich etwas von den anderen entfernt, sodass ich Zeit hatte, mich zu fassen und wieder Herr meiner Erregung zu werden.«

Am 15. Dezember, um drei Uhr mittags – ausgezeichnetes Wetter –, ist der Südpol erreicht und Amundsen etwas verwirrt: »Die Gegend um den Nordpol – nein, der Nordpol selbst! – war seit Kindheitstagen mein einziger Traum gewesen. Und nun stand ich am Südpol. Kann man sich einen größeren Gegensatz vorstellen?«

Als die Fahne über dem Pol flattert, alle Messungen erledigt sind und ein kleines Zelt errichtet ist, beginnt der bestens abgesicherte Rückweg. Zurück in Framheim, als auch wir wissen, dass der Pol erreicht worden ist, bricht zuerst Jubel aus. Amundsen Reise – 3000 Kilometer übers Eis – hat nur 99 Tage gedauert.

Am 30. Januar verließen wir die Rossbarriere und traten die Heimreise an. Amundsen begann sofort seinen Reisebericht zu schreiben – die Geschichte seiner »Südpolforschung«. Als hätte er damals schon gewusst, dass die antarktische Eiswüste hundert Jahre später von politischer Bedeutung sein würde, weil eine Menge Bodenschätze dort zu finden sind? Nein, Amundsen wusste nur, dass Forschung in den Geografischen Instituten des Globus höher bewertet wurde als der Pol selbst. Für Millionen Leser ist er der Sieger vom Südpol, als Forscher hat er, wenn auch nur als Vorwand, norwegische Interessen in der Antarktis markiert. Auch dank meiner Schlittenreise. Norwegen beansprucht 2,8 Millionen Quadratkilometer »Heimatboden« in der Antarktis, obwohl

Amundsen seine Forschung dem Pol untergeordnet hat: »Wie unendlich weit scheint dieses Gebiet von mir entfernt zu sein! Und doch ist es nur vier Monate her, dass ich mit meinen Begleitern den Punkt der Erde erreichte, den zu erobern wir so lange gewünscht hatten.«

Amundsen war am Pol, ja, wie aber interessierte jetzt mehr. Bewunderung gab es bald nur noch für die Leistung seiner Hunde. Nach einem Vortrag in London sagt Lord Curzon of Kedleston trocken: »Ich fordere alle auf, in ein dreimaliges Hurra einzustimmen – für Amundsens Hunde!«

Warum werfe ich meinem Chef jetzt nicht alles vor, was man einem Mann wie Amundsen vorwerfen muss? Die Ehre des Südpolbezwingers ist angegriffen, aber Amundsen sagt nichts. Der Solitär biedert sich an, sucht Teilhaber, wird abhängig. Oft bietet er ein peinliches Schauspiel. Prominenz bleibt der einzige Inhalt seines Heldenlebens? Ein Schicksal, wie es auch Peary verdient hat! Ich bin nicht neidisch auf diese erfolgreichen Polarforscher! Amundsen aber hat alles unternommen, um mich unmöglich zu machen. Vorsorglich sagt er, Neid sei mein Motiv. Der Neid des Zurückgebliebenen! Das Schicksal der Pioniere sei zuletzt immer der Neid der Gescheiterten, vor allem der zu Hause Gebliebenen.

Mein Schicksal aber war es, im Eis die Situation zu retten und dann ausgegrenzt zu werden. Dafür sind Nansen und Amundsen die Lieblinge der Götter. Meine Teilnahme an ihren Polfahrten ein Beweis ihrer Huld? Teilzuhaben an Nansens armer Eishütte, am Dunkel der Polarnacht oder an der barbarischen Kälte beim Warten auf den erfrierenden Prestrud war doch nicht Pflicht! Dieses ihr Schicksal in Arktis und Antarktis, das sie jetzt preisgeben wie Huldigungen, erschüttert mein fragiles

Erschrecken konnte Johansen nur die Natur, nie ein Mensch.

Leben. Ich frage mich immer noch, ob es ein Glück war, bevor es zur Last wurde. Für etwas zu leben oder dafür zu sterben ist gut. Mein Leben aber ist zur Qual, zur Krankheit geworden. Was noch übrig ist von dem, was ich nicht für sie hergegeben habe, ist mir unerträglich. Es geht mir inzwischen um Leben und Tod. Wie Amundsen in den Jahren danach auch. Bei ihm geht es doch immer auf Biegen und Brechen.

Amundsens
Südpol-Buch
ist den
»Kameraden«
gewidmet.

»Der tapferen kleinen Schar, die an jenem Abend
auf Madeira versprach, mir beim Kampf um den
Südpol beizustehen – meinen Kameraden widme ich
dieses Buch.«

Roald Amundsen

Südpolexpedition: Ein Lager wird abgebrochen.

Brüchig wie das Packeis war am
Ende auch Johansens Psyche.

»Dank für die treue Kameradschaft.«

Fridtjof Nansen an Johansen

»Wir werden dich als den kraftstrotzenden Kerl
in Erinnerung behalten, der du gewesen bist, der nie
einer Gefahr auswich und immer nach vorn sah.«

Kristian Prestrud über Johansen

Scotts Todeslager. Sein heroisches Sterben steht in schroffem
Gegensatz zu Johansens Tragödie.

»Ich habe alle seelischen und körperlichen Leiden auf
Erden erlebt. Nichts kann mich mehr überraschen.«

Hjalmar Johansen

»Hilda hat schlechte Ratgeber! Niemals werde
ich jemand anderen lieben können als Hilda ...
Sie ist das Licht in meinem Leben.«

Hjalmar Johansen

Alt bin ich geworden im Eis der Pole, alt, schwach und bald ohne Haare. Wie oft denke ich jetzt an das stählerne Blau des antarktischen Himmels oder an Nansen und seinen Sextanten. Immerzu hat er Länge und Breite berechnet. Warum erschlug ich sie nicht, diese elenden Gesellen?, diese Missionare des Rationalismus und der Aufklärung! Diese Menschenschinder, die ihren Ehrgeiz mit vorgetäuschter Forschung moralisch noch überhöhen! Die unendliche Stille hat noch niemand zerrissen. Wie viel Leid, wie viele Entbehrungen habe ich ertragen, immer bin ich brav meinen irrsinnigen Führern nachgetappt. Monate-, in der Summe jahrelang. Ich bin dabei nie bei mir angekommen. Als wäre das Fehlen von Sinn meine Bestimmung. Alles jetzt ist Abschied, und ich bin gezeichnet vom Tod. Ja, ich beobachte mich beim Sterben, fühle, wie ich verrückt werde vor Heimweh nach dem Eis. Zur Strecke gebracht haben mich diese Diebe alles Geheimnisvollen, nach dem ich mich sehnte, diese zwei elenden Streber, der wahnsinnige Dogmatiker und der fremdbestimmte Antreiber. Früher einmal, vor sehr langer Zeit, ahnte ich, dass hinter den Barrieren von Leid und Strapazen Liebe zu finden ist. Inzwischen ist alles verraten: Liebe, Treue, Einsatz. Auch das Heimweh, das mich zurücktrieb, immerzu rückwärts, ein Heimweh, das mich jetzt willenlos macht. Das Nachhausekommen wurde so zur schlimmsten aller Katastrophen. Diese Tierquälerei! Der eine rechnete immerzu, der andere schrieb. Wenn es nach ihnen ginge, würde ich ewig dienen, helfen, und sie würden eines Tages an ihrem »zweiten Pol« stehen und triumphieren. Als lebendige Abstraktion ihres Siegeswillens. Ihr Ruhm hat alle Sehnsucht und alles Heimweh in mir erstickt, ich kann nicht einmal mehr weinen.

Amundsen spielt sogar mit dem Gedanken, nein, er droht, mich – seinen Gefährten – zu verklagen. Als könnte ich ihm etwas anhaben! Wie hätte ich ihm seine Unmenschlichkeit auch beweisen sollen! Immer weiter! Weiter sollte ich, ohne einen eigenen Willen, einen Fuß vor den anderen setzen, über schwankende Eisplatten, vorbei an riesigen blauen Gletscherspalten, durch den Sturm, einem weißlichen Himmel, seinem Geheimnis, entgegen: zum Pol! Ich wäre Amundsen gefolgt, wenn er mich nur mitgenommen hätte! Wie ich Nansen zum Nordpol gefolgt bin. Trotz all meiner Vorbehalte Amundsens Führungsqualitäten gegenüber, ich wäre mitmarschiert. Bis zum Südpol! Dabei hat Amundsen, anders als

Johansen mit den Hunden der Ostabteilung am Vorratslager

Nansen, nichts Strahlendes. Aber auch er versteht es, in der Öffentlichkeit zu strahlen.

Bei ihren Expeditionen herrschte nüchterne Zweckmäßigkeit und nicht selten Chaos – bei Amundsen dank Befehl und Gehorsam –, zurück in der Zivilisation erschienen meine beiden Führer immer in glänzender Form. Vielleicht applaudierte die wartende Menge auch nur deshalb ihnen allein für unser Überleben in Schnee, Eis und Winterkälte. Es lebe ihr Land! Allerdings ohne den verachteten Nebenbuhler, den »Dilettanten«, der mit Nansen fast am »richtigen« Pol, ohne den Konkurrenten, der Amundsen den »falschen« Pol gerettet hat. Sie allein sind die Helden, die Sieger, Männer der Tat. Und nur weil ich als Hundeführer besser bin als Amundsen, trifft mich das scharfe Verdikt seines Hasses. Bin ich lächerlich? Ja, und selbst Nansen verleugnet mich jetzt. Zuletzt ist es Enttäuschung, die dich umbringt! Nicht ein Schneesturm, defekte Ausrüstung, erfrierende Füße und Finger – Expeditionsleiter, die dich im Stich lassen, Leute, die nicht halten, was man sich von ihnen versprochen hat. Die Enttäuschung, umkehren zu müssen, ohne das Ziel erreicht zu haben, ist die kleinste von allen. Beide, Fridtjof Nansen und Roald Amundsen, wären ohne mich wiederholt verloren gewesen. Ich bin es dank ihnen. Nach einem Rückschlag kann man weitermachen. Im Gegensatz zu Scott, der den Südpol erreicht hat und auf dem Rückweg starb. Mein Schicksal ist also nicht das Eis, sondern mein selbstbestimmtes Wesen und zwei Männer, in deren Welt es keine Nummer zwei geben darf. Helfer oder Retter sind ihnen suspekt. Ja, die großen Polarhelden Norwegens verdanken ihre Rettung vor dem Untergang auch mir: Nansen, als er wider alle Vernunft die *Fram* verließ, um zum Nordpol aufzubrechen, und Amundsen, als er blind vor

Ehrgeiz zum Südpol aufbrach, bevor der Winter vorbei war. Alles habe ich ertragen – Frostbeulen an den Wangen, aufgesprungene Lippen, blaue Füße –, nicht aber diese Selbstherrlichkeit eines Chefs, der sich von Scott und den Engländern zum übereilten Aufbruch hat hinreißen lassen. Ich habe es ihm gesagt, und seit damals ist er voller Wut gegen mich. Nur weil er Prestrud und mich im Stich gelassen hat? Ja, ihn quält sein schlechtes Gewissen! Denn nur unser erfolgreicher Überlebenskampf rettete seine Situation. In seinem Tagebuch aber lese ich nichts davon. Als habe er keine Erinnerung daran. Nur eine Rechtfertigung, die aber eine Lüge ist: »Das Leben von Tieren und Menschen aufs Spiel zu setzen, nur um den begonnenen Weg halsstarrig fortzusetzen – das würde mir nicht im Traum einfallen. Wollen wir das Spiel gewinnen, muss jeder Zug richtig bedacht sein. Ein falscher Zug – und alles wäre verloren.«

Amundsen beging einen Fehler und sein Wettlauf zum Südpol schien verloren. Wäre Prestrud in dieser einen Nacht im Eis erfroren, Amundsen hätte aufgeben können. Prestrud hatte schon zu wenig Körperwärme, als ich auf ihn stieß. Also weiter, ich mobilisierte meine letzten Kräfte. Für ihn und meine Familie. Nein, ich dachte in diesem Moment nicht an Frau und Kinder. Sie waren in Gedanken so und so immer dabei. Auch ihretwillen, die ich kaum versorgt hatte, mussten wir es schaffen. Der Südpol war meine letzte Chance. Ich wollte nach Hause zurückkehren und endlich etwas aus meinem Leben machen. Es ging also um unser aller Leben. Wir hatten achtzig Kilometer zurückgelegt, als wir nach Mitternacht die Hütte erreichten. Bei schlimmsten Verhältnissen. Stand Amundsen im Windfang? Ich jedenfalls kochte vor Wut und wollte ihn stellen, herausfordern.

»Im Stich gelassen«, schimpfte ich vor mich hin oder Schlimmeres. Ja, ich wollte ihn provozieren, wenigstens aussprechen, was ich fühlte. Es hatte ja alles auf der Kippe gestanden. Und ich konnte mir nicht alles gefallen lassen! Von Amundsen kein Wort! Am anderen Morgen, beim Frühstück erst, eine erste Reaktion.

»Warum seid ihr gestern so spät heimgekommen?«, fragte er ausdruckslos.

Ich starrte den Chef nur an. Warum? Und so spät?

»Wie meint er das?«, zischte ich.

Glaubte er wirklich, wir hätten uns zum Vergnügen bei minus 51 Grad draußen herumgetrieben? Ich spürte, dass ich mich vergaß. Nein, ich dachte nicht daran, was ich wie sagen sollte, ich schrie nur noch: »Zwei Männer alleinlassen«, begann ich, »ohne Verpflegung, ohne Brennmaterial, ohne Zelt, in schwierigem Gelände und im Sturm!«

Amundsen schwieg.

»Das nenne ich keine Expedition, sondern Panik!«, hielt ich ihm vor. Ich wollte die Konfrontation. Auch weil die anderen auf meiner Seite zu sein schienen. Wenn sie nur wollen, dachte ich, wir machen ihm die Führung streitig! Es ging also um seine Autorität. Seine Augen, schmale Schlitze, sahen ins Leere. Amundsens Führungsrolle infrage gestellt? Unverzeihlich! Er wusste, es geht um alles. Er reagierte wenig später und wieder als Chef eiskalt: »Der Stier muss bei den Hörnern gepackt werden. Es gilt, augenblicklich ein Exempel zu statuieren.«

Erschrocken saßen alle auf ihren Plätzen, hörten zu. Mein Pol war vertan. Weil ich es gewagt habe, Amundsen panisches Verhalten vorzuwerfen. Kristian Prestrud verteidigte mich zuerst. Auch alle anderen dachten wie ich, aber nur ich wurde ausgegrenzt. Er brauchte mich nicht mehr. Seit damals sah er mich nie wieder an. Er sah nur noch in die Ferne, als ob er in einen blinden Spiegel schaute.

Ich bin also aus der Polmannschaft ausgeschlossen worden, verraten von den Kameraden, gedemütigt vom Chef. Das alles ist lange her. Wenn ich aber daran denke, ist es wie heute, und ich weiß: Damit habe ich meine letzte Chance verspielt. Es war dumm von mir, und Amundsen war unmenschlich. Gewonnen hat er, ich bin der Verlierer. Wie immer. Seit ich zurück bin in Norwegen, trifft mich die Schmach des Versagers. Als wäre ich von aller Welt verstoßen. Schlimmer als je zuvor. Schwärzer als die Polarnacht sind meine Tage in meinem Bretterverschlag. Ach, wäre ich doch am Südpol gewesen!

Mir fehlt jeder Lebensinhalt, während Amundsen, unser Haupt- und Hampelmann, den Journalisten hinterherjagt. Wie er in der Antarktis den Hunden hinterherhetzte. Schon plant er den nächsten Pol, steht in der Zeitung. Seine Reise, wieder als Forschungsarbeit kaschiert, wird wieder eine Art Wettlauf sein. Zu welchem der entlegensten Winkel der Erde? Zum Südpol und zurück hat er seine Leute – Wisting, Hanssen, Bjaaland und Hassel – zusammengehalten. 99 Tage lang, 3000 Kilometer weit. Zum Pol und zurück. Nur die Hunde wurden geopfert. Und ich. Natürlich stehen die Polhelden jetzt zusammen, auch wenn Amundsen sich himmelweit über die anderen erhebt. Sie haben sein Lob, ich nichts als seine Feindschaft. Ich weiß, sie wird sein Leben lang dauern. Er hat mich zum Aussätzigen gemacht. Nur weil ich seinen Sieg und ein paar seiner Hunde gerettet habe? Oder, weil er Nansens Schatten flieht? Mein Gefühl täuscht mich doch

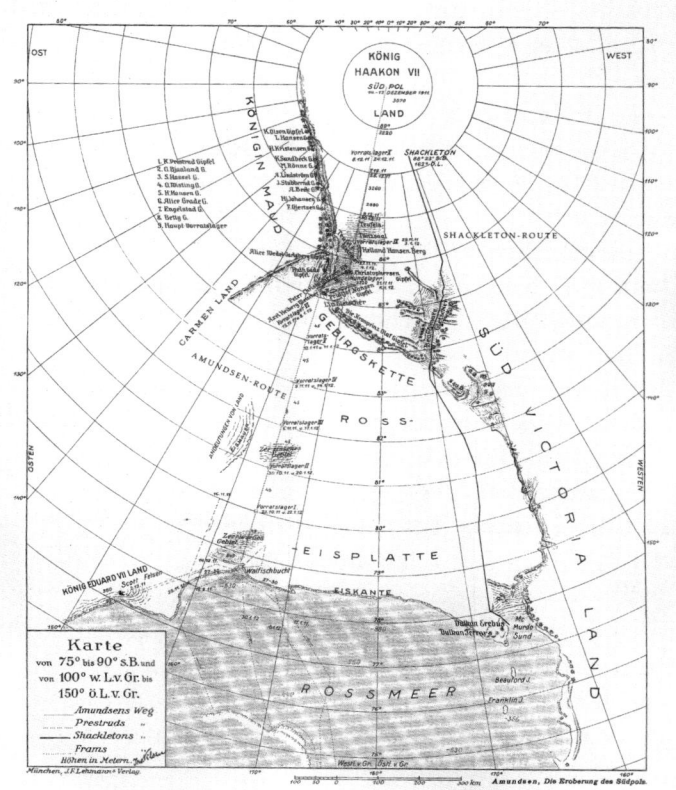

Scott folgte der Shackleton-Route zum Pol, Amundsen einer Geraden.

nicht: Man meidet mich weniger wegen meines Aussehens, man sieht jetzt einen Spielverderber, einen Meuterer, einen Hochstapler in mir.

»Du hast ihn bloßgestellt, er dich dafür kaltgestellt.«

»Nein, ich habe Amundsen nur vor einem zu frühen Start gewarnt«, verteidige ich mich vor meinen Saufbrüdern daheim in Norwegen.

»Kam es schon anfangs zum Streit?«

»Später erst, weil er im Schneesturm auf und davon ist.«

»Streit draußen auf dem Eis?«

»Nein, als ich zur Hütte zurückkam.«

»Weswegen hat Amundsen dich zur Unperson erklärt?«

»Zum Meuterer!«

»Den wahren Grund wollen wir wissen!«

»Keine Ahnung – ich habe Probleme mit seiner Art von Männerritualen«, sage ich nur.

»Du meinst sein Imponiergehabe.«

»Nein, er war der Chef, das ist schon okay.«

»Er war also das Alphatier?«

»Ja, auch okay, deswegen muss er mit Menschen aber nicht umgehen wie mit seinen Hunden.«

»Es ging um Sieg oder Niederlage.«

»Mir nicht.«

»Und«, sage ich später, »mir passt ganz und gar nicht, wie er auf Hunde herabsieht.«

»Hat er nicht die allermeisten schlachten lassen?«

»Nachdem er sie fast zu Tode gehetzt hatte.«

»Das gehört zu seiner Methode, und mit ihr hat er den Sieg davongetragen.«

»Und wofür das Ganze?«

Wir trinken unser Bier und schweigen eine Weile.

»Warum betreibt dieser Amundsen eigentlich Polarforschung?«, fragt einer in den düsteren Raum hinein.

»Diese Frage darf nicht gestellt werden, vor allem nicht von einem Polfahrer«, sage ich ausweichend.

»Der praktische Nutzen ist doch gering.«

»Sicher, mit dem Warum aber beginnt das Scheitern.«

»Amundsen geht los, ohne darüber nachzudenken?«

»Philosoph ist er nicht.«

»Vielleicht doch, er ist eigensinnig.«

»Das Ziel gehört doch allen«, wirft einer ein.

»Der Erfolg aber ihm allein!«

»Der Entdecker neuer Wege sieht sich als Bahnbrecher, hinter dem die Horde hermarschiert?«

»Das interessiert Amundsen nicht«, sage ich.

»Was dann?«

»Er will, nein, er muss immerzu Erster sein.«

»Was?«

»Erster«, sage ich.

»Das Banner tragen?«

»Nein, den Traum von Millionen wahr machen.«

»Warum das?«

»Es garantiert ihm Ruhm.«

Wenn ich im dunklen kalten Winter durch die Parks der Stadt schlurfe, packt mich der Wahnsinn. Zu viel der Einsamkeit! Wie einst im arktischen Packeis. Dieses Verlorensein! Darüber spannte sich manchmal gleißendes Licht, das es dem Auge schwer machte, zwischen Eis und Firmament zu unterscheiden. Hier ist nur noch Verlorensein! Nansen und Amundsen tauchen manchmal im Dunkel meiner Gedanken auf wie eine Provokation. Als ob ich nicht für sie durch die Hölle gegangen wäre. Weltweit werden sie ausgestellt, Straßen nach ihnen benannt. In hundert Jahren noch werden sie in Statuen und Museen zu bewundern sein. Ihre Heldentaten müssen herhalten, die Gebietsansprüche Norwegens in Arktis und Antarktis zu untermauern. Sie bleiben also im Gespräch, nicht weil sie mich entsorgt haben, weil sie herausragen aus der Gruppe. Einer allein glänzt mehr als die Expeditionsmannschaft als Ganzes.

In der Arktis war ich berauscht von der Polarnacht, jetzt sind die Stunden zwischen Abenddämmerung und Morgengrauen die schlimmsten meines Lebens. In diesen Nächten verdichten sich all die schwarzen Gedanken, meine Verzweiflung, meine Hoffnungslosigkeit. Für Wut habe ich keine Kraft mehr, und die Turbulenzen in meiner Seele werden immer heftiger. Zuletzt holen mich weder die Erinnerung an Arktis noch Bilder aus der Antarktis aus meiner Verzweiflung. Es hört mir ja niemand zu, wenn ich davon erzähle. Als Einsamster unter Einsamen sehne ich mich danach, mit einer Frau zu leben, weiß aber gleichzeitig, dass ich auch damit scheitern würde. Nicht allein wegen meiner schwierigen Persönlichkeit, wegen des Grauens, das ich in mir trage. Hunde haben Mitleid, ja Einfühlungsvermögen mit uns Menschen. Nansen und Amundsen haben keins. Sie passen nicht zu mir, und sie passen nicht zusammen. In einem Punkt aber sind sie sich ähnlich: Sie verfügen über zu viel Vernunft und zu wenig Gefühl. Keiner der beiden konnte meine Beziehung zu den Hunden, meine Emotionen einschätzen, die Gründe meines Verhaltens nachvollziehen. Ohne dieses Mitgefühl aber weiß der Mensch nicht, was Gut und Böse ist. Konflikte lösten die Chefs mit Macht – Verträge, Befehle, Peitsche –, nicht mit Fairness oder Einfühlungsvermögen. Sie interessierten sich nur für ihren Erfolg. Ihr Vorgehen dabei war nichts als Kampf, Auslese, Ausgrenzung. Mit Humanismus hatten ihre Experimente nichts zu tun. So wie sie die Wissenschaft vorschoben, um ihre Ziele zu rechtfertigen, war ihre Moral nicht viel mehr als ein freundlicher Anstrich, die Rückseite ihres Ehrgeizes. Sicher, Nansen hat mich auf die *Fram* mitgenommen, für seine Schlittenreise ausgewählt. Letztlich aber wohl auch nur, weil er mich brauchte. Dann hat er mich Amundsen empfohlen. Um sein schlechtes Gewissen zu beruhigen? Sicher nicht aus Altruismus. Für meine beiden Expeditionsleiter war das Miteinander ein Kosten-Nutzen-Kalkül. Einmal die Perspektive ihrer Helfer einzunehmen, als Kunst der Menschenführung, kam keinem der beiden in den Sinn. Mein Umgang mit den Hunden in der Arktis oder die Rettung von Prestrud in der Antarktis entsprang einem emotionalen Reflex. Ausgelöst durch den Notfall. Ich konnte nicht anders. Die menschliche Dimension ist es, die ich vermisste und die jetzt meine Larmoyanz nährt. Weil ich aber weder ihren Überblick noch ihre intellektuelle Brillanz, weder ihre Eloquenz noch ihren Adel habe, ist mir, als ob ich als ihr Opfer weiter in ihrem Schatten hinter ihnen herliefe. Bin ich also krank?

»Umgekehrt, du bist ihr Schatten«, höre ich eine Stimme hinter mir.

Habe ich laut gedacht oder gar geredet?

»Nichts wärst du ohne sie«, sagt jemand, den ich im Zwielicht des Abends nicht ausmachen kann. Rede ich mit mir selbst? Ist da jemand? Einer meiner Saufbrüder vielleicht?

»Nansen hat dich gefördert, zweimal aus der Gosse geholt.«

»Um mich dann fallen zu lassen.«

»Nein, Nansen hat immer zu dir gestanden.«

»Und Amundsen?«

»Auch Amundsen braucht dich nicht. Du brauchtest ihn!«

»Und was ist mit dem Pol?«

»Er ist auch ohne dich zum Pol gekommen.«

Ja, ohne mich. Aber mit meiner Mannschaft. Habe ich ihm nicht die Expedition gerettet. Mit Nansen die Winternacht geteilt? Warum hat man mir meine Zukunft genommen, mein Selbstwertgefühl, meine Persönlichkeit zuletzt.

»Niemand hat dir etwas genommen. Du hast doch selbst alles vertan, verspielt, verloren«, sagt die Stimme in mir.

»Runde für Runde hast du Nansens Geld in Schnaps umgesetzt.« Alles nur für ein bisschen Aufmerksamkeit unter Saufbrüdern? Bis mir niemand mehr zuhörte. Nansens Renommee war mein Kapital, das aber irgendwann aufgebraucht war.

Jetzt habe ich nichts mehr, woran ich mich festhalten könnte. Nicht einmal mehr das Bewusstsein, den anderen ihre Heldentaten ermöglicht zu haben.

»Wir sind doch keine Weiber«, hat mich Nansen angefahren, nur weil ich es gewagt habe, auf meinen drohenden Erfrierungstod hinzuweisen. Ich bin zu weich, zu nachsichtig, um in einer solchen Ego-Arena überleben zu können. Auch seine Brutalität mit den Hunden konnte ich zuletzt nicht mehr ertragen. Und erst Amundsen: »Gott weiß, was sie« – er meint Prestrud und mich – »unterwegs getrieben haben«, steht jetzt in seinem Südpol-Buch.

»Was wohl?«, schreie ich.

»Vielleicht kleine Spielchen getrieben, um die Kameraden auf meine Seite zu ziehen.«

»Hätte ich Prestrud nicht gerettet, die Expedition wäre verloren gewesen, Amundsens größter Erfolg futsch.«

»Wir wissen es.«

»Amundsen wirft mir mit seinem Sieg mein Versagen vor. So wie er seinen Hunden das Fleisch seiner Hunde zum Fraß vorgeworfen hat. So ist er zum Pol gekommen.«

»Gesetzlos ist er nur zu seinem Vorteil.«

Der letzte Wikinger – ein Anarch? Im Gegenteil, Amundsen fügt sich dem Gesetz der Massen. Sein Ziel war nie der Nordpol, auch nicht der Südpol, sein Ziel war und bleibt die erste Seite in der Zeitung. Nur der Ungeist der Konkurrenz treibt ihn an. Deshalb der verfrühte Aufbruch. Deshalb die hohen Risiken. Deshalb das Chaos, das er hinter sich zurückließ, vorbei an Freiheit und Sicherheit von uns anderen.

Mit seiner Hybris aber weckt er auch Neid. Und ich kenne seine Achillesferse. Er aber hat mir meine Pfeile aus der Hand genommen. Mit einem Vertrag, der es ihm erlaubt – ihm ganz allein –, über unsere Reise zu berichten. Was Rettung war, nennt er jetzt Meuterei. Was für ein Zynismus! Ich soll schweigen, sagt sein Anwalt. Was wir da draußen wohl taten, fragt er scheinheilig bei seinen Vorträgen. Und niemand denkt nach. Im Sturm, bei −50 °C, bleibt doch keiner freiwillig draußen. Nur Irre wie ich oder Mitfühlende, die andere nicht sterben sehen können, ohne selbst dabei umzukommen. Ein Gestrandeter wie ich oder Scott kann Amundsen also nie werden. Er rettet immer seine Haut oder wenigstens sein Gesicht.

Beim Frühstück erzählt der Vater seinen Kindern später vom Sterben der Engländer am Südpol. Was für eine Heldengeschichte! Dagegen stellt er den Hundekönig Amundsen.

»Wenn man von meinen Hundejahren nur wüsste!«

»Ich war es, der seinen verlorenen Haufen zusammengehalten und gerettet hat.«

»Scott ist an seiner Heldenpose gestorben.«

»Ja, er hat seinen Untergang selbst provoziert.«

In Polgeschichte macht mir niemand etwas vor. Nein, ich werde meinen Tod nicht inszenieren wie Scott. Also kein Tagebuch, kein schriftlicher Abschied, kein Pathos. Und zum Erfrieren ist es zu warm. Also muss ich handeln. Habe ich nicht immer schon gehandelt? Was heißt hier richtig. Was ist falsch. In meiner Pistole sind immer noch sechs Schuss. Habe ich die Waffe nicht zu Beginn meines Glücks, beim Aufbruch zur *Fram*-Expedition, erworben? Wie lang das her ist? Zwanzig Hundejahre zwischen Glück und Ende. Oder nur ein Schuss. Für Nansen war keiner bestimmt. Für Amundsen? Wozu? Verlieren kann einer wie er nicht, nicht einmal im Sterben. Damals, vor einem Jahr, hätte ich ihm seine Grenzen zeigen sollen. Ein für alle Mal. Die Mannschaft war ja einen Türschlag lang auf meiner Seite. Zum Südpol wären wir auch ohne ihn gekommen. Hatte ich damals keine Kugel im Revolver? Jetzt ist es zu spät, und ich bin sein Untertan. Amundsen hat längst gewonnen. Mit den ersten Seiten der Zeitungen in aller Welt. Er ist am Ziel, ich bin am Ende. Hätte ich mit Rufmord zurückschlagen sollen, wie mir die Saufbrüder raten? Ich habe ja nichts zu verlieren. Ich bin nur noch allein und einsam. Auch unglaubwürdig. Sogar meine Frau Hilda schämt sich meiner. Meine vier Kinder? Sie sind irgendwo auf der Schule. Nansen? Auch er soll sich endgültig von mir zurückgezogen haben. Sogar meine ehemaligen Saufbrüder sind nicht mehr zu sehen. Ich bin mir zuletzt also selbst übrig geblieben. Oft rede ich jetzt laut mit mir selbst. Auch bin ich verwirrt. Wenn ich, in meinen Wintermantel gepackt, durch den Park schlurfe, ist mir, als sähen mir alle Passanten nach. Bin ich ein Aussätziger? Verfolgt man mich? Wie Amundsen mich verfolgt. Mit übler Nachrede, Anwälten und gehässigen Fragen. Am Abend des 3. Januar 1913 schaffe ich es noch einmal nach draußen. Es ist düster und kalt. Hoch über der Stadt der Königspalast. Ich sehe Blitze.

Denkmäler in aller Welt (z. B. Neuseeland) erinnern heute an Robert Falcon Scott. Keines an Johansen.

Steigen da Raketen, höre ich Musik? Ist da wieder einmal ein Fest? Zu Ehren der Polfahrer?

»Scott hat es zuletzt nicht mehr nach draußen geschafft«, denke ich, »aber er hat Haltung gezeigt.«

Rede ich wieder mit mir selbst? Ich sehe mich um, ohne meinen Kopf zu heben. Bei der Universitätsbibliothek biege ich zum Sollipark ab. Da sind ein paar Bäume, die mich vor dem Blick der abendlichen Spaziergänger schützen. Ich will nicht gesehen, nicht beobachtet werden. Ich will mit mir allein sein. In diesem überwältigenden Gefühl der Isolation ertrage ich keine Art von Gesellschaft. Nicht einmal mehr mich selbst.

»Meine letzte Hilfe«, sage ich zu mir, während ich das kühle Metall in meiner rechten Manteltasche greife, »um mit Anstand zu scheitern.«

Die Pistole begleitet mich seit bald zwanzig Jahren: Das Letzte, was ich auf die *Fram*-Reise mitgenommen habe, das Letzte, was mir von damals geblieben ist. Sonst ist mir ja alles abhanden gekommen: Selbstwertgefühl, Glaube, Hoffnung. Nein, sie war nie im Einsatz, nie! Bevor ich aber mein Bewusstsein verliere, muss ich handeln. Handeln war ja von Anfang an meine Stärke. Am Ende auch meine Erlösung? Es gilt jetzt nur noch, die Pistole an die Schläfe zu heben und abzudrücken.

Die Parabel der Auflösung

Johansen 1896 bei seinem Eintreffen
auf Kap Flora in Franz-Josef-Land

»Hjalmar Johansen: Ein tapferer, umgänglicher Mann,
ein guter Kamerad, treuer Freund, so aufrichtig und
natürlich, bescheiden und schweigsam, eine Seele, die
keinen Verrat kannte.«

Fridtjof Nansen

Das Polareis, wo Johansen seine Bestimmung
gefunden und verloren hat

»Habe kein Interesse, von den Schattenseiten unseres Chefs zu
berichten, mit dem niemand auf der *Fram* zurechtgekommen ist.«

Hjalmar Johansen

»Hjalmar Johansen ist nicht als Opfer zweier autoritärer Expeditionsleiter zu beklagen. Er entschied sich bewusst, in der Antarktis seinen Weg
zu gehen. Obwohl Amundsen auf diesen ›Sündenfall‹ nur gewartet hatte.«

Reinhold Messner

Fridtjof Nansen

Roald Amundsen

Hjalmar Johansen mit dem Hund »Sultan«
am Achterende der *Fram*

»Johansen war zum Dienen bereit: Er zeigte es in seinem Verhalten:
Einsatz trotz Ohnmacht, Vernunft trotz Leidenschaft, Treue trotz
Hass. Diese seine Toleranz und Willensfreiheit aber hat Amundsen
nicht verkraftet, Nansen am Ende nicht mehr gesehen.«

Reinhold Messner

»Denn die einen stehn im Dunkeln, und die andern stehn im Licht;
doch man sieht nur die im Lichte, die im Dunkeln sieht man nicht.«

Bertolt Brecht

Am Abend des 3. Januar 1913 fand man Johansens Leiche. Im Sollipark in Oslo. Er war 45 Jahre alt geworden und völlig heruntergekommen. Weder Fridtjof Nansen noch Roald Amundsen kamen zur Trauerfeier. Der Mann, der ihre Erfolge möglich gemacht hatte, war weg, aus der Welt und bald vergessen. Dabei war der treuherzige Johansen nie eine Gefahr für die beiden Polhelden gewesen. Im Gegenteil, im Ernstfall war er seinen Chefs gegenüber immer loyal geblieben. Auf dem Eis wie in der Zivilisation.

Diese Geschichte hat mir ein Freund aus Norwegen erzählt, mitten im grönländischen Inlandeis, 1991, als wir unsere Winterdurchquerung aufgeben mussten.

Arktis und Antarktis sind inzwischen von geostrategischer Bedeutung, und so, wie sich Nansen und Amundsen, Scott und Shackleton, Cook und Peary einst ihren Wettlauf um die Pole geliefert haben, streiten heute Anrainerstaaten und Großmächte um territoriale Ansprüche in allen Polarregionen. Die entsprechenden Regierungen strapazieren gern ihre nationalen Helden, die dort einst »Reviere markiert« hätten. Vor hundert Jahren schon! Diesen »Patrioten am Ende der Welt« aber ist es damals weder um ihre Nation noch um Forschung gegangen, sondern ausschließlich um den Pol, den sie jeweils als Erste erreichen wollten. Die Polarexpeditionen dieser fernen Vergangenheit sind auch nur deshalb zu

Mythen geworden, und nicht etwa, weil Amundsen Johansen zur »Erforschung des König-Eduard-VII.-Landes« zurückgelassen hat oder Nansen ihm die Wetteraufzeichnungen in der Arktis anvertraute. Was Hjalmar Johansen erlitten hat, ist trotzdem nicht wiedergutzumachen. Seine Art Mensch zu sein konnten die Aufdecker des Verborgenen weder erkennen noch vermessen, denn die damalige Zeit gehörte dem Mann der Tat, dem Führer, der weiß, was er will, der zeigt, wo Führung nottut. Amundsen und Nansen taten immer das Nächstliegende, aber nichts aus Nächstenliebe. Johansen ist zuletzt an Amundsen gestorben, so wie dieser später an Nobile sterben musste, weil eine Versöhnung unmöglich war. Amundsens Krankheit nämlich war der Neid, auch wenn er nur dem besseren Hundeführer galt.

Hundert Jahre später nun organisieren clevere Reiseveranstalter die ausgefallensten Rennen zum Nord- oder Südpol. Dabei geht es den Akteuren wieder nicht um Patriotismus, sondern um Sponsorengelder und den Ruhm, etwas »Besonderes« zu sein. Der »Einsatz für den Weltfrieden, den Klimaschutz oder für Behinderte« wird nur vorgetäuscht. »Zum Halbmarathon zum Südpol« oder »Zur Erinnerung an die Entdecker des Nordpols in die Arktis« mögen Reiseangebote für die langen Ferien bleiben, das eigentliche Spiel findet hinter jenen Kulissen statt, die weder Psychiatrie noch internationale Verträge aus der Welt schaffen können. Es geht heute also um gigantische Gebietsansprüche in Arktis und Antarktis. Norwegen, Schweden, Dänemark, Russland, England, Argentinien, Chile und andere Länder stehen im Wettbewerb um Millionen Quadratkilometer Festland in Arktis und Antarktis und um noch mehr Seegebiet in beiden

Blick über das Eismeer und Franz-Josef-Land

Polregionen. Dahinter stehen wirtschaftliche und politische Interessen, denn die Bodenschätze, vor allem Gas und Öl, bedeuten Macht und Reichtum zugleich. Und wie einst der Wettstreit um die Pole, so provoziert auch der Kampf um die letzten Energielagerstätten die ausgefallensten nationalen Gebärden.

Mich aber interessiert – mehr als Machtspiele aller Art –, wie Süd- und Nordpol sich in unserer Vorstellung verändert haben, seit allerorts GPS, SMS, E-Mail oder Helikopterrettung installiert sind. Die potenzielle Erreichbarkeit jedes nur erdenklichen Punktes dieser Erde lässt die Verlorenheit von Nansen in Franz-Josef-Land oder die Umtriebigkeit Amundsens auf dem Weg zum ersten Telegrafenamt nicht mehr nachvollziehen. Denn wenn Nachrichten auf dem Weg zum Ziel in Sekundenschnelle die gesamte Menschheit erreichen können, sind Grenzgänger ihrer letzten Geheimnisse beraubt. Das Sichverlieren Johansens aber, sein Verschwinden und Vergessenwerden als Parabel der Auflösung, ist eine Geschichte der seelischen Unerreichbarkeit, die auch morgen zur modernen Kommunikationsgesellschaft gehören könnte, wenn Menschen nicht mehr als Menschen, sondern nur noch als Fiktionen miteinander kommunizieren.

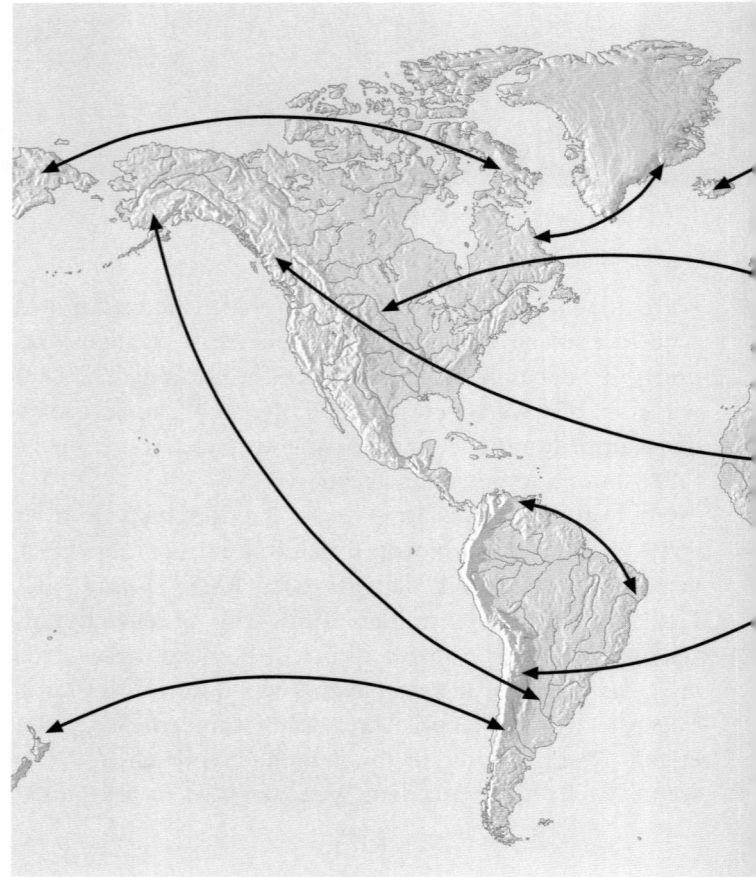

Die globale Welt: Alles ist miteinander vernetzt,
niemand mit anderen emotional verbunden.

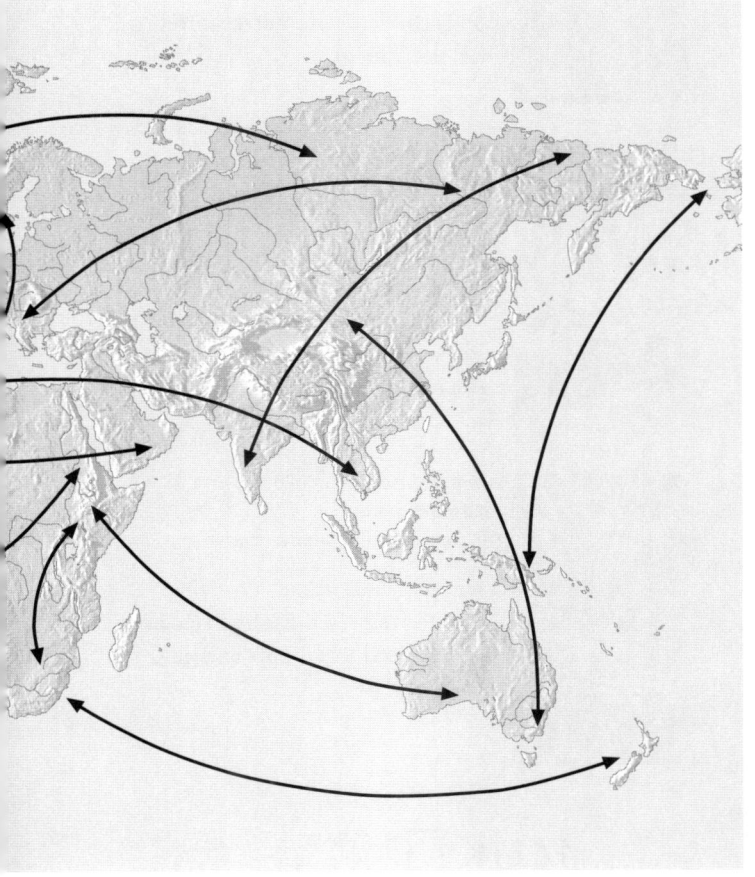

An einem Finger in den Wänden der Welt

Alexander Huber
Free Solo
Klettern ohne Sicherung und
ohne Grenzen

Alexander Huber setzt hundert
Jahren Freiklettern ein Denkmal
und schildert seine nervenzerrei-
ßenden Alleingänge.

Ueli Steck
Speed
Die drei großen Nordwände
der Alpen in Rekordzeit

Eiger, Grandes Jorasses und
Matterhorn – Ueli Steck berichtet
von seinen faszinierenden
Höchstleistungen.

Lynn Hill mit Greg Child
Climbing Free
In den steilsten Wänden der Welt

Wie Lynn Hill sich als Frau eine
Männerwelt erschloss und zu den
Weltbesten ihres Sports aufstieg.

MALIK ☐ NATIONAL GEOGRAPHIC

10/1069/02/3s

Wenn Mensch und Berg sich begegnen

Hans Kammerlander
Bergsüchtig
Klettern und Abfahren in der Todeszone

Hans Kammerlander – einer der erfolgreichsten Extrembergsteiger der Welt erzählt sein Leben. »Ein Buch über Bergmanie, mit viel Witz und Selbstironie erzählt.«

GEO

Jean-Christophe Lafaille
Gefangener der Annapurna
Auf dem Grat zwischen Leben und Tod

Besessen vom tödlichsten Berg des Himalaya: mit dem französischen Ausnahmekletterer Jean-Christophe Lafaille in den Fängen der Annapurna.

Joe Simpson
Sturz ins Leere
Ein Überlebenskampf in den Anden

Ein Seil, ein Messer und die Entscheidung über Leben und Tod – der Weltbestseller und große Filmerfolg unter den Bergbüchern in einer brillanten Neuübersetzung.

 **Messner Mountain Museum**

/WW Firmian

Das Herzstück des »Messner Mountain Museum« auf Schloss Sigmundskron bei Bozen nennt Reinhold Messner den »verzauberten Berg«. In einem Rundgang über eine jährliche Sonderausstellung und sechs Türme, in denen die Entstehung, Erhabenheit und Eroberung der Gebirge gezeigt werden, erleben die Besucher/-innen Ein- und Ausblicke in die Welt der Berge.

/WW Ortles

Das Museum in Sulden am Ortler auf 1900 m unter-irdisch angelegt, ist dem Thema »Eis« gewidmet. Zu sehen ist die weltweit größte Sammlung von Ortler-Bildern. Dazu der Gasthof »Yak & Yeti« (mit Yakzucht und Biohof) und in der nähe das Minimuseum Curiosa. Jährliche Sonderausstellung.

/WW Juval

Im Museum auf Schloss Juval im Vinschgau, dem Mythos Berg gewidmet, sind mehrere Kunstsammlungen unter-gebracht: Tibetika-Sammlung, Bergbildgalerie, Masken-sammlung aus fünf Kontinenten. Dazu die Ortlhöfe (Wein- und Biohof) mit Gastwirtschaft, kleiner Bergtierpark und Bauernladen.

/WW Dolomites

Auf dem Monte Rite (2181 m), im Herzen der Dolomiten, eröffnet sich ein Rundblick auf die spektakulärsten Dolo-mitengipfel. Das Museum zeigt das Thema »Fels« und erzählt die Erschließungsgeschichte der Dolomiten mit einer großen Galerie einmaliger Dolomiten-Bilder von der Romantik bis heute. Jährliche Sonderausstellung.

/WW Bergvölker

Auf Schloss Bruneck im Pustertal wird das fünfte Museum untergebracht (in Vorbereitung). Mit dem interaktiv angeleg-ten Projekt will Reinhold Messner Gäste aus anderen Berg-regionen zum Erfahrungsaustausch mit der bäuerlichen Bevölkerung vor Ort einladen. Gezeigt werden Exponate aus der Alltagskultur der verschiedenen Bergregionen und ihrer Bewohner (z.B. Sherpa, Indios, Tibeter, Mongolen, Hunza).

www.messner-mountain-museum.it